한반도와 국운

한반도와 국운
국가경영과 내재적 성찰

인쇄일	2025. 06. 09
발행일	2025. 06. 11

저 자	조회환
발행인	이순옥
발행처	도서출판 문화의힘
	등록 : 364-0000117
	주소 : 대전 동구 대전천북로 30-2
	전화 : 042.633.6537
	전송 : 0505.489.6537

ISBN   979-11-988670-8-7   03300

ⓒ 조회환 2025
파본은 구입처에서 바꾸어 드립니다.
저자와의 협의로 인지는 생략합니다.
저자의 허락 없이 무단 복제 및 배포를 금합니다.
값 20,000원

한반도와 국운

― 국가경영과 내재적 성찰 ―

조희환(曺淮煥) 著

| 머리말 |

한반도와 국운

 필자는 감히 '국운(國運)'을 연구해 보자고 결심을 했다. 우리나라의 역사(時), 자연(地), 국민(人) 및 외세(外勢) 4자의 조화를 잘만 분석 연구하면 과학적 연구에 근접할 수 있을 것으로 믿고 착수한 것이다.
 나라마다 자국 발전을 위해 노력하는 국제사회에서 우리만 수수방관하거나 현실에 안주한 채 침체상태에 머물러 있을 수는 없다. 군중의 행진대열에서 나 혼자만 태만하면 나 자신의 낙오는 물론이고 남의 행진에도 걸림돌이 되기 마련이다. 따라서 세계가 지구촌(村)으로 좁아진 상황에서 각 민족이나 국가 단위의 건전하고 특성 있는 발전이 필요하고 또 보장되어야 한다. 더욱이 우리는 예나 지금이나 오해, 편견, 사대주의, 무지 등으로 인하여 이 복 받은 땅을 제대로 평가하지 못하고 있다. 이제는 '세계화'다 '지구촌'이다 하면서 가끔은 초국가주의를 지향하여 '민족'이나 '국가'를 배격하는 부류도 있는데, 국적제도와 국경선이 있는 한 그러한 생각은 시기상조라고 본다.
 필자는, 종적으로는 한반도와 그 안에 있었던 역사 속 소국(小國)들의 경쟁 및 통합과정을 조명하고, 횡적으로는 지금 '우리의 한반도'와 '세계 속의 한반도'의 위상을 투시 해보고 싶었다. 미진한 부분이 있겠지만 어떤 사건의 총체적인 모습, 한눈에 볼 수 있는 압축된 모습을 그려보고 싶었다. 한 페이지의 지도도 꼭 필요하듯이 이 작은 한 권의 책 속에 꼭 알아야 할 중요 사항들을 소개하려 노력했다.

과연 민족의 역사는 어떠한 원리와 단계를 거쳐 지금까지 그 유구(悠久)한 명맥(命脈)을 이어왔는가? 고대의 부족국가로부터 지금의 국민국가로 성장하기까지의 도도(滔滔)한 역사의 흐름 속에는 어떠한 법칙이 있었던가? 이제는 국가의 구성요소들을 어떻게 가꾸고 관리해야 건강한 민족과 국가로 성장할 수 있겠는가? 그리고 남·북한 당사자와 주변 관계국이 분단에 대한 각자의 책임을 올바로 인식하고, 얼마나 진지하게 노력해야 모두가 만족스러운 방법으로 통일을 촉진 및 달성할 것인가? 하는 등등 일종의 국가경영 이론을 실사구시(實事求是)적으로 정리하려고 노력했다.

국가라는 것은, 국민이 국내적인 화목과 국제적인 조화를 통해서 자기 나름의 모습을 만드는 것이다. '국가가 처한 현실과 그 현실에 대한 정부와 국민의 대처 양상' 이것을 필자는 '국운'이라고 본다. '운명'은 '미리 예정 된 숙명'이 아니고, '국민과 정부의 협력으로 만들어가는 과정'임을 증명하려는 것이니 당연히 과학이며 철학이라고 생각한다. 다만 역사 속의 제 문제를 간략히 서술하는 과정에서 실증적 접근 이외에 부득이 직관적이고 주관적이고 추상적인 부분도 피할 수 없을 것이다. 그것은 필자의 얕은 학문 수준의 결과일 터이니 독자 여러분의 지적과 가르침을 통해서 보완하겠다.

'국운'의 실체를 학문적으로 분석하는 과정에서는 상당한 용기가 필요했다. 왜냐면 그동안 수많은 선현과 식자들이, 아마 잘 알면서도 논쟁이 싫어서인지, 또는 덮어두는 것이 이로울 것으로 판단해서인지, 침묵을 지키셨던 부분들도 들추어 내서 진실을 탐구하자는 정공법(正攻法)을 취했다. 그러한 와중에서도 "배우기만 하고 생각하지 않으면 얻은 것 없이 헛수고가 되고, 혼자서 생각만 하고 정규 교육기관에서 배우지 않으면 진실과 멀어져 위태로워진다."(學而不思則罔, 思而不學則殆: 論語, 爲政)는 공자의 학문 정신을 따르려 노력했다. 독자께서는 이러저러한 서술의 미세한 부분에 집착하지 말고 대범하게 전체적인 맥락 속에 들어있는 진실이나 의미를 관찰해주시기 바라는 심정이다.

이 책은 총괄적으로는 국가경영에 참고가 될 거시적인 안목을 제시하기 위한 정치학적인 접근이지만 역사, 지리, 문화 등 각 분야의 종합 검토에 바탕한 연구임과 동시에 문제의 제기여서 가능한 한

쉽게 서술하려고 노력하였다.

  늦게나마 불초(不肖)한 말 인사라도 드리고 싶습니다. 어려운 시대상황 속에서 사랑으로 저와 동학들을 길러주신 화순오성초등학교 배일수 선생님과 여러 은사님, 화순중학교와 조덕동(曺德同) 선생님을 비롯한 여러 은사님, 광주사범학교와 임계호(林啓鎬) 선생님을 비롯한 여러 은사님, 한국외국어대학교 중국학과 여러 은사님, 동 대학교 석사과정(아시아지역학과) 여러 은사님 그리고 中國文化大學(臺灣) 박사과정 여러 은사님에게 감사드립니다. 또 늘 격려해 주시던 김충열(金忠烈) 학형님과 허세욱(許世旭) 학형님께 감사드리며, 사랑과 정성으로 1녀 2남을 기르면서 무언으로 봉사해온 아내 정복임(鄭福任) 여사에게도 감사드립니다.

서울 노원구 수락산 기슭
사저(私邸) '萬樹書室'에서
2025년 초여름 저자 씀

* '만수(萬樹)'는, 저자가 존경하는 中天 金忠烈 학형님께서 지어준 저자의 별호임.

〈공자의 말씀〉

子曰: 爲善者, 天報之以福, 爲不善者, 天報之以禍.
　　　　　　　　　- (明心寶鑑, 繼善篇)

　공자는 다음과 같이 말했다: 선행을 하는 사람에게는 하늘이 복으로 보답하고, 악행을 하는 자에게는 하늘이 재앙으로 되갚는다.
　- 여기서 '福'(복)은 '행복', '이익', '도움', '덕택(德澤)' 등을 의미함.
　- 여기서 '天'(하늘)은 '인간 사회, 자연, 대자연 또는 우주'이면서 동시에 거기에 내재하는 '이치'나 '원리'(天道, 原理, 理致, 道理)를 의미함.

〈朱子十悔訓〉

*주희(朱熹)의 '열 가지 후회할 짓은 말자'는 훈시

不孝父母, 死後悔.　不親家族, 疎後悔.
少不勤學, 老後悔.　安不思難, 敗後悔.
富不儉用, 貧後悔.　春不耕種, 秋後悔.
不治垣墻, 盜後悔.　色不勤愼, 病後悔.
醉中妄言, 醒後悔.　不接賓客, 去後悔.

부모님께 불효하면 돌아가신 뒤에 '후회하고'('반복' 부분 생략함), 가족과 다정하지 않으면 멀어진 뒤에, 젊어서 열심히 배우지 않으면 늙어서, 평시에 어려울 경우를 생각하지 않으면 실패한 뒤에, 넉넉할 때 검소하지 않으면 가난해진 뒤에, 봄에 경작하지 않으면 가을에, 담장을 손보지 않으면 도둑맞은 뒤, 주색에 빠져서 근신하지 않으면 병든 뒤에, 취중에 허튼 소리하면 술 깬 뒤에, 손님을 접대하지 않으면 가신 뒤에 후회한다.

| 차례 |

제1장 서론

제1절 한반도와 국운의 문제 ·················· 14

제2절 연구방법 ·················· 17

제2장 민족사와 국가사

제1절 민족의 남행과 국가의 정돈(整頓) ·················· 21
1. 민족의 원시(原始) 남행(南行) ·················· 21
2. 민족의 남행 ·················· 25
3. 국가의 정돈과 북진(北進) ·················· 27
4. 고구려와 백제의 대치(對峙) ·················· 28

제2절 국가의 정통론 ·················· 30
1. 한강권 대세현상 : 역사발전의 제1현상 ·················· 30
2. 정통의 의의 ·················· 36
3. 김부식의 정통론 ·················· 39
4. 삼국시대, 주도권 경쟁시대 : 정통과 윤통 ·················· 40
5. 국가 정통론의 창조적 해법 ·················· 42

제3절 상고시대의 정통 ·················· 46
1. 고조선과 삼한시대의 정통 : 마한(馬韓) ·················· 46
2. 삼국시대의 순차적 정통 ·················· 47
3. 백제, 삼국시대 전반기 493년간 주도 : 기반 건설자 ·················· 48
4. 온조대왕과 백제사의 폄하 ·················· 54
5. 고구려: 삼국시대 중기 76년간 주도 : 보충자 ·················· 57
6. 신라, 삼국시대 말기 367년간 주도 및 통일 : 확대자 ·················· 60
7. 통일신라와 발해 : 정통과 윤통 ·················· 64

8. 고려와 조선 왕조 ··· 66
9. 남·북한 정권의 정통성 비교 ··· 69
10. 남세북진현상(南勢北進現象) : 역사발전의 제2현상 ············ 71

제3장 영토 경영

제1절 영토의 실체 ··· 84
1. 국가 유기체설 : 역사발전의 제3현상 ································ 84
2. 한반도의 4대 기층(四大氣層) ·· 86
3. 영토의 가치 ··· 88
4. 영토의 위치와 작용 ·· 91
5. 우리나라의 역대 지방구획 ··· 93

제2절 지역별 혼융(混融)현상 ·· 96
1. 4대 심장지대 ·· 96
2. 전략지대 ·· 97
3. 외적의 침략 형태 ··· 98
4. 영·호남의 특수역할 ··· 98

제3절 문화적 갈등성향 : 역사발전의 제4현상 ··············· 106
1. 사상·학문 분야 ··· 106
2. 산업분야 ·· 108
3. 인재등용 분야 ··· 110

제4절 역사의 날조 사례 ·· 111
1. 고려의 괴설 '훈요십조' ··· 111
2. 조선의 괴설 '반궁수(反弓水)'론 ····································· 115
3. 분단 이후, '빨갱이' : '반동파' ·· 119
4. 남·북한으로 분단 ··· 121

  5. 이데올로기의 편중(偏重)과 대립 ········· 122
  6. 국가발전의 시공도(時空圖) ············· 125
  7. 유족(裕足)한 산업국가 ················ 128

제4장 국가 운영의 실제 체계

제1절 정부의 통치권 : 역사발전의 제5현상 ······ 132
  1. 정치권력의 몇 가지 특징 ·············· 133
  2. 정부와 정권 ······················ 135

제2절 행정부와 입법부(국회) ··················· 143
  1. 정부와 국민 ······················ 143
  2. 여당의 더 큰 책임량 ················ 149
  3. 행정부와 국회의 책임량 ·············· 152

제3절 최선의 민주제도 ······················ 154
  1. 가지런한 단일 민족 ················· 154
  2. 훌륭한 제도와 지도자 육성 ············ 155
  3. 공정(公正)한 민주정부 ··············· 163

제5장 외교

제1절 외세 출몰(出沒) 현상 : 역사발전의 제6현상 ······ 168
  1. 외세의 종류와 구조 ················· 169
  2. 대 강대국(對强大國) 외교 ············· 175
  3. 대 인접국(對隣接國) 외교 ············· 178

제2절 남북한 주민의 자생 여건 ··············· 185

1. 자연의 혜택··185
　　2. 주민의 지덕체··187
　제3절 강요된, 막지 못한 남·북 분단··································192
　　1. 미·소(러시아)와 남·북 분단······································192
　　2. 남·북의 수리적 위치 개관···197
　　3. 남북의 생활여건··199
　　4. 국운의 중흥: 우량자의 사명·····································207

제6장 남·북한의 불행한 대치상태

　제1절 남·북의 지리적 위치: 역사발전의 제7현상···········221
　　1. 지리적 위치···221
　　2. 남·북간의 공방능력··224
　　3. 남·북한의 최후 기지 비교··231
　　4. 공멸과 공생의 선택 문제···235
　제2절 남·북한 정부의 자주(自主) 여건···························238
　　1. 남·북한의 관계적 위치···238
　　2. 남·북한의 국제관계··242
　　3. 자주국과 부속성 지역··251

제7장 남·북한의 분단극복 : 역사발전의 제7현상

　　1. 강약(强弱)과 우열(優劣)의 문제·······························256
　　2. 동맹(同盟)의 문제··260
　　3. 외교적 중심국··261
　　4. 세계의 선진문화국가··268

제1장 서론

옥에 흙이 묻어 길가의 밭엿신이
온은 이 가는 이 흙이라 하는고야
두워라 알 리 잇실껀이 흙인 듯이 잇걸아
　　　　　　　　　　　　- 윤두서(尹斗緖, 1668~?)

제1절 한반도와 국운의 문제

나라마다 지역마다 수많은 문제들이 발생·발전·변화하고 그것들이 반복되면서 그 나라 그 지역의 역사가 된다. 한반도에서도 형언할 수 없이 많은 사태들이 있었다. 그렇기에 사가(史家)들은 그것들을 못다 기록하고, 학자들은 못다 정리하고, 독자들은 못다 읽은 채 일생을 마친다. 필자는 한반도(韓半島)라는 공간 속에서 어떻게 하여 한민족(韓民族)이라는 주체가 발흥하여 한국사(韓國史)라는 시간을 엮어 왔으며 앞으로는 또 어떻게 엮어 나갈 것인지에 대해 생각해 보았다. 사람이 공간과 시간을 마음대로 주재할 수 있다면 다행이겠지만 생명과 능력에서 유한한 존재이기 때문에 대자연의 막대함과 시간의 무한함 앞에서 하루살이처럼 미약할 수밖에 없다. 사람이 하는 일에는 불가항력적인 것이 너무나 많은 것이다. 그 '불가항력적인 것'과의 어울림(調和) 속에서 전개되는 길흉화복(吉凶禍福)을 우리는 일반적으로 쉽게 지칭하여 운명(運命)이라고 한다.

국가도 어쩔 수 없이 '시대적 조건', '지리(국토)적 조건', '인재적 조건' 그리고 '국제적 조건' 4자의 조화 속에서 길흉화복이 결정되는데, 이 네 조건을 곧 '국운(國運)의 결정요소' 라고 말하면 무리가 아닐 것이다.

일반적으로 사람들은 '운명'을 마치 태어날 때부터 고정불변 하다는 '천명(天命)'이나 '숙명(宿命)'으로 인식하고 있다. 백보를 양보하여 천명이 있다고 가정하더라도 원천적으로 사람은 그 천명대로 살 수가 없다. 사람은 태어나면서부터 인위(人爲)적 질서가 팽배한 사회, 즉 '자연과 인간이 조화된 사회'에서 생활을 하고 있다. 따라서 우리가 알고 있는 '운명(運命)'이라는 말은 '천명(天命)을 운전(運)한다'는 뜻으로서 '천명과 인위의 조화현상' 임을 알아야 되겠다. 따라서 '운명'은 결코 '고정불변한 것'도 아니고 인간이 제어할 수 없는 것도 아닌 그야말로 인위적인 노력으로 '변화 및 개조할 수 있는 것' 이다.

이 말에 공감이나 하듯이 '운명을 개조할 수 있다'는 뜻으로 '조명'(造命)이라는 말이 있다. 국가의 운명도 분명히 제조(造)할 수 있다는 말이다. 즉, 국가는 국민, 국토, 정부, 국제관계 4자로 구성된 실체이기 때문에 그 '구성 요소들을 개조하면' 국운도 충분히 개조될 수 있다는 얘기이다. 그런데 이 4자 중에서 '영토'는 그 자체가 주동적인 작동을 할 수 있는 존재가 아니어서 '국민'과 '정부' 양자가 협력해야 개조가 가능하다. 다만 국민과 정부가 아무런 관심도 없이 방치하더라도 영토(지리)는 그 넓이나 위치 자체의 작용에 의해서 지속적으로 국민과 정부에 영향을 준다. 결국 4자(四者) 모두의 작동 양상이 바로 '국가의 운명'을 결정할 수 있는 것이다.

예나 지금이나 한반도에서의 문제를 해결할 주체는 궁극적으로 한국민 자신일 수밖에 없다. 소기의 목적달성을 위해서는 문제의 고질(痼疾)을 올바로 진단하고 처방하여 알맞게 치료해야 완치가 가능할 것이다. 이 책은 한반도에서의 제반 문제의 본질 속에 내재된 요인들을 진단, 처방, 치료의 시각에서 고찰하였다. 다만 모든 문제, 모든 관심사를 빠짐없이 점검할 수는 없기 때문에 대상의 범위를 불가피하게 제한하지 않을 수 없었다.

첫째, 사태와 문제의 '범위'에 대한 제한이다. 거의 무한량(無限量)한 사태와 그 속에 담긴 여러 가지 요인 가운데 '중요하고 의미 있는 역사적 사실에 초점을 맞추어 그 원인과 작용 및 결과를 검토하고 그 바탕 위에서 대안을 제시하려는 것이다.

둘째, 고찰과 판단에 대한 제한이다. 국민, 국토, 정부, 국제관계 4자의 현상과 변화의 경과를 상세하고 정확하게 고찰한다는 것은 개인의 능력으로는 불가능하기 때문에 겨우 '필자의 능력 범위 내에서 객관적이고 명료하겠다'는 추정에서 정리하였다. 어쩌면 숨가쁘고 피곤한 생존 무대에서 차라리 개략적인 모습을 간결하게 훑어보는 것이 더욱 적절할 것이라는 생각도 들기 때문이다.

제2절 연구방법

집필과정에서 필자는 주로 다음과 같은 몇 가지 조사·연구방법에 의지하였다.

첫째, 지리(학)적 연구이다.

'한반도'라는 공간은 하나의 지리적 실체이다. 지리조건이 갖는 지속성은 인간에게 가장 기본적이고 지속적인 영향을 준다. 따라서 지리학적 연구, 특히 인문지리와 지정학적 시각이 가장 기본이 되고 있다. 독자에 따라서는 우리의 국운을 설명함에서 '반도(半島)'에 초점을 맞춘 데 대하여 '왜 대륙은 생각하지 못하고 반도냐'면서 언짢아할 수도 있겠으나 '반도'라는 현실과 '반도'가 갖는 특수성이나 여러 가지 장점 까지 생각해본다면 '반도'라는 사실에 대해 구태여 거부감을 가질 필요는 없을 것이다.

둘째, 역사학적 연구이다.

최남선은 「역사를 통하여 보는 조선인」이라는 논문에서 "과거의 역사를 병록(病錄)으로 하여 보건·양생의 정도(正道)와 실리를 발견함이 우리가 당면한 요무(要務)일 것이다."[1]고 했다. 또 어떤 학자는 "과거를 어떻게 받아들이고 대응하느냐에 따라 현재뿐 아니라 미래까지 결정된다"[2]고 말했는데 필자도 공감한다. 또 '과거에서 배

---

1) 최남선, 「역사를 통하여 보는 조선인」 이기백 편 『근대한국사논선』, 삼성문화문고, 1974, p.106.
2) 구스타보 아라오즈(국제기념물유적협의회(ICOMOS) 회장)의 인터뷰 기사(〈중앙일보〉 2009.4.21)

우지 못한 민족은 미래가 없다'고도 말한다. 확실히 우리 민족이 걸어온 발자취에서 잘했거나 잘못한 점을 발견할 수 있고, 또 그것들을 귀납함으로써 비로소 보편적인 특징을 찾아 그것을 병록으로 하여 우리 민족의 건강 대책을 세울 수 있다. 이 과정에서 영웅사관·민중사관·유물사관·유심사관 어느 것도 배제하지 않겠다. 다만 인간의 기록(歷史)에는 어느 정도의 감정적 과장이나 편견 또는 왜곡이 있을 수 있고 또 그보다 더 심각하게는 고의적인 숨김이나 배제도 있을 수 있기 때문에 다른 인접 학문의 보조도 받으면서 역사 속의 진실을 추적하는데 노력하는 것이 중요한 과제가 되겠다.

셋째, '국가'라는 실체에 대한 분석과 연구이다.

'국운'은 기본적으로 국가를 대상으로 한 연구이기 때문에 고대 국가이건 현대국가이건 가리지 않겠으며 '국민, 영토, 정부, 국제관계 4자의 조합체(組合體)'인 '국가'를 연구하는 것이다. 따라서 국가학적 접근은 필수적이다. 다만 국가요소를 구분하는 데서 '국민'과 '영토(국토) 두 가지에 대해서는 이견이 없으나 세 번째 요소로는 '정부'를 주장하는 학자도 있고, '주권'을 주장하는 학자도 있는데 필자는 '정부'와 '주권' 두 가지는 동일체로 본다. 국민이 '대외적 자주권(외교권)'의 행사를 정부에 위임하였기 때문이다.

넷째, 사회학적·정치학적 연구이다.

제한적이긴 해도 거시적으로 볼 때, 인간은 한편으로는 자기 자신을 위한 개인적 입장에서, 또 한편으로는 자기가 속한 조직의 한 구성분자의 입장에서, 공공활동에 참여하게 된다. 따라서 한편으로는 자기만의 소망을 쫓아가는 자유로운 개체이기도 하지만 남과 더불어 살기 위해 자기를 억제하는 공적 존재, 즉 '사회적 존재'이기도 하다. 따라서 자유와 억제, 정의와 불의, 평등과 차별, 행복과 불행, 자율과 타율, 다원(多元)과 일원(一元) 등 사회·정치적 가치들과 개인의 관련성을 검토함으로써 그것이 국운과 어떠한 상관관계를 갖는지 그 득실을 발견하고자 한다.

다섯째, 현장의 특질을 중시하는 현장(現場) 연구이다.

본서의 연구대상은 바로 한반도이며 한반도가 바로 연구의 현장(field)이다. 현장을 보는 투시경(透視鏡)은 그 현장을 보기에 가장 알맞게 만들어진 안경이라야 하며 그에 대한 설명도 가장 한국적인 언어라야 하겠다. 따라서 한국 현장에서 쉽게 납득되는 용어를 중시하고, 그 현장을 가장 잘 묘사할 수 있는 어문으로 조사·분석·연구할 것이다.

우리는 한반도 자체의 가치에 대한 '자아 성찰'이 가장 중요함을 인식해야 되겠다. 따라서 지나치게 많은 외래어나 외국의 신조어를 사용한다든가 무턱대고 이국적 표현을 '빌려 쓰는 방식'은 가급적 지양하였다. 다만 우리가 평소 자주 쓰는 한문(漢文)은, 수천 년 동안 우리 문화 속에 광범하게 융합되어 있어서 우리말의 범주에 넣고 있다. 당초에 한자(漢字)가 우리 어문은 아니었지만 한자는 때로는 타의에 의해서 또 때로는 자의에 의해서 2000여 년간 써온 선조들의 문언(文言)이었고, 동아시아의 국제공용어였기 때문에 조어(造語) 능력과 의미 전달이 분명하다. 마치 서양어계(系)에서 라틴어나 그리스어가 어원이 된 것처럼 우리 민족도 한자로 국제적인 교류를 했고 과거에도 현재에도 한자로 신어(新語)를 만들어 사용하기 때문에, '한글전용' 운운하면서 한자를 남의 것으로 백안시(白眼視)하는 것은 소아병적 자세라고 생각한다.

여섯째, 직관(直觀)적 접근이다.

모든 사람은 아무런 편견이나 선입견이 없는 상황에서 어떤 사물에 대해 첫눈에 잡히는 인상을 받기도 하고, 또 자기도 모르는 사이에 영감이 떠오르기도 한다. 바로 그 첫눈에 잡힌 인상이나 영감이 절묘하게 진실과 부합되는 경우가 있다. 또 온갖 과학적인 실증을 통해서도 알맞은 해답을 찾아내지 못했다면 나머지 방법은 '영감을 통한 판단'뿐이다. 그래서 상당 부분은 직관을 통해 해답을 얻기도 했다. 다만 이 연구는 발견된 사실의 재정리(再整理)이며, 망각했거나 묻혀진 사실(史實)을 직관과 상식을 통해 재발견 재인식하는 과정에 불과 하기 때문에 직관을 핑계로 논리적 비약은 범하지 않을 것으로 생각한다.

일곱째, 자기 성찰적 연구이다.

안타까운 일이지만 우리의 역사에는 영광과 오욕(汚辱)이 교차했다. 영광은 국민의 자부심과 긍지를 심어주고 앙양해 주지만 오욕은 그와 반대이다. 따라서 오욕에 대해서는 생각 자체를 싫어하여 잊고 싶어 한다. 그러나 '앞으로 오욕만은 피하자'는 것이 본서의 연구목적중 하나이기 때문에 오히려 과거에 있었던 오욕을 들추어내서 오욕과 치부(恥部)에 대한 역사적 성찰에도 주목하였다.

역사에는 우연도 있지만 인과응보(因果應報)의 작용이나 변증법(辨證法)적 전개가 더 많다. 자업(自業)이 어떠해야 자득(自得)이 어떠할 것이라는 진리를 이해하자는 것이다. 부끄러웠던 점, 미숙했던 점, 덮어두고 싶었던 것들 모두를 숨기거나 감춤이 없이 자성하고 고해성사하자는 뜻에서 '묵은 때'를 벗겨보겠다는 과욕을 부린 셈이다. 독자 제현의 관용과 조언을 기원한다.

제2장 민족사와 국가사

제1절 민족의 남행과 국가의 정돈(整頓)

1. 민족의 원시(原始) 남행(南行)

한반도에 인류가 생존하기 시작한 것은 약 30만 년 전 전기구석기시대의 '아슐리안' 중기부터였다는 주장이 지배적이다.[3] 그들이 현생 인류와 같은 혈통의 인류였는지는 확인할 길이 없다. 다만 통설에 의하면 한반도에서는 약 1만 년 전부터 우리의 선조가 살았다고 보고 있다.[4] 따라서 30만 년 전부터 한반도에서 명멸(明滅)했던 원시인과 1만 년 전의 선조를 동일 혈통으로 연결 짓기는 어렵다.

---

[3] 경기도 연천군 전곡면 전곡리에서 약 30만년전 구석기 유물인 핵석기(核石器), 클레버, 초퍼·박편(剝片)들을 수집.(《조선일보》, 1978.11.7 참조.)

[4] 가장 유력한 증거로는 1964년 11월 공주군 장기면 장암리에서 구석기시대 말기의 유적이 발굴되었는데 타제석기와 석설(石屑) 100여 점과 목탄 등임.(조지훈 저, 『한국문화사 서설』, 탐구당, 1978, p.39 참조.) 또 두만강 류역 동관진의 연태봉에서 발굴된 동물의 화석과 두 조각의 흑요석기(黑耀石器) 및 골각기(骨角器)도 구석기시대의 유물로 단정함.

그뿐 아니라 1만 년 전의 선조로부터 약 5천 년 전 단군의 개국 시기까지의 역사마저도 편년사적으로 고증할 길이 없다. 가끔 드물게 출토되는 유물을 통해 고고학(考古學)을 통해 당시의 상황을 부분적으로만 확인할 수 있을 뿐이다.

단군 시조가 4300여 년 전에 단군조선을 건국했다는 전설에 의하면 그 당시 한반도에는 미개했을망정 통치의 대상인 인류가 살고 있었고, 그들이 곧 신석기시대의 인류이며 이들은 인접 외지(外地)[5]에서 이주해온 환웅의 세력과 통혼하여 부족간의 화합을 통해 고대국가인 단군조선(檀君朝鮮)을 건국했고 뒤이어 기자조선(箕子朝鮮)·위만조선(衛滿朝鮮)이 순차적으로 맥을 이었다.[6]

신화(神話)란 오랜 고대의 사실을 신비로운 이야기로 미화하여 만든 것이기 때문에 그것은 곧 고대인의 생활상과 지식 및 이상을 반영한 것이라고 한다.[7] 따라서 환웅 또는 그의 아들 단군의 시대(전설의 시대)와 같거나 비슷한 모습의 원시사회와 그 지도자가 있었을 것은 의심의 여지가 없을 것이다. 따라서 단군을 인정하고 우리 역사를 단군조선부터 계산하며 거기서 몇 가지 사실들을 확인할 수 있는 것이다.

첫째, 환웅천왕이 처음에 도착한 곳은 '태백산'(지금의 백두산, 묘

---

5) 전게서에 의하면 환웅이 하늘에서 내려왔다는데 이 하늘은 자기의 선조를 미화하기 위해 만들어진 신화이므로 '타지방(外地)' 정도로 보아야 마땅하다.
6) 환웅이 현지의 웅녀와 결혼했다 함은 환웅의 부족과 현지의 어느 부족의 딸과 결혼했다는 뜻으로서 원주민과 후래민(後來民) 간의 혼합을 의미한다.
7) 조지훈, 전게서, p.59.

향산, 태백산 설)이고 이 나라의 이름이 신시(神市)였다.[8] 다만 그 위치가 어디인지 정확히 알 수는 없다. 이때 부하 군중이 3천 명(무리 3천)이었다. 또 이때는 '토템' 씨족사회이었기 때문에 통치영역은 오늘의 면이나 군 단위 정도의 크기였을 것으로 추정한다.[9] 그의 일세 후에 단군은 평양에 도읍(B.C. 2333년)하고 국호를 조선(朝鮮)이라 하였다.[10] 여기서 우리의 선조 가운데 한 파가 평양 일대까지 남쪽으로 이동하였다는 최초의 사실(史實)을 알게 된다.

둘째, 단군조선을 뒤이어 들어선 나라가 기자(箕子)조선이다. 기자는 은(殷)나라 사람인데 조선으로 '도망했다' 또는 '조선왕으로 임명(封)되었다' 또는 '조선에 가서 예악을 가르쳤다'는 등 여러 가지 주장이 있다.[11] 은나라는 중국의 하남성(河南省)을 중심으로 하여 산서(山西), 하북(河北)까지 확장된 나라였다. 여기서 우리는 선조의 일파인 기자와 그의 추종세력이 중원(殷나라)에서 동래(東來)하였다는 또 하나의 사실을 알게 된다.

기자조선이 망할 때의 마지막 왕(末王)인 기준(箕準)은 위만(衛滿)에게 쫓기어 남쪽의 진국(辰國)으로 내려와 마한(馬韓)의 왕이 된

---

8) 일연,《삼국유사》권1, 고조선.
9) 이기백,『한국사신론』, 일조각, 1973, pp.16~17.
10) 일연, 전게서.
11) 상기 각설의 상세한 내용은 상서대전과《사기》권삼십팔 세가와 한서 지리지를 참조.

뒤[12] 마침내는 마한과 통합되었다고 했다.[13] 이로써 기자조선의 역사는 끝나고 마한의 역사로 이어졌다. 사가(史家)에 따라서는 위만조선을 제3의 고조선으로 보기도 하는데 90년이 못 되어 한(漢)에게 망하고 그 자리에 한 나라의 사군(漢 四郡)이 들어섰다. 그때도 일부 신민(臣民)은 남방으로 남행했을 것이다. 여기서 우리는 선민(先民)의 일부가 중원의 연(燕)나라에서 평양으로, 평양에서 삼한 중 마한으로 또 남행한 사실을 알 수 있다.

위만조선(衛滿朝鮮)을 내쫓은 한사군은 차츰 판도가 좁아지기는 하였으나 대략 평안, 황해도와 함경도 일부에 걸쳐 약 420년(B.C. 108년~A.D. 313년)간 존속하였는데, 이때의 낙랑(樂浪)문화가 삼한 전역에 큰 영향을 주었다는 것은 널리 알려진 사실이다. 지금까지의 통설을 따른다면 한사군의 존속기간에는 고구려가 압록강 이북인 수도 환도성(丸都城)에서 고대국가를 경영하면서 압록강을 도강하여 남진을 시도했으나 쉽지 않았기 때문에 계속 만주 일대의 세력으로 있다가 한사군과 한의 뒤를 이은 진(晉) 그리고 그 뒤를 이은 대방(帶方)이 축출된(313년) 뒤에야, 고구려는 드디어 한반도 내의 하나의 후참세력으로 참여하여 처음에는 백제와 그다음에는 신라와 각축을 벌이게 되었다.

---

12) 준왕 남하에 관하여 "侯準旣僭號稱王, 爲燕亡人衛滿所功奪, 將其左右宮人, 走入海, 居韓地, 自號韓王"《三國志魏志》 동이전(東夷傳) 마한조(馬韓條)}라고 써 있고, 또 「初, 朝鮮王準, 爲衛滿所破, 乃將其餘衆數千人走入海, 攻馬韓, 破之, 自立爲韓王」 운운하고 있다.《후한서(後漢書)》, 동이전 마한조

13) 김원룡 『마한 고고학의 현상과 과제』(1989), 원광대 국제학술회의 발표.(〈동아일보〉 1989년 11월 13일자 보도기사에서 재인용)

다른 부족과 씨족이 남하하는 동안 한강 유역과 그 남쪽에는 선주민과 후래민(後來民)이 살고 있었다. 그중 대략 오늘의 경기, 충청, 전라도에는 마한(馬韓)이, 낙동강 하류에는 변한(弁韓: 弁辰)이, 지금의 경북지역에는 진한(辰韓)이 각각 부족연맹국 형태로 분포해 있었다.[14] 당시의 국세를 보면 마한에 10여만 호, 변한(弁韓)과 진한(辰韓)에 합계 4~5만 호가 있었다고[15] 하니 당시 삼한에는 약 15만 호의 인구가 살고 있었고 이때 한반도 안에서의 주도세력은 당연히 마한일 수밖에 없었고 그 세력은 원시 부족연맹국가 형태였을 것이다.

2. 민족의 남행

상고시대의 첫 남행을 '원시남행'이라 했고 이제부터는 삼한 사회에 뒤이은 '민족의 남행'으로서 백제, 고구려, 신라, 가야 4개 국가가 수립되었다. 이때부터 국경이 비교적 강고(强固)해지면서 현대국가와 비슷한 국민조직과 영토를 갖는 사국(四國)이 정립되었으며 이제부터는 '국경'을 넘어 오가게 됨으로 '민족의 이동이나 유입이 자유롭지 못하게 되면서 '국민' 또는 '국인(國人)'이라는 새로운 집합명칭이 생겨났다. 드디어 한반도와 압록강 이북의 고구려 영토까지

---

14) 이병도 박사는 변한이 낙동강 유역의 경상도 전역에 있었고 진한은 변한의 동북지방에 새로 유입하여 살던 마한의 일부라고 보고 있다.(이병도, 「삼한문제의 신고찰」, 4, 《진단학보》, 제5권, 소화11년) 여기서는 일반론에 따른다.
15) 《삼국지위지》 마한조 및 변한조.

의 판도 내에서 경쟁과 통합 및 통혼(通婚)이 이루어지면서 배달민족(단군의 자손)이라는 단일민족으로 융합되기 시작하였다. '단일민족'은 실로 단군의 후예와 예족, 맥족, 부여족, 한족(漢族) 등이 장기적으로 융합하여 이루어진 '단일민족(單一民族)'인 것이다.

단군조선을 계승한 기자조선은 자연히 약간의 은(殷)민족을 추가시켰다. 그 뒤의 위만조선과 한사군은 약간의 연(燕)인과 한(漢)인을 추가시켰다. 그 뒤 비교적 큰 부족연맹국가인 마한, 그리고 비교적 소규모로 분산된 부족과 씨족들인 진한·변한·부여·예·맥·옥저·한인(漢人)들은 또 한 번의 융합을 통해 고구려·백제·신라·가야 등 네 개의 대 세력으로 통합되었다.

그 뒤의 통일신라는 원(原)신라와 백제의 전체 백성과 일부 고구려민(약 10만 명)을 대통합시켰다. 신라에 통합되지 못한 채 30년 동안 당나라의 지배를 받던 대부분의 고구려민은 발해를 건국했다가 발해가 망할 때(926년) 대다수는 거란인(契丹人)에 합류되고 그중 약 10만 명의 발해 동포가 추가로 또 고려에 귀속함으로써 고려인(Korean)이 형성되었다. 대부분의 발해인들은 그 뒤 거란·여진족에 합류 및 동화함으로써 한반도의 역사와는 결별의 길을 걷게 되었다. 따라서 신라나 고려에 통합되지 못했던 대부분의 고구려인과 발해인이 애초에는 같은 단군의 혈통이었거나 근친이었지만 세월이 갈수록 한족(漢族)화의 농도가 짙어졌기 때문에 그들은 4촌에서 8촌으로 다시 20촌 등으로 멀어진 셈이다. 이로써 '민족의 영역(경계선)'은 그보다 훨씬 강고해진 '국가의 영역' 즉 국경으로 바뀌었으니 '국경'은 민족을 분리도 시키고 통합도 시켰다. 이것이 역사에서 가끔 일어나는 '얄미운 국경의 양면성'이었다.

이후 통일신라와 고려는 약간의 발해인·거란인·몽골인·한인(漢人)을 흡수·동화했고, 조선은 약간의 여진인과 왜인을 흡수·동화함으로써 오늘의 한민족(韓民族)이 된 것이다.[16]

이처럼 민족적으로 본다면 비록 위만조선이나 한사군이 외래세력으로서 나중에는 쫓겨났다고 하더라도 인구 면에서 우리 민족에 동화된 부분이 있고, 비록 오늘날 우리가 동족이라고 생각한 고구려나 발해인의 동화율은 그다지 크지 않았으니 민족 정통성을 논의할 때는 참고되어야 할 부분이다.

3. 국가의 정돈과 북진(北進)

단군조선, 기자조선, 위만조선의 신민(臣民)이 남행할 때마다 그 이전에 남행 및 분포되어 살던 선주민인 부족 및 씨족과의 갈등이 적지 않았겠으나, 한사군이 퇴각한 것을 제외하고는 북방계 부족이 선주민과의 갈등을 못 이겨 다시 북쪽으로 되돌아갔다는 기록은 없다. 그 물결은 고구려, 백제, 신라, 가야 4국의 건설과 정돈으로 종결되고 이제부터는 주로 한반도 울타리 안에서의 정착과 융합이 시작되었다. 따라서 이제부터 변동이 있다면 씨족이나 민족의 경계 즉 족경(族境)이 아닌 국경(國境)선이 변동하게 된다.

남만주(南滿洲)에서는 고구려가 탄생했으며(B.C. 37년), 한사군(현

---

16) 중국에서 들어온 성씨를 시기별로 자세히 조사하지는 못했으나 이중환은 대략 고려 때 들어와 벼슬한 중국계 성씨는 온양맹씨, 여주오씨, 거창신씨, 연안이씨, 의령남씨, 창원황씨 등을 들고 있다.(이중환, 《擇里志》, 十二, 총론.)

도, 임둔, 진번, 낙랑)이 대략 지금의 평안 남·북도와 함경남도 남단 및 강원도 북단에 걸쳐 있었으며 그 바로 남방, 즉 한반도의 중부에서는 백제가 탄생(B.C. 18년)했고, 한반도의 동남방에서도 신라(B.C. 57년)와 가야(A.D. 42년)가 선후하여 흥성하기 시작하였다. 이 중 특히 한사군의 동북쪽인 만주지역에서 개국한 고구려와 남방에서 개국한 백제(百濟)는 신속히 발전하였다. 고구려는 제6대 태조왕(53~146년) 때부터 부근의 다른 부족들을 정복하여 강토를 넓혀 나갔고, 백제는 한반도의 중·남방에서 마한 내의 지도적인 부족국가로서 차츰 마한 전역을 병합하였다. 머지않아 한사군(대방 포함)이 주로 고구려와 백제 두 나라의 협공을 받아 쫓겨나게 되었는데 그것은 우연한 일이 아니고 한반도 내의 비교적 선창국(先創國)인 백제의 북진과 생존의식 그리고 고구려의 남진 정책 때문이었다. 각성과 항쟁의 일단을 살펴보기로 하자.

4. 고구려와 백제의 대치(對峙)

고구려는 유리왕(瑠璃王) 33년(B.C. 14년)에 현도군(玄菟郡) 내의 '고구려현'을 빼앗았고, 대무신왕 11년(28년)에는 요동태수를 반격했고 동 15년과 20년에는 낙랑을 공격했고, 모본왕 2년(49년)과 태조대왕 53년(105년)에는 요동을 공격했으며 그 뒤 역대로 요동 또는 낙랑과 공방을 거듭하였다.

백제는 온조왕(溫祚王) 8년(B.C. 11년)부터 낙랑 접경에 방책을 쌓고 낙랑을 경계하였다. 특히 백제는 고구려 태조대왕 69~70년 때(121~122년)에 고구려와 협력하여 현도와 낙랑을 공격하기도 했다.[17] 물론 그 사이에 반도 동북의 고구려와 반도의 중남부 및 동남부의 백제 및 신라 등 고대국가 간에 부단한 갈등이 있긴 하였다. 그러나 이는 한반도 자체 내의 대통합을 다져가는 단계에서 발생한 불가피한 작은 갈등으로 보아야 하고, 그 대신 백제와 고구려의 대(對) 한사군 투쟁은 큰 갈등으로 보아야 할 것이다.

한사군을 축출하기 위한 큰 갈등에서 제·려는 협공을 계속하였다. 즉, 백제는 분서왕(汾西王) 7년(304년) 낙랑의 서현(西縣)을 빼앗았고, 고구려는 미천왕 14년(313년)에 낙랑을 쳐서 일부를 고구려에 통합시켰으며 이듬해는 대방의 일부를 점령하였고, 백제도 그 무렵에 대방의 일부를 점유하였는데 이는 한반도에서의 선주민이 서북의 이민족을 남(백제)과 북(고구려)에서 협공하여 몰아낸 최초의 사례임에 주목해야 될 것이다. 다시 말하면 한족(漢族) 또는 기타의 서·북방 민족의 자유로운 유입이 이때부터 중단되었는데 이는 더욱 강고해진 '국경선'의 존재 때문이었다. 드디어 한반도와 만주 일대에서는 한(漢)의 세력이 완전히 구축 당하였다. 이때는 이미 한반도와 만주에 걸친 잡다한 부족이 내적인 정돈에 착수한 때였다.

가야가 신라에 병합된 뒤 삼국 간의 갈등이 심해진 것은 씨족·부족이 대 국민으로 통합하기 위한 발돋움이었다. 일찍이 삼국간의 경쟁 시대처럼 활기찬 시대는 없었던 것이다. 따라서 한반도에서 삼국[18]이 정립한 뒤부터는 중원(中原) 세력이나 북방의 야인(野

---

17) 왕은 마한, 예맥의 군사와 함께 현토(玄菟)와 요동을 공격했다 하는데(《삼국사기》, 고구려, 태조대왕조) 이때는 이미 마한이 백제에 병합된 이후이다. 따라서 여기의 마한은 백제로 보아야 옳다.
18) '가야'까지 '4국'으로 거론할 수도 있으나 국사학계의 관행에 따라 '3국'이라 함.

人) 세력이 이전처럼 한반도에 함부로 깊숙이 침투해 와서 살았다는 기록은 없다. 따라서 한사군 남행의 전초이며, 동시에 전진기지였던 낙랑의 남방경계선에 백제가 방책을 쌓던 전 1세기 말엽(B.C. 11년)부터 신라가 대동강-원산만 이남 지역의 삼국을 통일하고 당(唐)의 안동도호부를 축출한 7세기 중엽(676년)까지 약 700년은 한반도에 산재하는 한(三韓)·예(濊)·맥(貊)·말갈(靺鞨)·부여(夫餘)·옥저(沃沮)·한(漢)족이 동시적 또는 단계적으로 백제인, 고구려인, 신라인으로 통합·정돈되는 과정이었다. 이 700년은 그 먼저 몇천 년간 계속되던 남행의 물결을 차단하여 3국이 각자 국경선을 지키고 자강을 도모하던 시기이며 그때 이후 제한적이나마 오히려 북진을 할 수 있는 전환점을 마련하게 된다.

이로써 상고시대 '민족의 정착과정'은 북방에서 남방으로의 이동 즉 남행의 결과였지만, 3국이 경쟁적으로 자강(自强)을 도모하면서 국경선이 강고해진 중고시대부터는 민족의 자유로운 이동은 중단되었다. 드디어 '민족'과는 조직 양상이 다르고, 결속력도 훨씬 강한 '국가'와 '국민'으로의 발전의 원동력은 남방에서부터 강화되어 북방으로 팽창하였음에 유의해야 되겠다.

제2절 국가의 정통론

1. 한강권 대세현상 : 역사발전의 제1현상

한반도에서 흥망성쇠를 거친 역대 국가들의 역사 전개법칙으로 맨 처음 지적할 수 있는 것은 한강권 대세현상(The Great Power of the Han River)이다. 한강과 그 유역 일대인 경기도와 강원도의 영서 그리고 황해도 남부 일대가 한반도의 역사 진행 과정에서 중추적인 역할을 했거나 가장 큰 영향력(大勢)을 행사했다는 의미이다.

한강은[19] 여러 개의 작은 강들이 모이는 비교적 큰 강이다. 강화도 북방 강화만에서 예성강과 합류하고 그보다 약간 남쪽 하구에서는 임진강과 합류하며, 경기도 양평군 양수(兩水)에서는 남한강과 북한강이 합류한다. 따라서 여기서는 임진강과 예성강까지도 한강권으로 본다. 남한강은 강원도 영월에서부터, 북한강은 강원도 인제에서부터 시작되는 반도내의 대하(大河)여서, 한반도의 허리띠처럼 동서를 가로지르고 있다. 유로(流路) 연장이 514km로 한반도에서 4위에 불과 하지만 압록강과 두만강이 한·중, 한·소간의 공동 관리하에 있는 국경 하천이기 때문에 반도의 내하(內河)만을 비교한다면 한강이 낙동강 다음으로 긴 강이다. 한강 단독의 유역 면적으로 따진다면 26,000여㎢로서 내륙 및 국경에 있는 어느 강이 갖는 면적보다도 넓다.[20] 이와 같은 몇 가지 사실에서 한강권(유역)은 다음과 같은 여건을 갖고 있다.

1) 군거 여건(群居與件) 양호

한강권은 농경지가 넓고 식수도 풍부해서 고대로부터 정착민이

---

19) 고명(古名)은 대수(帶水(漢四郡, 三國初)), 아리수(阿利水(호태왕비)), 욱리하(郁里河,《백제본기》, 개로왕 21년), 한수(漢水, 백제~동진교류 이후) 등이 있음.
20) 강석오, 『신한국지리』, 개정판, 새글사, 1978, p.134.

많아 튼튼한 생활권을 이루었고, 그로 인한 강력한 정치 단위가 형성되었다. 선사시대에는 구석기나 신석기 유물이 반도 전역에 상당히 골고루 분포되었다는 사실에서 한강권만의 우월성을 논하기 어려우나 고대의 국가형태가 본격적으로 공고화되기 시작한 삼국시대부터는 두드러진 현상이 나타난다. 삼한시대 말기 지금의 서울에서는 마한(馬韓) 내의 일국(一國)인 백제(伯濟)가 있었는데 한강권을 배경으로 성장하여 결국 마한이라는 부족연맹체를 통합 및 격상시켜 단일의 백제(百濟)국으로 성장했었다. 백제는 비록 북방에서의 남행세력이었지만 선주민인 삼한 사회를 정복하거나 동화시키면서 개국한 것이다.

지금의 서울과 광주(廣州) 일대의 한강 유역에서 개국한 백제는 개국 초(B.C. 18년)부터 공주(熊津)로 천도(475년)할 때까지 493년간 정착하였다. 백제가 한강 유역에서 건국한 것은 온조대왕의 안목에 의한 것인지 또는 우연히 정착한 결과였는지 알 수 없으나 어떻든 훌륭한 선택이었다. 한강 유역은 한동안 고구려의 '남평양(南平壤)' 또는 북한산주(北漢山州)로서 76년간(475~551년) 대남 진출 또는 대남(對南) 방어선으로 활용되었고, 뒤이어 345년간(553~898년)은 신라의 신주(新州), 북한산주, 남천주(南川州), 한주(漢州) 등의 명칭으로 북진 또는 대북 방어전선으로 중요한 역할을 했다. 뒤이어 또다시 정치적 수도가 되었는데 후고구려 20년(898~918년), 고려 470여 년(918~1392년)을 합한 4백90여 년간 한강의 지류 또는 보조하천인 임진강 유역의 개성을 수도로 하였고, 1393년부터 지금까지 서울은 900여 년간 조선왕조와 대한민국의 수도로서 한반도 전역을 통괄하는 정치의 중심지가 되고 있다.

이에 비하여 낙동강권인 경주가 992년간 신라의 수도였고, 대동강 유역인 평양이 241년 간(427~668년) 고구려의 수도였고, 해방 후부터 지금까지 북한(조선민주주의인민공화국)의 수도이다. 말기 백제가 185년간(475~660년) 그리고 후백제가 44년간(892~936) 금강-섬진강권을 무대로 왕조정권을 유지하였다. 따라서 이들과 비교할 때 한강권의 우세는 월등한 것이다. 다만 경주가 수도로서 장수할 수 있었던 것은 지리적으로 유별난 편벽지라는 이점(利点) 이외에 대외관계 등 변수도 작용했을 것으로 평가해야 할 것이다.

2) 교통의 중심지

한강 유역은 지리적 중심이기 때문에 교통의 중심지이기도 하다. 한반도는 북으로 함경북도, 남으로 제주도가 최변방이므로 이들에 대한 중앙지는 바로 한강 유역이다.

교통·운송 수단이 미비했던 옛날, 비록 한강의 교통 운수량도 상류로 갈수록 적고, 하류로 갈수록 많아지는 미약한 운송로였으나 그 정도만으로도 한강은 훌륭한 교통로였었다. 따라서 1차적으로 한강과 그 지류인 임진강 때문에 경기도의 거의 전역과 강원도 일부(영서) 및 충청북도 일부가 하나의 생활권이 되었다. 그리고 이곳을 기점으로 하여, 2차적으로 북으로는 황해·평안도까지, 남으로는 충청·전라도까지 평야를 따라 인마(人馬) 교통이 전개되었으며, 3차적으로 남동으로는 조령·죽령·추풍령을 통하여 영남의 낙동강 유역까지, 북동으로는 추가령 지구대와 철령을 통하여 함경도의 관북평야로 연결되었다.

이 경우 관북·영동(관동)·영남은 한강 유역으로부터 다소 외진 곳이지만 이 세 변방 중 어느 한 변방이 정치적 중심이 되었다고 할 때 반대편 지역까지의 교통이 얼마나 불편했겠는가를 생각해보면 한강 유역만큼 알맞은 중심지는 없는 것이다.[21]

한강권보다 열세인 대동강권과 낙동강권은 때에 따라 우열이 변했다. 대륙세력과의 외교관계가 중요하고 밀접할 때는 대동강권의 역할과 지위가 우세했고, 동남방 해양세력과 외교관계가 중시될 적에는 낙동강권의 역할과 지위가 우세해졌다. 어느 경우에도 한강권은 중앙에 위치했기 때문에 정세변화에 큰 영향을 받지 않고 나름대로 중심을 지킬 수 있었던 것이다.

3) 공수(攻守)에 유리

한강 유역의 보조하천 격인 예성강은 첫째, 하구(河口)가 서해에서 임진강·한강과 만나고 둘째, 예성강의 북방에서는 멸악산맥이 있어 북방과 어느 정도 차단하는 효과가 있기 때문에 전통적으로 한강에 대한 보조하천으로 볼 수 있다.

한강이 역사적으로 공격과 수비의 군사 활동에서 발휘한 기능은 지대하였다. 상고로 소급해 보면, 기자조선이나 위만조선의 세력에 대해서는 대체적으로 마한이 임진강 선에서 차단했고, 백제도 대체로 예성강 선에서, 대방이나 고구려 세력을 차단했다.

---

21) 이성계는 "한강의 형세를 살펴보니 왕도가 될 만한 곳이다. 특히 조운하는 배가 통하고 사방의 거리도 고르니 백성들에게도 편리할 것이다"고 말했다. 《태조실록》, 권6, 태조 3년 8월 경진조)

특히 백제는 초기에 한강 이북에 도읍 했다가 북방의 적이 강해졌을 때는 한강 남쪽인 하남위례성(현 서울의 강동·송파)으로 옮겨 한강 이북 땅을 지키면서 동시에 한강을 방어선으로 하였다.

기자조선, 위만조선, 한의 낙랑군 그 뒤로는 대방군, 그리고 최종적으로는 고구려가 북방세력으로서 한강권 인근까지 접근했으나 마한(馬韓)과 백제의 세력에 의해 번번이 차단을 당하여 예성강·임진강·한강 등 한강권을 점령하지 못했다. 삼국시대부터만 보더라도 백제가 한강권을 거의 5백 년간 지킬 수 있었다는 사실은 실로 백제의 강성함 때문이었다.

반대로 고구려가 대동강권을 점유한 뒤 82년이라는 긴 세월(314~396년)을 겪어서 예성강까지 진출했고, 다시 또 80년이 지난 뒤에야 한강권을 석권(475년)하였다.

고려시대에도 몽골(북경어의 권설음 습성은 '古'를 '골'로 발음함) 살례탑(撒禮塔) 부대를 처인성(處仁城, 용인)에서 패주(1231년)시켰고, 야고 부대 등 충주까지 진출한 몽골군은 한강권에서 저지했다(1252년). 한강권은 수비에도 유리하지만 공격에도 유리하였다. 한강권을 기반으로 하였던 백제는 초창기 당분간은 한(漢)의 대방군을 건드리지 못했으나 미구(未久)에 영서지방을 장악했고 남으로는 마한을 치고(A.D. 6년), 머지않아 지금의 전라남도 남해안까지 확장하였다(369년). 이 무렵 최초로 고구려 대군의 침략을 받았던 백제는 두 차례에 걸쳐 대대적으로 평양성을 공격한 바도 있다.

이상에서 볼 때 한강권은 군거여건의 양호함과 교통의 중심지 및 공수(攻守)에 유리한 좋은 조건을 구비했기 때문에 우리 역사에서 중추적·주도적 역할을 했던 것이며 이것을 간단히 '한강권 대세현상' 또는 '한강권의 구심력'이라고 호칭해도 되겠다는 생각이다.

백제는 가장 먼저 한반도의 지리적 중심부와 그 당시 국부(國富)의 원천인 광대한 농경지와 해안지대를 확보 및 경영하였다. 따라서 백제는 삼국시대 전반기인 493년 동안 한반도의 중요영역 대부분을 경영할 수 있는 기초를 맨 먼저 마련했기 때문에 삼국시대 한반도의 '기반 건설자(基盤 建設者, Base Constructor)'가 되었다.

북으로는 재령평야, 중부의 경기평야, 남부의 호남평야 개발 및 벽골제 건설 등 농경의 기초는 백제가 건설했으며 그 유산을 차기 주도 세력에게 넘겨 준 것이다. 다만 중앙에 위치하여 중간국가(中間國家, middle power)였던 백제가 근 500년간 '중심국'으로서의 위세를 누리다가 끝내는 차츰 왕성해진 북의 고구려와 남의 신라 '사이에 낀 나라(介在國)'의 처지가 된 160여 년간 쇠퇴기를 맞게 되어 처음에는 고구려에게, 다음에는 신라에게 국가의 요충인 한강권을 빼앗기고 공주와 부여로 천도하면서부터 백제 말기를 재촉하게 된 것이다.

2. 정통의 의의

우리나라는 여러 가지 '문제'와 그에 따른 '고난'을 견디고 극복하면서 곡절 많은 역사를 이어왔다. 영광과 굴욕, 전쟁과 평화, 승리한 능동적인 통합과 패배한 수동적인 병합을 겪으면서 '반만년의 역사를 이어 왔다. 긴 역사(通史) 속에서 이제 역사의 부침(浮沈) 양상을 분석하여 역사를 계승해 나간 '정통론(正統論)'을 설정할까

한다.

'정통'을 간단히 정의하자면 '정권계승체계(Legitimism)' 또는 '올바른(正) 계승체계(Correct succession)'를 의미한다. 기존의 원리 원칙이나 법규범을, 또는 어떤 권위화(權威化)의 핵심이 되는 '추상적 원칙'이나 '구체적 실체'를, 긍정적으로 평가하고 정당성을 인정하여 충실히 계승하는 연결성을 '정통'이라고 말한다. 다만 이 단순한 논리로는 역성(易姓)혁명이나 '국호변경' 만으로도 '정당한 계승'이라고 주장할 수 있는 약점이 있다. 따라서 이제 단순한 '정통'에서 벗어나 '국가의 정통'을 논구해 보겠다.

'국가의 정통'을 논의하기 위해서는 국가의 구성요소인 '국민, 영토, 정부' 3자의 정통 여부를 확인해야 된다고 본다. 이 부분은 추후 추가적인 설명을 하기로 하고 우선 역사적인 정통론의에 대한 사실부터 고찰해보자.

정통 논쟁은 원래 중국에서 시작되었다. 최초에는 위(魏)·촉(蜀)·오(吳) 삼국의 정통성을 따지는 것으로 진수(陳壽)는 위(魏)를, 습착치(習鑿齒)는 촉(蜀)을 각각 정통으로 보았는데 그들의 주장은 아전인수(我田引水) 격의 정서적인 발상에서 나온 것이었다.[22] 그 뒤 정통론이 가장 무성했던 것은 송(宋)대 때였다. 그 정통론들을 정리해 보면 몇 가지 기쥬이 제시되었는데 주로 다음과 같은 사례들로서 우리가 정통론을 수립하는데 참고할 가치가 있어 보인다.[23]

---

22) 이우성 「이조 후기 근기학파에 있어서의 정통론의 전개」, 이우성·강만길 편, 『한국의 력사인식(상)』, 창작과 비평사, 1976, pp.356~362에서 재인용.

23) 구양수 「정통론하(正統論下)」 또 진방명(陳芳明) 「宋代正統論的形成背景及基內容」, 《食貨月刊》, 복간 제1권 제8기, 1971, 11월호, pp.16~27.

① '지배영역의 대소(大小)'와 '지역적 중추성' 그리고 '더 넓은 영역'을 차지한 세력(국가)을 정통으로 보는 시각이다. 여기에는 진수(陳壽)·장방평(張方平)·진사도(陳師道)·구양수(歐陽修) 등이 있다.

② '전통문화'를 얼마만큼 계승했는가에 따른 분류로, 상대적으로 더 많은 전통문화를 계승한 세력(국가)이 정통이라는 것이다. 여기에는 황보식(皇甫湜)·방효유(方孝孺) 등이 있다. 대만(臺灣)으로 피난한 국민당 정부도 장개석(蔣介石) 총통이 한때 중국대륙을 통일한 적이 있기 때문에 자기들이 '중화민국'의 정통이라는 입장을 견지했다.

③ '정치의 양·불량(良不良)'에 따른 분류로, 상대적으로 독재정치보다는 도덕정치를 추구한 세력(정권)을 정통으로 보는 시각이다. 여기에는 습착치(習鑿齒)·구양수(歐湯修), 주희(朱熹) 등이 있다.

④ 점유영토의 광협(廣狹), 국가 수명의 장단(据位之久暫), 전대(前代)로부터의 혈통계승 여부, 수도 계승 여부, 후대에서의 존중 여부 그리고 혈통상 주류를 이루는 종족인지의 여부 등을 기준으로 정통성을 따지기도 한다. 여기에는 양계초(梁啓超)가 대표적인 학자이다.[24)]

이상을 간략히 종합해 볼 때 가장 중요한 정통의 조건을 정리해 보면, '우월한 실력으로 정권·영토·인구 그리고 문화를 가장 많이 계승 또는 이양 받아 상대적으로 더 주도적이고 강하게 성장한 세력'을 정통으로 보는 시각이 가장 일반적이다. 필자도 이러한 시각을 지지한다.

---

24) 梁啓超 저, 『飮永室全集』, 타이페이, 장가출판사, 1975, 卷三, p.91.

3. 김부식의 정통론

우리나라에서는 고려 초 김부식(金富軾)의 《삼국사기》가 나오면서부터 정통론들이 대두하였다. 그런데 이 정통론의 입론 시각은 크게 두 가지로 분류된다.[25] 하나는 '정치권력의 계승'을 중시하는 입장이고, 또 하나는 '점유(占有) 영토의 계승'을 중시하는 입장이다.[26] 두 가지 정통론의 대표적인 것을 소개하겠다.

첫째, 정치권력을 전폭적으로, 또는 적절하게 획득 또는 계승하였는지의 여부에 따른 정통론이다. 이 주장에 의하면 고조선의 '단군조선'과 '기자조선'은 정통의 모체로 인정하나, '위만조선'은 '기자조선'을 정복한 외래세력이고, '한사군'도 한(漢)의 세력이기 때문에 정통이 아니고, 그 대신 기자조선의 마지막 왕인 기준(箕準)이 남으로 망명하여 한동안 '마한'(馬韓)의 왕이 되었기 때문에 종래의 서북지방 정통이 이제부터 남쪽으로 이동하여 '마한'이 정통이라는 것이다.[27] 즉, '단군조선-기자조선-마한'으로의 계승이 정통이라는 것이다.

그 뒤 삼국시대의 정통성론에서 또 하나의 문제가 생겼다. 삼국

---

25) 박성수, 「단재사학, 이단인가 정통인가」, 《광장》, 1984, 1월호, pp.158~167 참조.
26) 전자의 대표적인 견해는 김부식의 《삼국사기》(1145), 정인지의 《고려사》(1451), 안정복의 《동사강목》(18세기 중엽) 등이고, 후자의 대표적인 것은 북애(北崖)의 《규원사화(揆園史話)》(18세기 중엽?), 대야발(大野勃)의 《단기고사(壇奇古史)》(연대미상), 신채호의 『독사신론(讀史新論)』(1908), 서계수의 『조선세가보(朝鮮世家譜)』(1939) 등이다.
27) 이우성, 전게논문.

시대는 동등한 세력으로 삼분(三分)되었기 때문에 어느 특정국에 정통을 귀속시킬 수 없어 정통이 끊어져서 '무통(無統)'이 되었다가, 통일신라부터 지금까지 또 하나의 새로운 정통이 생겼다는 설이다.[28] 이와 같은 견해는 조선 후기의 실학자 이익(李瀷)의 주장을 발전시킨 이론으로 보인다.

둘째, 강역을 얼마나 많이 계승하였는지의 여부에 따른 정통론이다. 이 주장에 따르면 고조선의 판도를 제대로 계승하는 것이 정통이기 때문에 남부의 반쪽인 신라 주도의 삼국통일은 정통이라고 평가하기에는 부족하다는 것이다. 이와 같은 논리는 신채호(申采浩)의 주장과 같은 것으로, 이러한 주장을 더러는 이단사학(異端史學)이라고도 말하고 있다. 이 같은 상황에서 위의 두 정통론은 다음과 같은 변화들을 맞게 된다.

4. 삼국시대, 주도권 경쟁시대 : 정통과 윤통

첫째, 정권 계승적 정통론에서는 기존의 주장을 수용하였으나, 삼국이 분립했던 6백여 년을 '정통의 단절'로 보고 '통일신라'에 와서 비로소 정통을 회복한 것으로 보았다. 그렇다면 여기서는 사실(史實)을 무시한 결함이 있다. 즉 3국의 상대적인 선·후 주도권 경쟁의 활기찬 역사를 분석·비교해 보는 노력을 피하는 안일한 폐단이 있고, 또 시간적 연속성을 기본으로 하는 정통론의에서 삼국통

---

28) 이익, 「택리지서(擇里志序)」, 이중환 저 《택리지》.

일 이전의 삼국 경쟁기 6백여 년을 공백으로 무시한다면 6개 세기에 걸친 장기간의 역사를 말살하는 견해로서 역사 속 진실 탐구를 포기하자는 것이니 그러한 폐단은 당연히 수정되어야 한다.

둘째, 강역계승적 정통론에서는, 상고시대의 원시국가 강역은 아직 국경이라는 '선'이 불확실한 상태에서 '점'(點) 또는 '좁은 부락이나 면(面) 수준'의 규모로 여기저기서 집단 거주하던 당시의 사정을 감안할 때, 결국 그때보다 훨씬 넓어진 현재의 지리적 위치'는 과거 소규모 영역과는 무관하다는 자가당착에 빠지는 우를 범할 수도 있는 것이다.

셋째, 어느 설이나 정통을 따지는 기준이 미약하였다. 정권계승론은 왕이나 정부의 연결성에만 치중한 나머지 왕의 실각만으로도 정통이 단절되었다고 보는 약점이 있고, 영토 계승론은 추측만 가능할 뿐 면적이나 구역을 명확히 알 수 없는 고조선의 영토에 집착한 나머지 현재 내가 살고 있는 땅을 오히려 '임시 정착지' 또는 '유랑지'라고 착각을 유발할 수가 있다. 이 같은 부족함을 보완하기 위하여 정통론은 정궤(正軌)로 돌아가야 한다.

사실 지금까지 논의된 정통론들은 '국가'라는 온전체에서 보는 것이 아니고 '국가 구성요소의 일부인 '정부의 합법적 계승'이나 '민족의 혈연적 연속' 또는 '영토의 분합' 등 어느 한두 가지 요소의 정통성 여부에 편의적으로 집착하였다. 그것은 '국가의 정통성'을 논하는 방법에서 일부의 조건은 타당할 수 있으나 모든 조건을 충족시킬 수는 없다. 환언하면, 지금까지 우리는 '국가의 정통성'을 검토한다면서 그 범위를 좁혀 '국민(민족)'의 정통성이나 '영토'의 정통성 그게 아니면 '정부' 또는 '정권'의 법통성만을 따진 것이다.

이는 국가 구성요소의 일부인 요소별 정통론일 뿐 영토·국민·정부 3개 분야 모두를 대상으로 한 '국가'의 정통론은 아님을 알아야 되겠다.

5. 국가 정통론의 창조적 해법

그간 우리나라에서의 정통론은 '국가정통'과 '민족정통'을 구분하지 않은 채 혼동해왔다. '단일민족' 국가이기 때문에 '민족 정통'이 곧 '국가 정통'이라는 등식이 가능하겠으나 양자의 내용은 엄연히 다르다. 이 지구상에는 민족은 같으면서 국가는 따로 갈라진 사례가 많다. 이 시점에서는 '민족'의 입장은 접어두고 '국가'의 정통을 따지자는 것이니 그에 알맞은 논리가 정립되어야 한다.

'국가'의 정통성을 따지자면 분석기준이 명확해야 하는데 그 기준은 여기서 새삼스럽게 분석·확인할 필요가 없이 국가학설에서 이미 공인된 공식에 따르면 된다. 즉, 국가학설에서는 '영토·국민·정부(주권)'의 3대 요소[29]가 합성된 것이 '국가'라고 정의하고 있다. 여기서는 개별 국가 자체만을 대상으로 분석하기 때문에 구태여 외국을 끌어들일 필요가 없어서 '국제관계'는 거론하지 않는다. 따라서 어떤 나라(정권)가 그 3대 요소를 얼마나 많이 또는 얼

---

29) Georg Jellinek 등의 삼요소설(인민·영토·주권)에서 주장한 '주권'은 정부 권위의 대외적 표현이기 때문에 '정부' 속에 포함시킴. 따라서 여기서는 '주권' 대신 '정부'를 제시하였음.

마나 적절하게 계승하였느냐를 판별 및 계량화하면 국가정통의 정도를 확인할 수 있는 것이다. 그렇게 하면 심지어 '영토'가 2분 또는 3분된 상황에서도 국가 구성요소인 '국민'이나 '정부'의 정통성이 있고 없음에 따라 정통의 우열을 판별할 수도 있다. 또 설령 외세의 침략을 받아 상당 기간 '정부의 정통'이 단절되었다 하더라도, '영토'나 '민족'이 존속하고 있다면 존속한 그만큼의 정통성이라도 인정받게 되는 것이다. 예를 들면, 비상시의 망명정부인 '대한민국임시정부'가 '부분적인 정통성'을 유지하다가 실체의 '대한민국 정부'를 수립하면 국가의 정통성을 완전히 회복하게 되는 것이다.

이제 새로운 '국가의 정통성'을 논하기 위하여 그 하위요소인 '영토의 정통성', '국민의 정통성', '정부의 정통성'을 논함과 동시에 각각의 용어부터 정립해 보고자 한다.

1) 영토의 정통성 : 기통(基統)

'영토의 정통성'은 '기통(基統: 터전의 정통, the legitimacy of land)'이라고 약칭(略稱)하는 것이 알맞겠다. 기(基) 자는 '터', '터전' '자리' 등의 뜻이 있는데 그것을 국가에 적용하면 '영토'의 의미가 된다. 이것은 영토의 활용도·안전도 및 군거(群居) 가능도 등 자생성(自生性)의 우열을 나타낸다. 환언하면 국민을 위한 '생존공간' 또는 '생존기지(基地)적 역할을 얼마나 할 수 있느냐'를 중시하는 것이다.

그런데 영토의 정통성을 논하는 자리에서는 면적만이 중요한 것이 아니다. 시베리아는 넓지만 러시아 영토의 정통은 우랄산맥 서쪽에 있고, 중국은 서북지역이 넓지만 영토의 정통은 동남쪽의 중원(中原)에 있는 것과 마찬가지다. 영토의 정통성의 근거는 여러 가지의 군거(群居) 조건이 충족되어야 하는 것이다.

2) 국민(민족)의 정통성 : 적통(嫡統)

'국민(또는 민족)의 정통성'은 주류민족인가 변방의 소수민족인가를 따지는 것이어서 적통(嫡統, 혈통상의 정통: the legitimacy of people)이라고 약칭하면 되겠다. 원래 적(嫡) 자에는 '본처의 아들', '맏아들' 등의 뜻이 있으므로 자연히 '주류 민족' 여부를 표시한다. 이것은 어느 민족이 선대의 혈통을 질량 면에서 농도 짙게 이어 받았는가 또는 그 인구가 수적으로 얼마나 많은가를 따지는 것이다. 중국에 허다한 민족이 살고 있지만 중국 인민의 정통은 혈통상 계승도가 높고 인구도 많은 한족(漢族)이라고 보는 것도 하나의 사례가 되겠다.

3) 정부의 정통성 : 법통(法統)

'정부의 정통성'은 '법통(法統: 법률상의 정통: the legitimacy of government)'이라고 약칭하면 되겠다. 이 용어는 이미 공인된 용어이기도 하다. 법(法) 자에는 '떳떳하다', '본보기', '표준' 등의 뜻이 있다. 정부의 수립이 법률적으로 얼마나 정당한가(합법성), 전(前) 정부로부터 얼마나 합제도적(合制度的)으로 계승했는가, 국민을 얼마나 효과적으로 관장하였는가, 국제적으로는 독립국으로서의 인정

을 받고 있는가 등을 내용으로 한다.30)

　이상에서 제시한 기통(基統, 영토의 정통성), 적통(嫡統, 국민의 정통성), 법통(法統, 정부의 정통성) 3자를 기준으로 하여 정통성을 따진다면, 삼국시대처럼 한반도가 3~4분 되었거나 지금 남·북한처럼 2분 되는 등 각 분단 시에도 여러 조건의 유무 또는 비교우위 여부에 따라 판정하여 정통성을 부여함으로써 최소한 정통의 완전단절(無統)이라는 불합리를 모면한다. 또 나라를 빼앗겼다가 광복된 경우에도 국가요소의 일부인 '정부의 정통'만 단절되었을 뿐 '영토의 정통'이나 '국민의 정통'은 존속하고 있다는 이론이다. 일제(日帝, 일본제국주의)시대에 정부는 일본인이 운영하였지만 친일매국노 이외에는 한 사람도 일본화되지 않았고 한 치 땅도 일제가 떼어가지 못했다. 오로지 법적 형식(조약)만이 일제 치하에 있었을 뿐이었다. 이와 같은 진실을 밝힘으로써 역사의 단절을 면할 수 있다는 점에서 정당한 의미가 있는 것이다.

　정통이 있다면 '윤통(閏統)'이라는 말이 있는데 그 의미는 '정통'에는 못 미치더라도 엄연히 동시대를 존속했던 부(副)정통, 차(次)정통, 또는 아(亞)정통이라 할 만한 세력을 말한다. 남한이 대한민국(또는 조선)의 '정통'이라면 북한도 전혀 무연고의 땅은 아니라는 점에서 '윤통'이라고 말할 수 있다는 식이다.31)

---

30) 이것은 막스 베버의 합법적 권위론을 모방 참고한 것임.(Weber M., The Theory of Social and Economic Oragnization, trans by A.M. Henderson & T.Parsons, New York : Oxford University Press, 1947, p.328.)
31) '정통론' 참조(단국대 동양학연구소, 漢韓大辭典, 7권, p.807)

제3절 상고시대의 정통

우리 국사상 고대의 정통성은 단군조선 1211년(B.C.2333~B.C.1122), 기자조선 928년(B.C.1122~B.C.194), 마한 약 201년(B.C.194~7)으로 정리된다. 여기서 단군조선과 기자조선에 관한 실체는 인정할 수 있겠으나 그 긴 기간을 편년사적으로 확인 및 기록할 수 없어서 안타깝다. 이 부분은 부득이 유일하게 남아있는 일연(一然)의 전설적인 기록 《삼국유사(三國遺事)》에 맡길 수밖에 없을 것이다.

1. 고조선과 삼한시대의 정통 : 마한(馬韓)

삼한시대의 대표인 마한은 단군시대와 비슷하게 오랫동안 씨족 내지 부족연합체 사회를 유지했을 것으로 추정되며 대략 기원전 194년부터 기원후 7년까지 201년의 역사를 가진 정통세력이다. 기자조선의 마지막 왕인 기준(箕準)왕이, 연(燕)나라의 위만에게 쫓기어, 군사 수천 명을 대리고 남쪽의 마한을 공격하여 격퇴하고(전 194) 스스로 마한 왕이 된 적이 있었다. 그러나 뒤에 기준왕은 다시 마한에게 망하고 마한 사람이 다시 진왕(辰王)의 자리를 회복했다.[32] 원래 마한(馬韓), 진한(辰韓, 대략 낙동강 동북), 변한(弁韓, 대략

---

32) 《후한서》 동이전, 韓 : "初, 朝鮮王準爲衛滿所破, 乃將其餘衆數千人走入海, 攻馬韓, 破之, 自立爲韓王. 準後滅絶, 馬韓人復自立爲辰王.('辰王'의 '辰國'은 삼한 전체를 망라한 명칭임)

낙동강 서남)의 삼한 땅에서는 마한(대략 경기, 충청, 전라도)이 제일 컸고 대표적 위치였기에 그 종족 중에서 사람을 뽑아 진왕(辰王, 마한왕)으로 옹립하고 목지국(目支國)에 도읍했다. 이 진왕(마한왕)은 삼한(마한, 진한, 변한) 땅을 모두 통솔했는데 삼한의 왕은 마한 인재들이 맡았다.[33] 예를 들면, 진한 왕은 항상 대를 이어서 마한 사람으로 왕을 시켰고 진한 자체적으로는 왕을 세우지 못했다. 진한 사람들은 북변의 외지에서 들어 왔기 때문에 항상 마한의 통제를 받았다.[34]

마한은 한무제 태강 원년과 익년부터 자주 한나라에 사신을 보내 공물(貢物)을 바치기도 했다.[35] 이와 같은 분명한 기록들은 마한이 역사적인 정통세력임을 확인할 수 있는 것이다. 이때 진한과 변한은 윤통이 된다.

2. 삼국시대의 순차적 정통

우리는 삼국시대의 역사를 서술하는 과정에서 각자의 관점에 따라 같은 시기에 서로 경쟁한(同時角逐) 역사로 착각하기 쉬웠다. 물론 삼국시대의 정통을 논하기는 다소간에 어려운 부분이 있다. 3국

---

33) 상게서: "韓有三種, 一曰馬韓, 二曰辰韓, 三曰弁辰. 馬韓在西, 有五十四國, 辰韓在東, 十有二國, 弁辰在辰韓之南, 亦十有二國. 馬韓最大, 共立其種爲辰王, 都目支國, 盡王三韓之地, 其諸國王先皆是馬韓種人焉"
34) 《삼국지》 동이전, 변진 : "又辰韓王常用馬韓人作之, 世世相傳, 辰韓不得自立王, 明其流移之人故也, 恒爲馬韓所制"
35) 《진서(晉書)》, 四夷傳, 마한

이 거의 같은 시기에 건립되었고, 선대의 정통을 어느 한 나라만이 독점적으로 또는 적법하게 계승했다고 단정 짓기도 어려웠던 점 등이다. 따라서 이들의 비교에서는 불가피하게 비슷한 조건들은 상쇄하고 '남아있는 뚜렷한 차이점'만을 비교하는 수밖에 없다.

정통성의 2대 핵심내용은 시간적으로 '선후의 연결'을 보고, 공간적으로 '핵심 영토의 중요도 또는 광협(廣狹) 여부'를 본다. 그런데 정권의 연결과 영토의 광협 면에서 마한(馬韓)을 계승한 정권은 백제(百濟)이기 때문에 삼국 중의 첫 번째 정통은 당연히 백제임이 확인된다. 그런데 다소 미흡한 것은 설령 백제가 정통왕조를 계승했지만, 고구려나 신라가 거의 동시에 존재했을 뿐 아니라 혈통상 먼 이민족도 아니라는 데서 시비의 대상이 될 수 있는 것이다. 백제가 마한을 물려받았지만 그것은 마한 지역에 국한된 '정통'에 지나지 않고, 신라와 고구려도 상당히 많은 부분의 영토와 인민(민족)을 물려받았기 때문에 정통성 우열 논의가 제기될 것이다. 그러나 이와 같은 이유로 해서 어물쩍 무통(無統)이라고 한다면 역사의 단절이라는 더 큰 실수를 범하게 된다. 아래에서 삼국의 강약과 공과를 따져 우열을 점검하겠다.

3. 백제, 삼국시대 전반기 493년간 주도 : 기반 건설자

백제는 건국 초(B.C.18년)부터 수도인 한강권의 한성(漢城)을 상실하기(475년)까지 삼국시대 전반기 493년간, 고구려와 신라보다 우세한 지위에서 한반도의 정세를 주도했던 최초의 정통국가였다.

그 절대적 이유와 상대적 이유는 다음과 같다.

첫째, 절대적 이유로서 백제는 한반도에서의 4대 심장 지대 가운데 가장 크고 핵심적인 한강권을 장악했고 이어서 금강-섬진강권도 장악함으로써 그 당시 한반도에서 가장 중요하고 넓은 영토를 확보했다. 따라서 초기의 백제는 마한을 계승했다는 정부의 정통성뿐 아니라 한반도에서의 최대다수의 민족과 핵심 공간을 장악했다는 면에서도 정통국가가 되기에 손색이 없었다. 한반도가 그 당시 북방에서는 한사군·부여·고구려·말갈·옥저 등으로 난립해 있었고, 남방에서는 신라, 가야, 마한의 잔여세력으로 나누어져 있을 때 초기의 백제는 누구도 건드리지 못했던 비교우위의 강자로 부상했었다.

건국 왕 온조(溫祚)는 처음부터 안정적인 선진 제도였던 부자세습제를 수립하고 흔들림 없는 왕조 국가를 세웠다. 온조왕 8년(BC.11년) 7월에는 마수성(馬首城)을 구축하고 병산(甁山)에 목책(木柵, 목재 울타리 국경선)을 세우니 낙랑(樂浪) 태수가 사람을 보내 말하기를, "지난날 서로 예방하고 우호관계를 맺어 한 집안과 같이 생각했는데 이제 우리의 영역에 접근하여 성을 쌓고 목책을 세우는 것은 혹시 우리 땅을 차츰 먹어 들어올 심사인가? 만일 옛날 우호의 정을 변하지 않으려거든 성을 허물고 목책을 뜯어 즉시 억측과 사심을 없애게 하라! 만약 그렇게 하지 않으면 한바탕 싸워서 승부를 판결하자" 하였다.

이에 온조왕이 대답하기를 "요새를 세워 나라를 지키는 것은 고금에 떳떳한 일인데 어찌 이것으로써 화친과 우호에 변함이 있으랴. 의당 당신이 의심할 바가 아니라고 생각한다. 만일 당신이 강한 것을 믿고 군사를 발동한다면 우리도 이에 대응이 있을 뿐이다." 서로 대결적 입장이어서 화친이 끊어졌다.[36] 얼마나 당당한 대응인가. 이 일은 온조 대왕이 외국인 한(漢)나라의 사군(四郡)에 맞서 북쪽 국경을 굳건히 지켰던 첫 번째 사례가 된다.

　백제는 성장을 계속하여 근초고왕 때(346~375년)에 지금의 남해안 일대에 잔존하던 마한의 잔여 세력을 완전히 정복(369년)하고 가야의 여러 세력까지도 자신의 세력권에 끌어들여 약 150년간(396~514년) 가야의 여러 왕국을 속국으로 거느리기도 하였다.[37] 또 북으로는 서해의 패수(浿水) 하류까지 지배한 적도 있었으며 두 차례(371, 377년)에 걸쳐 평양성(당시는 고구려의 전진기지였음)을 공파하고 돌아온 적도 있다. 백제가 개척하고 지켜낸 귀중한 한강권 '영토'와 '국민'은 후일 통일신라와 고려·조선 그리고 대한민국에 계승되었다. 실로 백제는 삼국시대에 한반도에서 가장 먼저 넓고 강한 국가적 기반을 닦은 '기반 건설자'였다.

　둘째, 상대적 이유로써 백제가 한반도에서 정치적 주도세력이 되었던 기간에 고구려와 신라는 상대적으로 미약한 상태에 있었다. 고구려는 적어도 건국 초기에는 한반도로 발전하려는 야심 자체가 있었는지 의심스러웠다. 전통적으로 만주지역의 정치세력은 확장의 방향을 대개 중원 방향으로 향하는 게 십상이었다. 고구려가 한반도의 경영에 관심을 갖고 적극적으로 남진정책을 펴기 시작한 것은 4세기 초엽 대방군이 쫓겨 간(313년) 뒤부터로 보는 것이 옳은

---

36) 《삼국사기》 백제본기 8년
37) 천관우 저, 『가야사연구』, 일조각, 1992, pp.40~46, p.222.

것이다.[38] 삼국 초기의 고구려는 한때 만주에서는 패자(霸者)면서 중원 진출을 구상했었지만 한사군 세력 때문에 한반도 진출에서는 후참자였다. 뒤늦게 수도를 평양으로 남천(南遷, 427년)한 사실이 이를 반증한다.

신라는 당초 낙동강 동편 경주에 도읍을 정하고 작은 범위에서 국가를 건립하고 있었다.[39] 건국 연대는 제일 먼저였다고 하나 그것은 아직도 육촌의 부족이 공존체제를 유지하는 유동적인 상태에 있었고, 국호도 확정된 바 없이 사로(斯盧), 신로(新盧), 서나벌(徐那伐), 서야벌(徐耶伐), 서라벌(徐羅伐), 서벌(徐伐), 계림(鷄林) 등 대체로 마을(村) 또는 '벌판'(평야)의 의미를 벗어나지 못하였다. '신라'라는 국호가 확정된 것은 기림왕(307년) 때부터였고, 본격적인 국가의 면모를 갖추면서 '중앙집권적'인 국가원수의 칭호를 '마립간(麻立干)'이라고 확정한 것도 눌지왕(訥祗王, 417년) 때부터였으며, 또한 이 시기부터 원시 공존체제인 박·석(昔)·김 3대 씨족 중에서만 국왕을 추대하는 부족연맹 상태에 있다가 뒤이어 김씨의 부자 세습체제로 강화되었던 것이다. 그뿐 아니라 대외적으로는 겨우 영남의 낙동강 동남쪽 일각에서 서남쪽의 가야(加耶, 駕洛國)와 주도권을 다투는 정도였다. 신라는 교통상 편벽되고 소국이어서 오랫동안 국외의 강대국에게 조공외교도 할 줄 모르다가 진(晉)에 왕래

---

38) 신채호는 "고구려 고국원왕이 선비에 패하자 북방경영을 버리고 남진책으로" 전환했음을 지적한다.(신채호 저, 진경환 주역, 『조선상고사』, 인물연구사, 1982, p.206.)
39) 이홍직 편, 『완벽 국사대사전』, 대영출판사, 1977, pp.814~822. 신라 조 참조.

하는 길을 틀 적에는 백제 사신을 따라다니고 백제인의 통역을 받는 처지였으며[40] 내물왕(392년) 때와 실성왕(402년) 때는 고구려와 왜에 각각 태자를 인질로 보내면서 사대(事大)하여 연명하는 등 3국 중 가장 약소국으로서의 위치를 면치 못했다.

백제 강성시의 최대판도에 대한 통설[41]에 따르더라도 북계(北界)와 동남경계가 더 확대되어야 마땅하다.

첫째, 백제는 고구려의 남하를 저지하기 위해 대방(帶方)을 도와서 대방의 동북변방에 침략한 고구려군을 격퇴(286년)한 바 있다. 이때는 대방이 백제에게 정복되기 28년 전의 일이었다. 따라서 이때(286) 벌써 대방은 부분적으로 사실상 백제의 속령이 된 셈이다.

둘째, 백제는 두 번(371, 377년)이나 3만 대병을 동원하여 고구려의 남방진출기지였던 평양성(아직 고구려 수도가 아님)을 대파하고 돌아왔는데 그것은 그때까지만 해도 백제군이 더욱 강했다는 점을 시사하고 또 한편으로는 이만한 대군이 평양성에 쉽게 접근할 수 있었음은 적어도 백제의 북계가 평양과 그다지 멀지 않은 지역이었을 가능성도 있었던 것이다.

셋째, 백제가 고구려에게 밀리기 시작한 것은 고구려 광개토왕과 백제 아신왕(阿莘王, 394년) 때의 수곡성(水谷城 :지금의 황해도 新溪) 전투(7월)와 패수(浿水) 전투(8월)에서부터였다. 패수가 대동강이 확실하다면 백제의 영토가 대동강 부근까지였음이 확인되는 것이며, 또 이때부터 고구려는 비로소 대동강 하구 이남으로 진출하기 시

---

40) 《양서(梁書)》 제이전(諸夷傳), 신라, 《南史》 이맥전(夷貊傳), 신라
41) 천관우 저 감수, 이만열 저, 『한국사대계 2(삼국)』, 삼진사, 1978, p.263.

작했음을 뜻한다.

 넷째, 백제 시조 온조왕 때 백제의 북계가 패수였다고 했는데, 일부 사가들은 예성강으로 여기는 시각이 있으나 패수를 대동강으로 보아야 하는 또 하나의 이유가 있다. 즉, 한(漢)나라 초기 위만조선과 국경을 논할 적에는 패수가 압록강을 가리켰다.[42] 그러나 삼국시대에는 평양성 남변을 패수라 했다.[43] 또 당나라가 후일 통일신라에게 패수 이남의 영유를 승인(735년)할 때 패수는 대동강이었는데, 그후 백제 전성기 때의 북계를 논할 때만 패수가 예성강이라고 주장한다면 백제의 강역을 고의로 좁혀 보려는 억지인 셈이다.

 다섯째, 백제가 한강 유역에 수도를 두고 남·북으로 영토를 확장했으므로 북한강과 남한강을 따라 동북방으로도 상당히 전진했을 수밖에 없다. 그것은 한강권 대세(大勢)의 원리이기도 하다. 온조왕(溫祚王)이 주양(走壤: 춘천)까지 순시한 바 있고 그로부터 약 4백년이 지난 서기 391년에야 드디어 말갈족에게 적현성(赤峴城: 강원도 이천군 내 주음동 방책(?) 혹은 포천군 영중면 북방(?))을 빼앗겼다는 기록이 있기 때문이다. 최근의 발표에 의하면 강원도 화천군 원천리에서도 백제의 유적을 발견한 것은 영서지방 북부까지 영역을 확장했음을 방증한다.[44] 또 실제로 중국 학자의 저작 속에는 황해도 북부까지 백제로 표시된 지도도 있다.[45] 이상의 자료와 개연성으로

---

42) 《사기》 조선전
43) 《수서》 고려전
44) 〈중앙일보〉(2010. 11. 4일 자)
45) 실제로 황해도 북중부까지 백제령으로 도시(圖示)한 지도로는 김육불 저, 『東北通史』, 臺北樂天出版社, 1970, p.292를 참조.

볼 때 백제 강성기의 북계는 대동강과 그다지 멀지 않은 황해도의 멸악산맥쯤으로 추정되는 것이다.[46]

《삼국사기》에서는 백제의 영광과 강성(強盛)에 관한 기록을 의도적으로 감추거나 축소한 부분이 많아 일일이 밝혀내기는 어렵지만, 그런 여건에서도 삼국사기의 기록에 의하면, 영남의 영주(奈靈郡)가 원래 백제 초기의 영토였고[47] 백제가 경산(獐山)을 포위(218)한 적이 있으며 상주(沙梁伐國)가 백제에 귀속(199년)된 적이 있고 진주(晉州)는 변한(弁韓) 땅이다가 인근 지역과 더불어 백제의 거열성(居列城)이 되었으며 말기에 와서야 비로소 신라가 되었다.[48] 이러한 주도적인 사례들을 별도로 적시하지 않았음은 백제의 실력을 은폐하려는 의도로 보인다.

4. 온조대왕과 백제사의 폄하

독서하는 사람들이 우리의 고전문헌이랍시고 필독서 비슷하게 열독하게 되는 《삼국사기》는 고려의 고관이 된 신라계 학자 김부식(金富軾)이 고려 인종 23년(1145)에 완성한 정사(正史)서이다. 그 당시 국내의 여러 고서들과 관변 자료 그리고 일본, 중국의 사서(史

---

46) 안정복, 《동사강목》 부 권하, 백제강역고 및 신채호 저 진경환 주역, 『조선상고사』, 인물연구사, 1982, pp.206~207.
47) 《삼국사기》, 지리 2, 나령군
48) 《삼국사기》 신라본기, 문무왕 3년, 전용신 편, 한국고지명사전, 고려대 민족문화연구소, 1995, 〈진주〉

書)들도 참고하면서 편찬한 역작이라고 한다. 그런데 이 훌륭한 역작은 편견과 아전인수가 적절한 정도를 넘었다는 결함이 있다. 안타깝게도 김부식은 백제 폄하에 앞장섰으니 그 당시 지식인이면서 학자였던 사람이 고려 인종 정권과 결탁한 중대한 사례였다.

첫째, 백제사의 편폭이 너무 적다. 이 책의 본기(本紀)를 보면 처음부터 신라를 정통의 위치에 놓고 역사서술 편폭(篇幅) 규모도 신라(12권), 고구려(10권), 백제(6권)의 순으로 경중에 차등이 있게 구성하였다. 삼국의 존속기간이 각각 신라 992년간, 고구려 705년간, 백제 678년간 존속했음을 말한다면 신라사의 편폭이 백제사의 두 배나 된다는 것, 또 백제에 비하여 겨우 28년 더 장수했다는 고구려사가 4권이나 많다는 것은 형평성을 잃은 것이다. 더욱이 백제가 근 500년간 주도권을 잡고 한반도의 북·중·동·남부로 거의 독보적으로 팽창하는 중요 기간 동안의 대소 사건들을 낱낱이 기록하지도, 중대 발전으로 묘사하지도 않았다.

둘째, 백제 고구려 신라 가야 4대 개국왕 가운데 온조왕 만을 신격화에서 제외했다. 삼국사기에 의하면, 신라 시조 박혁거세는 알에서 나왔고, 그의 처 알영(閼英)은 용의 딸이라 했다. 고구려 시조 주몽도 알에서 나왔다. 심지어 가장 왜소했다고 생각되는 가야의 시조 김수로왕도 알에서 나왔다. 온조왕만 사람의 아들, 특히 고구려 주몽왕의 서자로 묘사되고 있다. 주몽의 아들이라면 고구려나 신라 개국왕들의 조카(侄) 급이 된다. 건국년도가 신라 서기전 57년, 고구려 서기전 37년, 백제 서기전 18년에 각각 건국했다면, '부친(?) 고구려왕'과 '아들(?) 백제왕'은 얼마나 잘났기에 선후(先后) 19년 차이인 거의 같은 생애에, 함께 별도의 두 나라의 왕이 되었으니 이상하지 않은가? 더욱이 온조가 고주몽의 아들이라면 그때 국내성에서 적절하게 살 수 있었을 텐데 굳이 남행을 했으며, 또 아무런 어려움 없이 한족의 낙랑 땅을 거쳐 한강권에 와서 창업하였다는 얘기이니 그게 가능했겠는가. 물론 김부식 자신도 자기의 주장에 의문을 제기하고는 있지만 '첩의 자식'이라는 주장에 방점을 두고 있다. 또 후백제의 견훤(甄萱)도 태어날 때 '지렁이'에게서 태어났다는 식으로 흉물스럽게 묘사한 것이다.

셋째, 아전인수적 시각이 많다. 전북 김제에 있는 '벽골제'(벼고을 뚝)라는 삼국시대 최초 최대인 백제의 수리시설을 신라사의 편장(篇章)에 수록해 놓았다는 것은 실수로 보기에는 너무도 황당한 일이다.

넷째, 제·라 양자 간의 비방전이 한창일 때, 백제에 대한 신라의 비방은 장황히 소개함으로서 '백제 악평'에 치중했다. 원래 전쟁은 상대가 있는 법이고 서로가 상대방에게 책임을 떠넘기는 것이 상례이다. 따라서 그 비방의 수준은 똑같이 점점 악랄해지면서 결국은 똑같은 허물을 상대방에게 들씌우기 마련이다. 그런데 김부식은 백제에 대한 신라 측의 비방, 그것이 당나라에 구원을 요청하는 외교문서에서건, 직접 백제를 겨냥한 비방에서건, 험담 전문(全文)을 장황하게, 그것도 여러 차례에 걸쳐서 소개했으면서, 신라에 대한 백제 측의 비방은 횟수도 적고, 내용도 간접화법으로 간략히 축약했다. 이는 두 사람이 싸우는데 한쪽은 비난하게 놓아두면서 다른 한쪽의 입은 막아주는 형국이 되어 결국 '말을 안(못) 한 백제'만 신라 측의 온갖 악담을 고스란히 뒤집어쓰게 되어 악마가 되는 것이다.

다섯째, 김부식은 애초부터 남강(南江)과 낙동강 하류를 오백수십 년간 경영했던 가야와 낙동강 중상류 동쪽을 경영하던 신라와의 전쟁과 갈등의 기록은 아예 배제하고, 삼국시대 후반기에 들어와 잦아졌던 백제와의 갈등만을 부각시킴으로서 백제에 대한 증오심을 증대시켰다.

여기서 한반도의 중심부와 남부인 최고의 옥토를 개척하고 기초를 닦은 백제의 이미지는 빛이 바래진 채 만신창이가 된 것이다. 이는 지식인의 고의적이고 간교한 장난이거나 지능적인 날조일 수밖에 없는 것이다. 김부식 개인의 지적 편견(知識人偏見)인지 아니면 그와 고려 왕실이 공모한 정치적 모략인지 알 수는 없으나 분명히 신흥 고려국의 건전한 발전을 오도할 수 있는 논리였으니 그러한 졸견(拙見)으로 고려의 건전하고 포용적인 발전을 추동하는데 도움이 되었을까 의심스러운 것이다.

5. 고구려: 삼국시대 중기 76년간 주도 : 보충자

고구려는 삼국시대 제2기(475~551년) 76년간을 주도한 지위에 올라섰다. 그 절대적 입장과 상대적 이유는 다음과 같다.

첫째, 절대적 입장으로 고구려는 만주를 거점으로 한 광대한 영토와 용맹스러운 군민(軍民)을 배경으로 하여 서남방의 낙랑(樂浪, 당시 漢의 소속)을 압박하면서 200여 년의 장기간에 걸쳐서 남진을 계속한 끝에 평양에 진출(247년)하고 끝내는 낙랑군의 후신인 대방군(帶方郡, 당시는 晉의 소속)을 고구려는 북에서, 백제는 남에서 협공하여 멸망(313년)시키고, 부근 일부 지역을 점령(314년)함으로써 백제와 접경하게 되었다. 이때부터 패수 물가에서 백제군을 크게 무찌르고 평양으로 남천(427년)하였고 드디어 한반도 중심부 선점 세력인 백제의 세력과 일진일퇴 경합하다가 장수왕 때 한강권을 장악하고(475년) 한반도의 주도세력으로 등장했다. 백제와 접경(314년) 및 경쟁을 시작한 지 160여 년 만에 한강권을 장악한 것이다.

백제는 원래 한반도의 주도세력이기는 하나 신라와 가야 등 한반도 동남지대의 소국들을 통일하지 못한 채 그 예봉을 대북전선에 집중시키게 됨으로써, 한편으로는 한동안 백제의 우방 또는 속국이었던 가야를 신라가 평정하여 영남지역에서의 소통일(小統一, 532년)의 기회를 허용했고, 또 한편으로는 시운이 다한 탓인지 한강권 대세를 기반으로 한 대통일(大統一)의 기회를 놓치게 되었다.

백제의 대북(對北) 전선은 일시적으로(371, 377년) 평양까지 미쳤으나 고구려 광개토대왕의 군대에게 수곡성(水谷城: 황해도 신계, 394년)전투와 패하(浿河, 395년)전투에서 패전함으로써 전세가 기울게 되었다.

고구려는 광개토대왕(391~413년) 때와 장수왕(413~492년) 때의 적극적인 남진정책으로 평양천도(427년)를 단행하여 한때는 최대 판도가 내륙의 안성-직산-진천-괴산-조령-죽령-순흥-봉화-예안-영덕 등 여러 지역 인접지의 연결선(횡선) 부근까지 확대(490년경)되었다.[49] 한반도에서의 절대적 강자로 등장한 것이다. 그동안

---

49) 천관우 감수 · 이만열 저, 전게서, p.155와 p.270.

서해안 일대와 동해안 일대에서의 남방 진출선은 백제와 신라의 저항으로 완전히 장악하지 못했지만 이제 드디어 고구려가 한반도의 새로운 주도자가 된 것은 분명했다.

둘째, 상대적 입장에서 볼 때, 대북 전선에서 크게 패한 백제는 부득이 120년 동안 신라와 공수동맹(共守同盟, 433~553년)을 맺고[50] 남세(南勢)의 연합을 도모하였으나 대세가 기운 때문에 웅진(공주) 천도(475년)를 결행하였다. 그러나 백제와 신라는 서로 손을 잡고 고구려가 더 이상의 남진은 못하도록 협력하여 방어하였다. 만약 백제와 신라가 동맹을 맺지 않았다면 그리고 거기에 가야가 협력하지 않았다면 남방 3국의 국운은 고구려의 각개 격파의 대상이 되었을 것이다.

백제는 제·라동맹 이전 한때 고구려에 항복하고(396년) 왕의 동생을 인질로 보낸 바 있고, 신라는 왜의 침략을 받고 위태로운 상황이었는데 고구려 군이 지원하여 왜를 격퇴(400년)하고 그 대신 신라를 고구려가 거의 식민지로 취급한 때도 있었다.[51]

게다가 이때만 해도 요하(遼河) 서쪽에서는 북위(北魏, 386~535년)가 북연(北燕, 402~431년)을 통합 과정에 있었고, 통합을 완료(431년)한 뒤에도 중원과 그 남방에는 송(宋, 420~479년), 제(齊, 479~502년), 양(梁, 502~557년) 등 남조(南朝)정권이 있었기 때문에 북위의 통합은 황하 유역에 국한된 세력이어서 고구려에 대한 압

---

50) 이 동맹은 백제의 패수패전(394년)으로부터 40년 뒤에, 고구려의 평양천도(427년)로부터 6년 뒤에 시작되었다.
51) KBS 역사스페셜(2009년 1월 10일자)

박이 적었다. 따라서 고구려는 부여의 잔여세력까지 통합할 수 있었으며 한반도에서는 종주국의 지위를 유지할 수 있었다. 고구려는 망할 때 비록 대부분의 영토와 국민을 당나라에 넘기게 되었지만 일부의 국민과 영토 그리고 문화유산을 후속세력인 통일신라에 넘기게 됨으로써 그만큼 북방문화를 보충시켜 준 '보충자(補充者, Supplementer)'가 된 것이다.

가야, 백제, 고구려의 순차적 멸망으로 이제부터는 우리 역사에서 '개재고사현상'이 또 발생할 근거는 없어진 것이다.

6. 신라, 삼국시대 말기 367년간 주도 및 통일 : 확대자

고구려의 주도권은 백제·신라·가야 등 남방 3국의 연합(551년)으로 인해 차츰 저지되기 시작했다. 실상 가야는 백제·신라 양국에 대하여 적개심이 있었기 때문에 어느 쪽에도 비협조적이었다. 그러나 막상 고구려가 남진하여 신라의 북변 7개 성을 빼앗을 때(481년) 가야는 백제와 함께 신라를 도와 이하(泥河 : 문경~상주간 낙동강(?))에서 고구려 군을 격퇴하는 등 새로운 변수로 등장하기 시작한 것이다.

남방 3개 세력의 대북 항쟁 선봉장은 당연히 백제였다. 웅진 천도(475년) 이후에도 수곡성(황해도 신계)까지 공격(502년)하고 나아가 도살성(道薩城, 충북 괴산군 도안면)도 공격(551년)하는 등 고구려의 남진을 저지하기 위해 백제는 끈질기게 저항했다.

그동안 비교적 안전지대에서 수동적·관망적 위치에서 자강(自

强)에 힘쓰면서 남방세력 연합의 필요성이 있을 때만 대처(對處) 자세를 취했던 신라는 국력의 고갈이 적었기 때문에 차츰 가야를 침공하여 영남지역을 통일(532)하였고 나아가 백제와 협력하여 고구려로부터 한강 유역을 탈환(551년)하였으며 그 덕분에 백제는 잠시나마 도살성까지 공파(攻破)하고 돌아왔던 것이다.[52] 그러나 이때 마침내 제·라 동맹의 주도권이 신라에 넘어가게 되었다. 한강 유역이 백제의 고토(故土)라고 하지만 백제의 국력이 고갈된 것을 본 신라가 한강 유역을 자기의 영토로 편입시켜 버리자(553년) 120년 동안 계속된 제·라동맹은 깨어졌고 이에 분개한 백제가 대가야군과 연합하여 관산성(管山城, 충북 옥천)에서 신라와 대결했으나 국왕(聖王)이 전사하는 참패(554)를 당하였다. 따라서 다음과 같은 절대적 및 상대적 이유에서 신라는 삼국시대 한반도의 제3기(551년~918년) 367년간 주도세력으로 등장하였다.

첫째, 절대적 이유에서 볼 때 신라의 우세는 확실했다. 백제와 고구려의 갈등에 참여하여 백제에 협력했으나 제·려 간의 갈등에서 어부지리(漁父之利)를 얻어 한강 유역을 장악[53]했기 때문에 국력의 소모가 적었고, 우선은 태백산맥 이동의 영동지역 동해안에 진출(556~568년)하여 고구려 영토였던 비열홀주(比列忽州, 안변)·황초령(黃草嶺, 함남 함주군 하기천면 진흥리)·마운령(麻雲嶺, 함남 이원 동면)까지 북진하여 영토를 넓혔다. 고구려가 영토는 비록 넓었지만

---

52) 《삼국사기》 권44 거칠부 / 《일본서기》 권19, 백제구원군
53) "신라는 영남의 여러 나라들을 모두 차지하였고 또 고구려와 백제의 망하는 틈을 타서 삼국을 통일하였다."(이중환, 《택리지》 7. 경상도)

산악이 많고 추운 지방이어서 인구는 삼국 가운데 제일 적었다. 게다가 오랫동안 백제와의 남·북 전쟁에서 국력을 소진했기 때문에 신흥의 신라와 필적하기가 힘겨웠다. 또 한강권을 빼앗긴 채 반도의 서남 일각에서 버티던 백제가 있었지만 이미 신흥세력인 신라와 대적하기에는 역부족이었다.

둘째, 상대적 입장에서 볼 때 고구려와 백제의 약세는 어쩔 수 없는 것이었다. 백제는 비록 과거에 종속적 위치에 두었던 가야 땅으로라도 확장하고 싶었으나 대부분이 이미 신라에 통합되었기 때문에 확장할 길이 없었다. 또 중국 중원 땅에 대 통일왕조인 수(隋, 581~618년)나라가 건국됨에 따라 고구려가 서쪽으로는 일보도 전진할 수 없는 상황이었다. 고구려는 비록 수나라 방향으로 공격(598년)을 해 보았으나 오히려 수나라 대군 30만의 반격을 받아야 했다. 따라서 적어도 40년(603~642년) 간은 고구려와 백제가 신라를 협공하는 형세가 되었다. 사실 신라가 수나라에게 고구려 정벌을 요청(608년)하지 않았다면[54], 또 수나라가 고구려를 기습 침공(612~613년)하지 않았다면 고구려에 대한 신라의 주도권은 이때까지도 어려운 상태였다.

당황한 신라는 신흥의 당(唐, 618~907년)에 적극적인 외교를 전개(643년)하여 당과 군사동맹에 성공했다. 신라는 대 당(唐) 외교를 통해 군사적으로 주도권을 지켰으며 이는 미구에 삼국통일의 계기

---

54) 실은 백제도 수에게 고구려 협공을 제의했으나(607년) 막상 수나라 군대가 요하를 건넜을 때 백제는 말로만 고구려를 친다고 하면서 치지 않고 오히려 협력관계를 유지했다.《삼국유사》백제본기, 제5, 무왕)

로 연결되었다. 신라는 실로 원(本)신라를 바탕으로 하여, 백제가 개척한 기호(畿湖)지방을 얻고, 일부 고구려 세력을 통합함으로써 남세(南勢)의 '확대자'(擴大者, Magnifier)가 되었다.

이상에서 볼 때 삼국시대의 국가의 정통은 장기간에 걸쳐 3자 간에 시기별로 정세를 주도했던 세력(즉, 정통세력)이었기 때문에 정통의 단절이나 무통(無統)이라고 단정할 수가 없다. 또 마지막 강자인 신라에게만 정통을 인정하는 것은 그 이전 약 570년간을 주도했던 백제와 고구려의 공과를 무시하는 것이어서 역사의 왜곡이며 불공정한 평가인 것이다.

역사의 왜곡은 진실을 감추는 위장이요 위장된 역사에서는 진실 탐구가 어려워 오진(誤診)이 되고 '오진'을 통해서는 올바른 건강대책을 세울 수가 없는 것이다. 따라서 시기별로 3국 간의 '주도권 이동'의 양상에 따라 정통이 매겨져야 되는 것이다.

신라 말기에 후백제와 후고구려가 발흥하여 후삼국 시대가 전개(892~918년)되어 신라가 많은 능멸을 받았으나 이것은 '단기간의 혼란기'로 치부할 만하다고 보고 그들에 대한 정통과 윤통 논의는 생략하겠다.

이상을 도표화하면 아래 〈삼국시대의 선후 주도기간〉과 같다.

〈삼국시대의 선후 주도 기간〉

시기	BC18	AD475	551	918
정통세력	백제(초기주도) (493년간 주도)	고구려(중기주도) (76년간 주도)	신라(말기주도) (367년간 주도)	고려

여기서 첨언하건데, 신라의 정통 지위는 삼국통일 이후부터 계산하는 것이 아니고 한강 유역 진출(551)로부터 시작되었다고 보는 것이다.

우리나라는 3국 시대 '기초 건설자'인 백제의 터전 위에, '보충자'인 고구려의 업적이 더해졌고, 다시 '확대자'인 신라가 모두를 통합하여 확대한 것이다. 다만 통일 이후 당나라에게 점령된 지 30년 만에 구 고구려 땅에 발해(698~926)가 건국됨에 따라 발해와의 비교를 위해 통일신라와 발해를 정통성 면에서 검증할 필요성이 생긴다.

7. 통일신라와 발해 : 정통과 윤통

통일신라의 정통성은 국민 모두 아는 바이지만 또 하나의 정통이라고 볼 수 있는 발해의 정통성도 검토 및 비교하고자 한다.

〈신라 · 발해 정통성 비교〉

	통일신라 (9점)	발해 (3점)
법통(정부) 계승	◎ (3점)	× (0점)
기통(영토) 계승	◎ (3점)	○ (2점)
적통(인민) 계승	◎ (3점)	△ (1점)

신라 · 발해 정통성 비교표에서 보는 바와 같이 통일신라와 발해는 '영토 계승'(基統) · '정부 계승'(法統) · '국민 계승'(嫡統)에서 현저한 차이가 있다.

① 정부 계승(法統)의 경우 신라는 백제와 고구려로부터 항복을 받음으로써 양국을 정식으로 인수 및 계승했다. 반면에 발해는 당(唐)에게 망하여(668) 없어졌다가 30년이 지난 뒤(698)에 고구려 영토 일부와 고구려 유민 일부로써 새로 창설(698)한 나라였고 정부 간에 승계 과정이 없이 고구려 망국 30년 만에 '전보다 약화된 고구려'가 부활한 셈이니 한때 법통이 중단되기도 했던 것이다.

② 영토 계승(基統)의 경우도 신라는 한반도 내의 4대 심장지대를 거의 다 장악한 셈이었다. 발해는 고구려 초기의 영토였던 만주 일대를 점유했기 때문에 원 영토의 80% 수준으로 보겠다.

③ 국민(혈통) 계승의 경우 통일신라는 백제·신라 백성의 전부와 상당수의 고구려 백성까지도 인수·계승하였는데 발해는 오직 고구려 백성의 상당 부분을 계승하였을 뿐 백제나 신라의 백성을 인수받은 것은 아니었다. 따라서 통일신라가 갖는 정도에 크게 못 미친다.

따라서 발해보다는 신라가 훨씬 확실한 정통임을 확인하였다. 단순하게 수치화 한다면 신라와 발해는 법통에서 3 : 0, 기통에서 3 : 2, 적통에서 3 : 1의 비교 수치가 가능하며 양국별로 합산하면 신라가 9점, 발해가 3점이다. 더욱이 발해는 결국 글안(契丹)에게 망하여(926년) 우리의 역사에서 멀어져 갔다.(*상기 비교표의 ×= 0점, △ = 1점, ○ = 2점 ◎ = 3점으로 잡은 것임)

발해 땅에서 일어난 글안이 성장하여 탄생한 요(遼, Liao, 907~1125)나라, 그 뒤를 이은 금나라(여진족, 1115~1234)까지도, 상실된 고구려 땅에서 일어난 역사이다. 따라서 북방의 발해와 남방의 통일신라 때부터 우리의 역사를 남·북조로 보자는 주장도 있는데 일단 타당성도 있어 보인다.[55] 그러나 통일신라와 발해, 고려와 발해, 고려와 요나라 간에 단 한 번도 통합논의는 없었다. 남·북조 간에 원수를 짓지 않았고 또 헤어지지 않았다면 그리고 통합할 수 있었다면 맞는 말이지만 원수 짓기가 몇 번이며 헤어진 지 몇 년인가를 생각하면 모두 부질없는 생각인 것이다.

8. 고려와 조선 왕조

고려는 통일신라를 계승하여 이론의 여지없이 당당한 정통이었다. 더구나 발해가 거란에게 망할 때 발해 신민 약 10만 명[56]이 고려로 합류함으로써 확고하게 정통성을 보강까지 해주었음은 동족으로서의 마지막 미덕이었다. 조선왕조는 고려를 계승하였으며 한반도 공간 전역을 완전히 통일한 정통이었음은 재론의 여지가 없다.

20세기 전반기 중 한반도는 36년간 일본 제국주의 정권의 지배를 받았다. 이것을 우리는 정통의 단절로 볼 수도 있다. 그러나 그것은 부분밖에 못 본 편의적 시각이고 내면을 보면 단절이 아니다. 형식상의 정통인 '정부의 정통'만 중단되었을 뿐, '백성'과 '영토'는 온존했던 것이다. 국민이 정신적으로 살아있었고, 영토는 일본이 한 치도 떼어가지 못했던 것이다. 일제의 지배는 '국민'과 '영토'를 제외한 대한민국 '정부'라는 한 가지 요소만을 정복한 '명분상의 지

---

55) 노트 21, 90 참조
56) 정인지 저, 《고려사》 세가, 권1·2 참조.

배'에 불과했다고 보아야 한다.

  국민의 정신은 독립에 있었기에 국내적으로는 줄기찬 의병항쟁이 있었고 백성들에게는 암암리에 항일의 정신이 살아 있었고, 국외에서는 '대한민국 임시정부'를 설립하여 국내의 항일세력과 연계하여 공개적으로 항일투쟁을 하였기 때문이다. 이때 '국내의 항일세력'은 '정부'를 칭할 만큼 강고하지 못했지만 해외의 임시정부와 직간접으로 연계를 갖고 항일투쟁을 계속하면서 음으로 양으로 비상시국의 '정부'와 '국민'의 역할을 하였다. 따라서 이 기간의 '정통성 문제'는 완전한 '국가적 정통'의 수준에는 미치지 못하더라도 민족의 온존으로 '민족의 정통'이 유지되었고, 또 그 민족이 영토를 비우고 모두 외국으로 도망치지 않은 채 현지를 지키고 가꾸었으니 '영토의 정통'도 온존했다고 보아야 하는 것이다.

  만약 국민(민족) 모두가 한때 유대인처럼 세계 도처로 이산하여 이 곳 저 곳을 정처 없이 떠돌았다면 '임시정부'나 우리 민족은 '한국'이라는 '국가 전체적 정통성'을 소생시킬 수가 없었을 것이다. 이와 같은 정치적 현실을 참작하여 우리는 법률적으로도 '대한민국 임시정부'의 위상을 실체급 정부로 존중해야 된다.

  요즈음 이승만 전 대통령을 '건국 대통령' 운운하는데 '건국'이라는 말은 쉽게 쓸 수 없는 단어라고 생각한다. 단군이나 왕건 또는 이성계가 '고려' 또는 '조선'을 '건국'했는데 이는 그 당시 '왕조국가' 즉 '왕이 다스리는 나라'를 창업했다는 말이다. 바꾸어 말하자면 '국민의 대표가 다스리는 나라'가 아니라는 말이다. 우리나라에서 최초로 '대한민국'을 선언한 조직은 상하이에서의 '대한민국 임시정부'였다. '임시정부'를 사전적으로 얘기하면, "정치적 변동기에서 정통의 정부가 붕괴될 때 새로운 '정통의 정부'가 수립되기까지 사태를 수습하기 위해서 설치하여 선포한 비상정부"를 말한다. 따라서 비록 비정상적이기는 해도 '대한민국'을 최초로 건국한 세력은 상해의 '대한민국 임시정부'였다. 이렇게 정리함으로써 '대한민국 임시정부' - '대한민국 제1공화정부'(이승만 정권) - '대한민국 제2공화정부'(4월혁명 직후 민주당 정부) - '대한민국 제3공화정부'(박정희, 전두환, 노태우 정권)… 하는 식으로 호칭하는 것이 좋을 것이다. 멋대로 '건국(建國)'이라고 호칭하는 것은 적절치 않은 것이다. 따라서 이승만 대통령은 '대한민국 제1공화정부 대통령'이라고 하는 것이 더 타당할 것이다.

  한 가지 첨언하고 싶은 것은, 혹 비석이나 동상(또는 석상)을 세운다면, 공로를 기록하는 것은 당연한데, 중대한 부정이나 비리도 저질렀다면 그것도 꼭 기록해야 될 것이다. 그것이 우상화도 막고 후세에게 온당한 전시효과와 판별효과를 주어 합당한 평가를 하게 하기 때문이다. '대한민국 임시정부'가 중국 상해와 기타 여러 곳으로 이동했고, 국내에 있지도 않았고 국민과도 동떨어져 있었다고 그 가치를 폄하하면, 임진왜란 때 피난 다니던 선조 조정 그리고 광해군이 지도했던 또 하나의 별도의 정부(分朝, 별개의 정부)는, 호남의 국민이 금산(錦山)에서 칠백의총, 남원(南原)에서 만인의총을 남기면서 사투를 전개하여 나라를 지켰는데, 국왕이 그들과 떨어져 있었다는 이유를 들어 정부가 아니라고 착각하는 입장과 같은 불합리인 것이다. 프랑스 드골 장군이 영국에서 망명정부를 세워 구국투쟁을 전개하여 결국 승리했을 때 프랑스 국민은 그들을 높게 평가했는데 한국 국민이 중국에 있었던 임시정부를 낮게 평가한다면 자기비하와 자학이다. 중국에 피신했던 우리 한인들과 국내의 백성들은 직접 또는 간접으로 임시정부와 연계를 갖고 항일투쟁도 전개했으니 임시정부는 실로 실체의 정부에 손색이 없었던 것이다.

이상으로 보아 통사적인 〈한반도 5천년 역사속의 국가정통도(正統圖)〉는 다음과 같이 도식화가 가능하다.

〈한반도 5천년 역사 속의 국가정통도〉

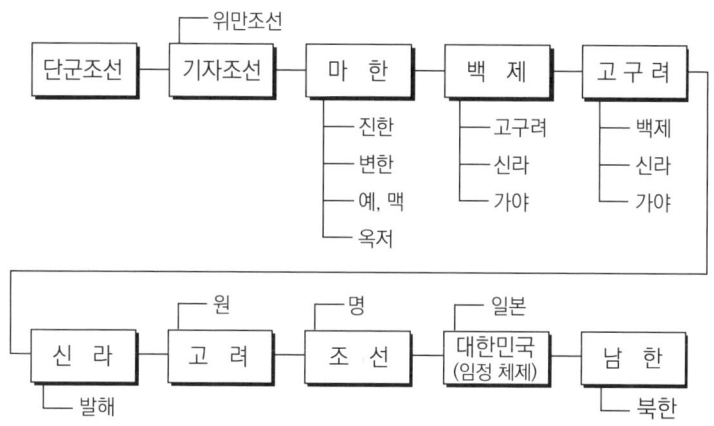

* 도표설명: 별개의 정치단위이면서 지배 또는 억제 역할을 했던 정권은 해당 시기의 위쪽에 표시했고 이탈 내지 종속했던 정권은 하위에 놓았음.

9. 남·북한 정권의 정통성 비교

위의 표에서 소개된 바와 같이 북한은, 남한의 '정통지위'에 비해

'윤통지위'에 있다고 본 이유는 다음과 같다.

첫째, 정부의 정통성(法統)은 우열이 분명하다. 일제가 축출된 뒤 비록 비슷한 시기에 남·북한 정부가 수립되었지만 남한은 상해 '임시정부'와 '수도'·'태극기' 등을 계승하였고 또 국제연합으로부터 유일한 합법정부로 인정(1948.12.12)을 받았다. 이에 비해 북한은 겨우 소수의 공산권 국가들의 인정만 받았고 수도와 국기는 승계함이 없이 별도로 정했다. 따라서 수치화 하자면 남한은 3점, 북한은 잘 주어야 1점 정도가 되겠다.

둘째, 영토의 정통성(基統)도 남·북에 큰 차이가 있다. 남한은 한강 심장지대와 낙동강 심장지대 그리고 금강-섬진강 심장지대를 점유하였는데 북한은 단지 대동강 심장지대 하나만 점유하고 있다. 3 : 1의 격차로 보아야 하나 앞으로 또 하나의 심장지대로 성장할 함경도를 북한이 점유했으며, 면적에서 약간 더 넓고 또 한강권의 일부 외곽지를 점유한 점을 감안하여 남한 3점, 북한 2점 정도로 보면 되겠다.

셋째, 민족의 정통성(嫡統)은 인구의 비율로서 남한의 인구가 북한의 그것보다 2배가 약간 넘으나 대체로 남·북 간에 2 : 1로 보면 합당하다고 보고, 남한 2점, 북한 1점으로 보아야 되겠다.

이상의 수치를 합산해보면, 남한이 '3+3+2=8점'이고, 북한이 '1+2+1=4점'이 된다. 그러므로 북한 정권은 정통성이 전혀 없는 것은 아니나 남한의 수준에 못 미치는 '윤통'이라고 보아야 할 것이다.

정통성에서 우세한 남한 정부나 미약한 북한 정부나 미국과 소련의 의도에 속수무책으로 '분단 정부'라는 역사적 패착에 빠졌다는 점에서는 동점이라는 사실이 한스럽다. 두 개의 분단 정부(단정, 斷政)가 하나로 통일될 때 비로소 완전한 '대한' 또는 '조선'의 후계 정통이 될 것이다.

여기서 한 가지 진리가 제기된다. 남북을 38도 선으로 분단시킨 자가 누구인가? 그것은 미국과 소련(러시아 전신)이었다. 미·소 양국은 '한반도의 허리를 묶은 것'이다. 이 문제는, '묶은 자라야 풀어줄 수 있다(結者解之)'는 원리(이치)가 있듯이, 묶인 대한민국이 풀 수는 어렵거나 불가능하다. 결국 미국과 러시아 '두 쪼갠 자라야 합쳐 줄 수 있다(分者合之)'는 입장이니 미국과 러시아는 남북한의 통일에 정성(精誠)을 들여 더욱 적극적으로 앞장서서 도와야 할 것이다. 다만 분단 이후 70여 년이 지나는 과정에서 새로운 국제관계적 변수가 생겼기 때문에 중국과 일본도 '결자해지'의 책임수행에 동참해야 되는, 근원적 책임(일본)과 도덕적 협력(중국)이라는 이유가 있으니 양국에게도 따로따로 진지한 협조를 요청해야 된다.

10. 남세북진현상(南勢北進現象) : 역사발전의 제2현상

두 번째로 지적할 수 있는 것은 '한강권과 그 이남'을 기반으로 한 정치세력이 남에서 '북으로 팽창·북진 한다'는 남세북진(The Northward-Extension) 현상이다. 이는 소규모의 씨족 부족 등이 북에서 남으로 산발적으로 진출 또는 확산된 바와는 대조적으로, 국가라는 '훨씬 강고해진 정치세력'이 남에서 북으로 팽창했다는 사실이다. 한강 이남이 한반도의 중추 겸 기초가 되어 북진의 원동력 역할을 하는 과정은 상당히 장기적이었다. 우선 남세(南勢)가 북진할 수 있는 원인과 과정을 확인해 보겠다.

1) 남방, 거주여건 양호

우리나라의 인구통계가 비교적 본격적으로 소개된 것은 조선시대 후기인 18세기부터이다. 그 수치가 오늘날처럼 정확할 수는 없었을 것이다. 하물며 그보다 먼저인 삼국시대의 인구를 정확히 알 길이 없으나 다행히 《삼국사기》에는 고구려가 망할 때 민호(民戶)가 69만여 호였고, 백제가 망할 때 민호가 76만여 호라 했다.[57]

여기서 특기할 사실이 있다. 당시 백제는 장기간 고구려와 신라의 압박 때문에 위축되는 과정이 길어서 영토가 호남지역 일대로 좁혀진 소국이었으며, 그것도 전란에 시달린 백성들이 신라로 자진하여 피난했거나 또는 상당수가 일본으로 피난한 상황이어서 망국 당시의 국세는 흥성 시와 비교가 안 될 정도로 약세였을 것임에도 불구하고 백제가 망할 때 민호는 고구려가 망할 때에 비하여 7만 호가 많았다는 사실이다. 승세 일로에 있던 신라 백성의 수는 백제 인구보다 훨씬 더 많았을 것이니 라·제의 인구를 합하면 남세의 인구는 북세인 고구려 인구에 비하여 적어도 3배 이상에 달할 정도였을 것이다.

인구의 집중과 이산현상은, 부분적으로 정치적 영향도 있지만 대

---

57) 《삼국사기》 고구려본기 제10보장왕 27년조와 동 백제본기 제6의자왕 20년조.

개는 자연적으로 이루어진다. 산악지대보다는 평야지대로, 추운 곳 보다는 따뜻한 곳으로, 내륙보다는 해변 쪽으로 집중함은 일종의 자연현상이다. 여기에 정치적 박해나 전란 등 인위적 현상이 작용한 인구의 이합집산도 있겠으나 그 같은 변동은 양적으로 크지 않거나 일시적인 것이다.

이 같은 추세는 우리나라 남북조 시대라 할 수 있는 통일신라와 발해의 대비에서도 크게 심화되었다. 그 이유에는 다음과 같은 이유들을 지적할 수 있다.

첫째, 발해민은 대부분이 고구려 사람인데 그들 중 일부는 고구려가 망할 때 신라에 통합되었고, 또 상당수는 당나라로 끌려갔기 때문에 잔류 인구인 총인구는 많이 줄어든 셈이다.

둘째, 역사서에서 발해의 문화가 신라의 문화보다 우수했다는 증거가 없다. 따라서 문화발달이 그다지 왕성하지 못했음이 분명하다. 오히려 삼국시대의 남방인 신라와 북방인 고구려의 격차보다 더 큰 차이가 있었을 것으로 보는 것이 옳을 것이다.

여러 가지 평가에도 불구하고 삼국을 통일한 나라는 신라이고 신라는 남세였다. 중·서부지방의 남세인 백제는 초기의 터전 닦기와 고구려의 압력을 극복하기에 이바지한 셈이니, 동·남방의 남세인 신라가 서·남방인 백제를 통합하여 더욱 강성해진 국력으로 대동강 선까지 북진하여 삼국통일을 이룩한 것은 당연한 결과였다.

그 뒤의 남세인 고려가 한강권 대세 현상의 원리에 따라 말기 신라와 후백제 등 일시적으로 분열된 남세를 하나로 통합한 뒤 압록강 하구까지 세력을 확장하였고, 조선왕조는 통합과 안정이 더욱 확고해진 남세를 바탕으로 더욱 북방인 두만강 선까지 북진하였다. 이것은 분명한 남세의 북진이다. 그런데 북진의 저력은 과연 무엇인가? 간단히 요약하자면 남쪽은 북쪽보다 따뜻하고 농경지도 더 많은 등 생활여건이 우월한 지역이어서 인구가 번창하고 문명이 발달하여 국력이 튼튼했기 때문이라고 말하는 것이 옳을 것이다.

2) 남방 : 3대 심장지대 밀집

한반도 내에는 3~4개의 중요 세력기반 또는 정치적 심장지대가 있는데 그 가운데 한강권 세력이 가장 우월하다는 것은 전술하였다. 환언하면, 삼국시대로부터 약 2천 년 동안의 국사에서 한강권은 줄곧 '남세의 중심' 내지 '중대한 기반'이었다. 또 다른 중대 기지인 낙동강권과 금강-섬진강권은 두 개의 남방 심장지대로서 국가를 확실하게 부강하게 하는 토대가 되었다. 이제 순차적으로 각 심장지대를 검토하겠다.

① 금강-섬진강권의 역할과 가치평가는 두세 가지로 요약할 수 있다.

첫째, 전란시에 한강권에 대한 지원세력이 되어 인력과 군수물자의 공급처가 된다. 군대로서의 참전은 물론이고, 많은 인원이 노무인력으로 동원되며 호남평야에서 보낸 식량이 군량미의 태반을 차지하게 된다.

둘째, 외세에 직접 저항한다. 다만 작은 강과 낮은 산맥 그리고 넓은 평야로 이어진 탓으로 북방의 강적에 대해서 정면으로 충돌하기에는 불리하다. 더욱이 압록강 이북의 대륙 외세가 남침할 때는 한강권을 지원하기에 혼신(魂神)으로 노력하기 때문에 이미 실력 상실이 많아 공격보다는 방어에 주력하여 외적이 영남을 공격할 때 그 예봉(銳鋒)을 무디게 한다.

셋째, 해상과 도서 지역으로 분산하여 게릴라식 해전(海戰)을 전개하면서 지속적으로 저항선을 유지한다. 더욱 중요한 사실은 이 지역 주민들이 도서나 산간벽지에서 저항 및 유랑하는 동안 '전통문화'를 간직했다가 전란이 끝나 고향으로 돌아와서 '전통문화'를 재생시키는 고귀한 기능도 한다. 제주도, 진도, 거제도, 흑산도, 암태도 등 여러 섬 들은 실로 전통문화의 보관창고가 된 것이다.

② 낙동강권은 태백산맥과 소백산맥이 동·북·서를 가려 주고, 동해와 남해가 수벽(水壁)으로 되어서 자체 안보에 유리하고, 게다가 낙동강의 양안(兩岸)에는 반도의 어느 지역보다 더 따뜻한 옥토까지 널려 있어 한반도 안에서 비교적 안정적이고 상당히 독자성이 있는 정치 단위로의 존립이 가능했다. 따라서 신라·가야 등이 성장했고 신라로 단일화 된 뒤에는 삼국통일이라는 대업을 이룰 수 있는 토대가 되었다.

낙동강권은 동북방 외세 또는 서북방 외세가 내침하는 경우 한반도를 지키는 최후 기지로서의 중대 역할을 번번이 수행했다. 고려 때 몽골군이 6차에 걸쳐서 침략했을 때 당올대(唐兀臺, 1235년)와 차라대(車羅大, 1254년)는 무력이 워낙 강했기 때문에 영남지방까지도 유린하였지만, 야고(也古, 1252년)는 충주 이하로 남진하지 못했었다. 원나라의 반적(叛敵)인 합단(哈丹)이 침입(1290년)했을 때도 그 주력부대가 충주산성을 공파하지 못하고 연기(燕岐) 방향으로 진로를 바꾸었다.

　대개 한강권이 무너지면 서남방은 평야로 연결되어 남진이 비교적 쉽지만, 소백산맥과 낙동강 때문에 동남쪽인 영남을 침입하기는 좀 더 어려웠다. 가장 생생한 예로는 6·25 동란 때 낙동강 공방전이 가장 치열했음을 보면 실감이 날 것이다. 그래서 멀리는 삼국시대 이후 대 전란 때마다 많은 난민들이 남방으로 그 중에서도 특히 영남으로 피난하였다. 따라서 지금의 영남 주민 중 상당수는 7세기 중엽부터 원신라 이외의 지역인 구 백제와 구 고구려의 주민들이 피난해 온 사람들의 후예들이 많은 것이다.

　이상에서 볼 때 남세는 한강권을 제1기지로 하고 제2기지인 금강-섬진강권의 지원을 받으나 형세가 불리하면 낙동강권의 제3기지로 후퇴하거나 그쪽의 지원을 받는다. 또 남세가 안정되면 다시 한강권으로 중심을 옮겨 대동강권을 장악하게 된다. 고려 때 한강권인 개경을 중심으로 하고 평양을 서경, 그리고 잠시나마 경주를 동경(뒤에 폐지하고 한성을 남경으로 함)이라 하여 삼경을 두었던 것은, 비록 미흡했지만 그 당시에는 상당히 의미 있는 지역정책이었다.

3) 조선의 북방개척

　규모는 훨씬 적었을지언정 미국의 서부개척에 비교할 만한 우리나라의 북방개척(北方開拓, Northward Extension)은 남세에 의하여 진행되었다. 우리 역사의 기록은 남쪽 세력의 꾸준한 북진을 보여준다.

고려 초 조정에서는 고구려 패망 후 폐허가 된 서경(西京)을 부흥시키려고 황해·경기·강원 일대의 백성들을 상당수 서경으로 이주시켰다. 따라서 관서지방 주민들은 대다수가 남방에서 이주한 백제나 신라 사람들이었다.

원래부터 "전라, 경상, 양광(충청도와 남부 경기도) 3도는 공물과 세금(貢賦)이 나오는 곳이어서 나라의 중심부(복심, 腹心)"로 인식되었고[58] "나라 경계가 서해에서 양광, 전라도를 거쳐 경상도에 이르기까지 바닷길이 거의 2천여 리나 되는데 바다 가운데 살 만한 섬으로 대청, 소청, 강화, 영종, 진도, 완도, 남해, 절영(絶影, 영도), 거제 등 큰 섬 20여 개가 있고 작은 섬은 헤아릴 수 없이 많다. 모두 비옥한 땅과 생선 및 소금(魚鹽)이 많았다."[59] 따라서 남방은 풍요롭고 인구가 많은 덕택으로 든든한 기반이 되어 북방개척의 원동력이 되었으며 그 개척은 조선 시대까지도 계속되었다. 그 실태를 확인해보자.

① 조선 세조 때(1460년)에는 충청, 전라, 경상 3도(下三道)의 부실자(富實者, 잘사는 사람) 4,500호를 차출하여 북방의 공허 상태인 평안·강원·황해도 지방으로 이주시켰다.

② 중종 말년(1544)에는 하삼도(下三道)의 죄인들을 개척노동을 보강하기 위하여 북변에 이주시키기도 했다.

③ 그러나 무엇보다도 세종 때(1430년대)부터 영조 말기(1774년)까지 약 350년(1430~1774년)에 걸쳐 정부가 권장하여 함경도 등

---

58) 《고려사절요》 제33권, 신우 14년 8월에 나오는 조준의 시무 주장.
59) 《고려사절요》 신우 14년 9월, 서해도 관찰사 조운흘(趙云仡)의 시무 주장.

북방에 '전 가족 단위 이민'을 권장하여 여진족이 쫓겨난 텅 빈 함경도 등 북방에 식민(植民)을 촉진했었다. 그 법률이 곧 전가사변율(全家徙邊律, 전가족 변방이주 규정)이었다.

그때 평안도와 함경도로 많은 이주가 있었으니 이는 남세북진(南勢北進)에서 가장 두드러진 사례가 되겠다.

따라서 예전 '백제'와 '신라'의 국민과 소수의 '고구려' 국민이 이미 하나의 '통일신라 국민'으로 융합된 뒤, 그 '신라인'이 고려 때 평안도까지 이주하여 '고려인'이 되었고, 다시 조선 시대에는 남방의 그 고려인이 함경도까지 이주·정착하여 '조선인'이 된 것이다. 따라서 정부의 권장 하에 북행(北行) 이민 행렬은 18세기 말(1774년)까지 진행되었으니 지금으로부터 불과 2백50년 전까지의 일이다. 이 '북방개척'은 미국의 서부개척이나 러시아의 동방개척과 유사한 것으로 국사연구에서 많은 사람들이 간과하기 쉬운 중요한 부분이며, 우리나라의 '국운'을 거론할 때 실제로 대단히 중요한 연구대상이다. 이와 같은 사실에서 몇 가지 특징을 찾아보면 다음과 같다.

첫째, 북방 외세가 내침(來侵)할 때 북계민(北界民)과 인근지역 내지민(內地民)은 국경선이나 전선의 이동에 따라 남행 또는 북행하였다.

둘째, 국민이 북행과 남행을 반복할 때 많은 백성이 영남과 호남의 안전지대로 운집한다. 따라서 우리나라 성씨는 김해, 경주, 밀양, 동래, 진주, 함안, 창녕, 의령 등 영남 본관(本貫)이 제일 많고, 그 다음은 호남과 기호지방의 여흥(여주), 한양, 한산, 해주, 전주, 광산, 남평, 나주, 해남, 화순, 능성(능주), 여산, 청주 등의 본관이 많다.

　남세는 크게는 한강권으로부터 그 이남 전체를 말하고, 더 작게는 충청, 전라, 경상 삼남(三南)을 말한다. 다만 이 가운데 충청도는 한강권에 인접하여 주민의 개성이 비교적 한강권(주로 경기도)에 유사하나 전라도와 경상도는 똑같이 비교적 따뜻한 남쪽이고, 똑같이 서울의 중앙정부로부터 멀리 떨어진 변방이며 똑같이 '지리산의 주변'이다. 따라서 비교적 세련되고 원만한 중앙성(中央性) 대신 덜 세련되고 개별성이 강한 일종의 지방성이 짙은 편이다. 언어(지역사투리)가 특히 그렇다. 다만 지리적으로 볼 때 덕유산과 지리산의 서쪽 지역(호남, 호서)보다는 동쪽 지역인 영남이 하늘로부터 받은 태양빛(日光)의 혜택이 더 크며, 서쪽의 양호(兩湖)지역은 꼬막, 김, 낙지, 미역 등 해변 해산물이 동쪽보다 많은 것이다.

4) 남방 국민의 옥쇄(玉碎) 정신

　이제 남한에서 제일 큰 지리산(1915m)을 거론하게 되는데 이 산은 북으로 덕유산, 속리산, 소백산, 태백산과 연결되는 소백산맥의 주산이다. 지리산(地理山)을 지이산(智異山)이라고도 하는데 이는 발음이 비슷해서 혼용한 이름인지 아니면 ㄱ 주변 주민들의 개성이 한강권 중부지역 주민과 다소 차이가 있어서, 이 점에 착안한 정부 또는 관변 인사들이 이질감을 묘사하기 위하여 일부러 '생각(지혜)이 특이하다(智異)'는 뜻으로 지이산(智異山)이라고 했는지는 확인하지 못했으나 '생각이 유별나다'는 뜻의 '지이'(智異)라고 주장하더라

도 무리는 없을 성싶다.[60]

사실 지리산 자체 내부와 주변 지역에는 화엄사(華嚴寺), 연곡사(燕谷寺), 천은사(泉隱寺), 실상사(實相寺), 쌍계사(雙磎寺), 신응사(神凝寺), 법계사, 대원사(大源寺) 등 다수의 유명한 절이 현존한데 조선 초기에는 400개 정도의 사찰이 있었다고 한다.[61] 또한 지리산에는 무릉도원이나 신선의 세계로 예찬되었던 청학동이 있고, 지리산을 배경으로 했던 수많은 의병장들이 있었으며, 반란이나 의적으로 활동한 사람들도 많았다. 진주 산청 등지의 지리산에 묻혀 강학하면서 결과적으로 임진왜란 당시 곽재우(郭再祐) 정인홍(鄭仁弘) 등 50여 명의 대담한 의병장들을 양성한 속칭 '지리산 처사' 조식(曺植, 1501~1572, 남명) 같은 행동파 지성인도 많았다. 산수를 배경으로 또 하나의 학술적·사상적 무대가 형성될 수 있었던 것이다.

지리산 전문가는 말한다. "뜻이 있으나 뜻을 펼 수 없는 자, 억울한 누명을 쓴 자, 반역을 꾀하다 도망친 자, 지배 권력의 수탈과 억압을 피해 숨어든 자, 살길이 없어 찾아든 자 등 이루 헤아릴 수 없었다. 지리산은 그 넓은 품 안에 찾아드는 모두를 감싸 안아주었다. 그리고 그들의 불만과 원한과 뜻을 세상 밖으로 토해냈다. 그것은 때로는 반란으로 이어졌고, 때로는 도적 떼로 돌변했고, 때로는 거대한 농민항쟁의 불길로 나타났고, 때로는 이념과 외세의 총칼에 불을 뿜는 분화구가 되었다. 그러면서 점점 지리산은 민중과

---

60) 김기빈, 『한국의 지명유래』, 지식산업사, 1990, pp.165~166.(여기서도 지이〈智異〉적 증후를 느낄 수 있다.)
61) 1472년에 지리산을 찾은 김종직이 이같이 말했다.(김양식 지음, 『지리산에 가련다 : 이천년 역사와 문화를 찾아서』, 도서출판 한울, 1998, p.136.)

함께하는, 민중들이 오르내리는 민중의 산으로 우리 역사 속에 자리잡아 나갔다."[62]

실로 지리산은 우리나라의 흥망성쇠와 관련이 많다. 우선, 가야는 지리산 동편에 의지하여 남진세력인 백제와 적절히 협력하면서 완전정복을 모면했고, 후일 신라에게 패망할 때는 이 산을 배경으로 항전했다. 가야의 마지막 왕인 구형왕(仇衡王)은 이 산의 동남쪽 산록에 묻혔다. 고려 말엽에는 이성계 등이 지리산 전투에서 왜구를 격멸하여 국난을 막았으며, 6·25동란 때는 북한의 남침군 잔당들(빨찌산, partisan)과 대규모의 살육전이 전개되기도 하였다. 결국 지리산을 배경으로 국가 존망 문제(가야, 백제)가 일어나기도 하고, 지리산을 배경으로 국가 재앙(왜구 침투, 남침 빨찌산 은거)이 발생하기도 하였으며, 그것이 안정될 때 나라에는 태평이 왔다. 그 점에서 지리산이야말로 남세의 진산(鎭山)이며, 그 산을 배경으로 삶을 영위하는 백성들의 정기가 북진의 원동력을 구성하는 것으로 생각된다.

우리는 백두산을 '민족의 성산'이라고 한다. 부여, 고구려, 말갈, 예, 맥, 거란, 여진족 등 한민족의 뿌리이거나 한민족의 형성에 동참했던 근친 민족들이 백두산의 주위에서 살았기 때문이다. 그러나 백두산이 국경선으로 굳어질수록 그 선 이북과 이남에서 살던 백성들은 동일혈연으로서 같은 동포였지만 촌수(寸數)는 멀어져 갔다. 신라와 발해로 갈라졌고, 고려와 발해 또는 고려와 거란으로 갈라졌고 또 조선과 여진(女眞)으로 갈라졌다. 그리하여 '민족'과는

---

62) 김양식, 상게서, p.80

의미와 내용이 다른 '국인(國人)' 또는 '국민'으로 개명되었다. 그것이 애석한 일이긴 하지만 거역할 수 없는 인류발전의 과정이었다. 따라서 국경선은 필요악(必要惡)이 되었고, 그것을 경계로 이제부터는 '혈통(민족)' 대 '혈통'간의 대결이 아닌 '국가' 대 '국가' 간의 대결이 빈발하게 되었다. '민족'보다는 '국가'가 중요한 자리를 차지하였고, 그 '북진하고, 저항하고, 사수하는 국가의 힘'의 중심에 남세민(南勢民)이 있고, 그 남세민의 중심에 지리산이 진산(鎭山: 그곳을 지키는 산)으로 자리하고 있음에 따라 지리산[63]이 '국가의 성산(國家聖山)'으로 공인되는 것이 당연한 이치라고 생각된다. 그래서 "천왕봉(天王峯)"이라고 새겨진 산 정상 돌비석의 뒷면에는 "한국인의 기상 여기서 발원되다"라고 쓰여 있다. 단순한 푸념이나 감상이 아니고 크나큰 다짐이자 확인임을 명심할 필요가 있다.[64]

가야나 신라가 지리산 장벽으로 인해 일정 기간 백제로부터 안전했던 것은 영남에 이로운 것이었으나, 백제가 지리산 장벽의 덕택으로 일정 기간 신라나 일본으로부터 안전했던 것은 호남에 이로운 것이었다. 즉, 지리산은 영남의 진산(鎭山)이기도 하지만 호남의 진산이기도 한 것이며, 지리산의 연장선인 덕유산과 속리산 그리고 소백산이 어울려 삼남(충청, 전라, 경상)의 진산이 되고, 태백산과 오대산 및 그 산에서 발원한 한강과 한강권의 진산 기능까지 확장되면서 결국 지리산은 국력의 남세북진 현상에 동행하여 '한국의 진

---

63) 지리산은 1967년 12월 우리나라 제1호 국립공원이 되었고 둘레 300여km, 넓이 483㎢이다.
64) 원래 이 돌비석에는 "영남인의 기상…" 운운하였는데, 탐문한 바에 의하면 80년대 후반 여수 산악인들이 분개하여 "한국인의 기상…"으로 고쳤다고 한다.

산'이 되고, '한국인의 기상'의 토대가 된 것이다.

　북으로부터의 외환이 닥쳐 극한상황에 처했을 때 끝까지 저항하거나 버텨 내는 곳이 영남이고, 바다 밖 남쪽으로부터의 외환이 닥칠 때는 온 나라가 수난을 겪다가 '끝까지 저항'하거나 '옥쇄(玉碎)'하는 곳이 호남이니, 영·호남 두 지역 중 하나만 살아남아도 그것이 밑천(본전)이 되어 온 나라가 저항하여 회생하였고, 그 분기점이나 중심에 있는 지리산 상봉에 '한국인의 기상 여기서 발원되다'는 말은 맞는 얘기이다. 따라서 '민족의 성산'인 백두산의 남·북측 동족(한인, 조선족)이나 친척(여진족) 간에 분쟁이 일어나면 백두산 북쪽과 남쪽의 '같은 민족끼리' 불행하고[65], '국가의 성산'인 지리산의 동측·서측 간에 화목을 못하면 '국가' 전체가 불행하게 된다는 사실을 명심해야 될 것이다. 강이건 산이건 지리는 그렇게 깊은 뜻과 지속적인 영향력을 갖는 것이다.

---

65) 백두산 이북의 조선족은 물론이고 엄밀히 말하면 그 이전의 여진족, 글안족, 말갈족들도 고구려인·발해인들로서 동족 내지 근친이었는데 백두산이 경계가 되면서 민족분단 또는 그와 유사한 비극이 생겼다고 생각됨.

제3장 영토 경영

제1절 영토의 실체

1. 국가 유기체설 : 역사발전의 제3현상

 정치학에서는 19세기 중반부터 '국가유기체설(有機體說)'이 제기되었다. 국가도 하나의 생명체와 같다는 이론이다. 유기체설의 대표적 학자 가운데 한 사람인 블룬츄리(Bluntschli, J.C; 1808~1881)의 주장을 검토해 보면 어느 정도 공감이 간다.
 첫째, 국가도 생명체와 마찬가지로 생로병사의 과정과 유사한 과정을 겪는다는 것이다. 신라왕조가 죽고(死) 고려왕조가 태어났으며(生), 고려가 죽은 뒤 조선이 태어났다. 또 고려조나 조선조를 보더라도 470여 년의 역사과정에서 내적으로 정치적인 쇠퇴기를 거쳤고(老), 임진왜란 등 외환(病)을 겪었다.
 둘째, 인체 내부에 각종 장기가 있듯이 국가에도 각종 기관(機關)이 있다. 보고 배우려는 눈이 있듯이 학교가 있고, 혈액을 유통시키는 혈관이 있듯이 각종 교통망이 있고, 다치면 아픔을 알려주는 신경이 있듯이 국가에는 통신기관이나 정보망이 있고, 나쁜 사람이 때리면 맞받아칠 수 있도록 팔다리가 있듯이 국가에는 군인과 경찰이 있다. 그리고 내 몸을 움직이게 하는 두뇌와 팔다리가 있듯이 국가에는 나라를 운영하는 입법부, 행정부, 사법부 등이 있다.

셋째, 인체에 뼈대(골격)가 있듯이 국토에는 산맥이 있고, 인체에 혈관이 있듯이 국가에는 강이나 냇물이 있다. 그리고 육체를 잘 못 다스리면 부스럼이 나듯이 정부가 국토개발을 잘못하면 공연히 국토만 잘못 파헤쳐서 망치는 경우도 있다.

넷째, 사람마다 체격이 있듯이 국가도 국토의 면적에 따라 큰 나라와 작은 나라가 있고, 잘생긴 사람과 평범한 사람이 있듯이 풍광이 아름다운 나라와 그렇지 못한 나라가 있으며, 부유한 집에서 태어난 사람이 있듯이 국가도 옥토에 건국한 나라가 있고, 박토에 건국한 나라도 있다.

다섯째, 사람마다 개성이 있듯이 국가도 나름대로 국민성이 있다. 인도 국민들은 대체적으로 종교에 심취하는 경향이 있고, 중국인은 대체로 윤리나 도덕에 심취하는 경향이 있으며, 미국은 대체로 실용주의에 경도하고, 한국인이나 이탈리아인은 예능에 소질이 있다.

여섯째, 인체에 세포, 뇌, 내장, 피부, 뼈, 팔, 다리 등이 있듯이 국가에는 각 개인(세포)이나 읍, 면, 군, 시 등과 대통령실, 경제기획원, 교통부, 보건복지부, 군인, 경찰 등 조직이 있다.

이상과 같은 사례 비교를 통해 국가의 유기체설을 어느 정도 인정할 수 있는 것이다.

2. 한반도의 4대 기층(四大氣層)

　국가도 일종의 생명체(유기체)이기 때문에 생명력이 있기 마련이다. 그 생명력을 '생기(生氣)'라고 한다. 우리는 가끔 '기(氣)'를 잘 얻어야 한다고 말한다. '기'는 일종의 '에너지'라고도 칭할 수 있는데 그 원재료는 바로 우리 주변의 '자연환경'과 '인위적 조직'이다. 이들을 필자는 천기(天氣), 지기(地氣), 국기(國氣), 민기(民氣) 4개 층의 기(Energy)로 구분하고자 한다.
　우리나라(한국)를 볼 때 다음과 같은 특질이 있다.
　① 천기(天氣)가 좋아서, 일조량, 계절풍, 적절한 눈과 비로 인하여 4계절의 변화무쌍한 아름다움을 즐긴다
　② 지기(地氣)가 좋아서 항상 품질 좋고 맛좋은 음식을 제공받고, 운동, 등산, 오락, 여행 등 비교적 고품질의 생활 속에서 역동성(力動性, dynamism)을 발휘한다.[66]
　③ 국기(國氣)가 좋아서 국민의 자주의식이 높고 군인은 전투에서, 선수는 국제 대회에서 월등한 기량을 발휘한다.
　④ 민기(民氣)가 높아서 고도의 기술과 기능, 활달한 기질, 적극적인 개혁정신 등을 추구하고 평화와 봉사를 위해 헌신적이다.
　이들이 모두 한반도에서 받은 4개 층의 에너지(氣) 때문이다.
　반면에 우리는 잦은 외환으로 인하여 단결하여 저항하는 용기가

---

[66] 2003년 봄 중국에서부터 동남아, 캐나다, 미국 등지로 '중증급성호흡기증후군'(the severe acute respiratory syndroms, SARS)이라는 괴질이 전염될 때 한국인이 거의 무사했음은 특기할 만한 일임.

있는 반면에, 지배욕이 강한 정치지도자들을 가끔 우상화하거나 과신하는 습성도 있다. 누구누구는 산업화에, 누구누구는 민주화에 공을 세웠다고 우상화하는 경향도 있지만 그것은 사실 이만큼 훌륭한 자연의 혜택을 받아 지덕체를 겸비한 우수하고 역동적인 국민 수가 많아서 그 속에서 얼마든지 협력적인 인재들이 있을 확률이 높은 것이지, 누구 한 사람이 그만한 능력이 있다는 듯이 칭송하는 것은 우스운 일이다. 열대의 나라에서, 사막에서, 차가운 툰드라(어름 땅)에서 사는 국민이나 민족들은 '목전의 삶'에 힘겨워할 때 우리 국민은 기본적으로 유리한 환경조건 덕분에 출중한 주민으로 성장하게 되어있음을 감사(感謝)해야 될 것이다.

이 인재들이 모두 정상적으로 성장한다면 만사형통하겠지만 성장 과정에서 인위적 불편·부당한 현상에 부닥치면서 많은 사람이 빗나가거나 낙오하고 있다. 인간이 저지른 난개발, 과잉개발, 오(誤)개발 등으로 자연은 신음하는 곳이 많고, 집권경쟁, 이데올로기적 편 가르기, 빈부격차, 지역감정, 사치와 낭비풍조 등은 사회를 병 들이고 있다. 마침내 아동들의 천진하고 천사 같은 모습들은 10대, 20대, 30대가 되면서 차츰 일그러지고, 언행은 거칠어지는 수가 많다. 천기와 지기의 원천인 자연 그리고 국기, 민기(民氣)의 중요 원천인 사회를 바로 세울 수 있는 교육은 질과 양면에서 훌륭할수록 좋을 것이다. 국민을 위한 최상의 교육은 어떠해야 할까. 우리는 끊임없이 발전을 위해 최상의 지혜와 교양(수양)을 추구 및 탐구해야 할 책임이 있다.

3. 영토의 가치

영토란 한 나라의 국권(國權)이 독점적이고 배타적으로 미치는 공간 범위로서 영토·영해·영공을 말한다. 영토상의 하천과 지상도 영토의 범위에 포함됨은 물론이다. 따라서 영토는 천기(天氣), 지기(地氣), 국기(國氣)의 원천이고, 민기(民氣)의 형성 토대이다.

한 나라가 형성 및 존속하기 위해서는 필수적으로 영토가 있어야 한다. 그 영토가 갖는 의의는 여러 가지 임을 확인해 보자.

첫째, 영토는 국가 구성요소에서 불가결의 요소로 지적되고 있다. 고대의 맹자는 "왕국(侯國)의 3대 보배"로 토지·인민·정사(政事) 3자를 주장했고, 옐리네크(Jellinek, Georg)는 인민·영토·왕권[67] 3자를 지적했으며, 게텔(Gettell)은 인구·영토·통치기구·주권[68] 4자를 제시했다. 고대와 현대의 어느 국가학설이건 모두 '영토'를 포함하고 있다.

둘째, 영토는 국력 요소에서도 불가결의 요소로 지적되고 있다. 맹자는 국력 요소의 우선순위를 ①인화(人和) ②지리적 장점(地利) ③시운(天時=時運, good time) 세 가지 가운데 두 번째로 중요성을 예시했다.[69]

현대의 대표적인 국력이론가들도 여러 국력요소 가운데 '영토'를

---

67) 민병태 저, 『정치학』, 보문각, 1958, p.167에서 재인용.
68) 상게서, p.172에서 재인용.
69) 맹자, 公孫丑下, '孟子曰: 天時不如地利, 地利不如人和' 여기서 '地利'는 '地理(的 利點)'이고 '天時'는 시운(時運) 또는 '국제정세'에 해당되는 것으로써 약하여 '時宜'(시대사정)라 하였다.

다음과 같은 두세 겹의 중첩적인 중대 요인으로 강조하고 있다.

러치(Charles Lerche Jr.)[70]는 5대 국력요인을 나열하였는데 그 가운데 영토와 관련된 것이 '지리'·'천연자원'·'전략적 위치' 등 3가지나 되며, 하르트만(Frederick H. Hartmann)[71]은 6대 국력 요소 가운데 영토와 관련된 것이 '지리적 요소'와 '경제적 요소' 두 가지이며, 모겐소(Hans J. Morgenthau)[72]는 9개 국력 요인 가운데 영토와 관련된 요인으로 '지리', '천연자원', '지리적 요소', '전략적 위치', '경제적 요소' 등 5개 요소나 된다.

셋째, 영토는 국가와 국민의 활동 무대가 된다. 실제로 세계가 여러 나라로 구획된 것은 과거 역사에서의 냉혹한 실력행사의 결과였다.[73] 따라서 영토문제는 제일의(第一義)적인 중요 문제이면서 사활의 문제(실력행사)로 귀착되었다. 우리 역사에서도 외적의 침입이 있을 때마다 '촌토(寸土)'도 양보할 수 없다는 비장한 결의로 싸우곤 했다.

넷째, 영토는 한 나라의 외교정책을 결정한다. 독일 외교관 퀼만(Richard von Kühlmann)은 말했다. "지리적 위치와 역사의 전개는 중대한 외교정책 결정요소이기 때문에, 그때그때 끊임없이 일어나

---

70) Charles Lerche Jr. & A.A. Said, Concepts of International politics in Global Perspective, 3rd Edition, New York :Prentice Hall, 1979, p.68~74.
71) Hartmann,F.H., The Relations of Nations, 5th Edition, New York: Macmillan Publishing,1978, p.45~65.
72) Morgenthau,H.J. Politics Among Nations, New York : Alfred Knopf, 1973, p.112~149.
73) 민병태 저, 전게서, p.168.

는 여러 가지 사태나 정부의 형태 또는 집권 정당 등을 따질 것 없이, 한 나라의 외교정책은 총체적 및 근본적으로 계속 여전하게(전정권과 같게) 정리되는 자연적 경향이 있다."[74]는 것이다.

다섯째, 영토는 한 나라의 생활 양상에 큰 영향을 준다. 영토가 갖는 기후·식생(植生)·지하자원 등은 작게는 의식주로부터 크게는 국토개발·행정구획·정치행태·문화발전에까지 영향을 준다.

다만 영토가 국가의 제반 영역에 미치는 영향력의 정도는 나라마다 다르기 때문에 지리결정설(地理決定說)에 매몰되는 것은, 그보다 더 중대한 인재(人才)까지도 무시하는 착오를 범하기 때문에 조심해야 하지만, 지정학(地政學)이나 인문지리학을 연구하는 모든 학자들이 영토의 영향을 가장 중시하고 있음은 사실이다.

영토가 갖는 의의를 다섯 가지만 나열하였으나 보는 각도에 따라 다른 의의도 얼마든지 있을 것이다. 유명한 국제정치학자인 모겐소는 '지리적 요소'를 '가장 확고부동한 요소(The most stable factor)'라고 말한다. 맥킨더(Sir Halford Mackinder)와 하우스호퍼(Karl Haushofer) 등 지정학자는 '다른 조건이 비슷하다면 심장지대(Heart Land)를 점유한 측이 결정적 역할을 한다'고 보고 있다.[75] 그들의 논리에 따른다면 우리나라에서 대표적인 심장지대는 한강

---

74) Harold & Margaret Sprout, 「Environmental Factors in the study of International Politics」in Rosenau, James N,(ed), International Politics and Foreign Policy, Revised Edition,1969, p.41.

75) Padelford, Norman J. & Lincoln, George A.,The Dynamics of International Politics, 3rd Printing, Macmillan Company, 1963, pp.77~80.

권이다. 따라서 한강권을 점유한 세력이 결정적 역할을 한다고 보아야 되겠다. 이는 우리의 역사에서 여러 차례 겪었던 바로써 한반도에서의 한강권의 역할은 대단히 중요했던 것이다.

4. 영토의 위치와 작용

영토의 특성을 순수 지리학자들은 세 가지 측면에서 평가한다. 수리적 위치, 지리적 위치, 관계적 위치가 그것이다.[76]

첫째, 수리적 위치(數理的 位置)는 '절대적 위치'라고도 하며 지구상의 경도와 위도의 수치로 표현되는 위치이다. 수리적 위치에서는 위도의 위치를 보고 기후를 아는데 참고가 되고, 위도·경도와의 교차점을 연결해 보고는 대강이나마 지형과 면적을 알 수 있다. 또 기후와 관련됨으로써 지상자원 즉 식량, 목재 등 식생(植生)도 암시해준다. 우리나라의 수리적 위치는 온대에 속해서 4계절이 분명하다는 장점도 있다. 따라서 수리적 위치를 통해 그 나라의 자생여건(自生與件)을 예측할 수 있게 된다.

둘째, 지리적 위치(地理的 位置)는 순수 지리적 특성을 말하는 것으로, 지세·지형·지질·면적 등을 가리킨다. 즉, 어떤 영토가 품고 있는 산과 강, 국경선과 해안선, 섬, 내륙 등의 구조를 얘기한다. 따라서 하천(河川)은 평야의 분포를 가르쳐 주고, 산은 교통의 유·불리를 암시함과 동시에, 전란(戰亂) 시 요새(要塞)가 될 수 있음도 가

---

76) 강석오 저, 『신한국지리』, 개정판, 새글사, 1979, p.7.

르쳐 준다. 내륙과 해안지대는 보수와 혁신, 대륙 지향과 해양 지향이라는 상반된 성향을 암시해준다. 따라서 지리적 위치에서는 특히 그 나라의 발전 여건을 가늠하게 해준다.

위 두 가지 지리적 조건 때문에 한반도는 지구상에서 가장 살기 좋고 아름다운 지역 중의 하나로 평가받고 있다. 〈생태관광〉을 창시한 엑토르 · 세바요스 · 라스쿠라인(맥시코인, 세계관광기구 특별고문)은 "산악지대가 많고 생물학적 다양성을 지닌 한국은 생태관광에서 무궁무진한 가능성이 있다"면서 한국의 자연을 예찬했다.[77]

셋째, 관계적 위치(關係的位置)는 '정치적 위치(政治的位置)'라고도 하는데 인접국과의 거리, 인접국의 수효(數爻), 인접국의 상대적 강약, 대륙과 해양의 인접 양상, 내륙국 혹은 도서국 여부 등은 그 나라의 국제전략적 특징을 보여준다. 흔히 우리나라를 교량적 위치, 완충적 위치, 중간적 위치, 해양세력을 위한 교두보적 위치 또는 대륙세력의 해양 진출을 위한 첨단적 위치라고 설명하는데, 이것이 곧 관계적 위치이다. 따라서 관계적 위치는 그 나라의 자주(自主)나 자위(自衛)의 여건 또는 국방과 외교의 여건(輿件)을 가늠하게 해준다.

이제 역사적으로 우리나라는 어떻게 지역 정책을 시행하여 왔는지 검토하겠다.

---

77) 〈중앙일보〉 2010. 5. 13.

5. 우리나라의 역대 지방구획

영토가 갖는 위치와 그 가치들을 활용하고 관리하기 위하여 지방행정구획이 설정된다. 참고로 역대의 행정구획을 검토하겠다.

1) 고려 성종 때

우리나라의 지방행정구획은 많은 변천을 겪었다. 고려 성종 때(995년)는 '1부(開城府) 10도(道)' 제도였다.

당시 명칭	지금의 위치
개성부(開城府)	오늘의 개성
패서도(浿西道)	대략 오늘의 평안남도 일대와 평안북도의 일부
관내도(關內道)	대략 오늘의 황해도와 경기도 일대
삭방도(朔方道)	대략 오늘의 강원도 일대
중원도(中原道)	대략 오늘의 충청북도 일대
하남도(河南道)	대략 오늘의 충청남도 일대
강남도(江南道)	대략 오늘의 전라북도 일대
해양도(海洋道)	대략 오늘의 전라남도(제주도 포함) 일대
산남도(山南道)	진주(晉州) 중심의 현 영남 서남부 일대
영동도(嶺東道)	경주(慶州) 중심의 현 영남 동남부 일대
영남도(嶺南道)	상주(尙州) 중심의 현 영남 북서부 일대

2) 고려 현종 때

그러나 머지않아 고려 현종(顯宗) 때(1020년 전후)는 '5도 양계(五道兩界)'제를 취하였다. 다만 이때는 대부분의 평안북도와 함경도가 아직 고려의 판도에 들어 있지 않았다.

당시 구획명	지금의 위치
북계(北界) 또는 서계(西界)	당시 천리장성(長城) 이남의 평안도 일대
동계(東界)	대략 오늘날 강원도의 관동지방
서해도(西海道)	대략 오늘의 황해도 일대
양광도(楊廣道)	대략 오늘의 경기도와 충청남북도 일대, 이중 중심부 13개 현을 중앙정부 직할의 '경기(京畿)'라고 구분했음
교주도(交州道)	대략 오늘의 강원도 영서지방 일대
전라도(全羅道)	대략 오늘의 전라남북도와 제주도 일대
경상도(慶尙道)	대략 오늘의 경상남북도 일대

3) 고려 공양왕 때

그 뒤 고려 공양왕(恭讓王) 때(1390년 무렵)는 '1경기, 5도, 2면(1京畿, 5道, 2面)' 체제가 되었다.

당시 구획명	지금의 위치
동북면(東北面)	대략 오늘의 함경남도 남부 일대

서북면(西北面)	대략 오늘의 평안남북도 일대
경기도(京畿道)	대략 오늘의 경기도 일대와 황해도의 동남부 일대
서해도(西海道)	대략 오늘의 황해도 서부 일대
교주강릉도(交州江陵道)	대략 오늘의 강원도 일대
양광도(楊廣道)	대략 오늘의 충청남북도 일대
전라도(全羅道)	대략 오늘의 전라남북도와 제주도 일대
경상도(慶尙道)	대략 오늘의 경상남북도 일대

4) 조선 태종 때 : 8도

조선조 태종(太宗) 때(1402)부터 8도 체제가 되었는데 이는 현재의 14도 형태의 모체가 되었다. 8도는 함길도(咸吉道 또는 永安道), 평안도, 황해도, 경기도, 강원도, 충청도, 전라도(제주도 포함), 경상도이다.

5) 조선 고종 때

조선 고종(1895년) 때 일시적으로 8도 체제를 버리고 23부제를 취하였으나 이듬해(1896년) 13도 체제를 취하였는바, 8도 중 함경도, 평안도, 충청도, 전라도, 경상도를 남북도로 2분화시킨 것이었으며 이는 다시 해방 후(1946) 제주도를 전라남도에서 분리시켜 오늘의 14도 체제가 형성되기에 이르렀다.

제2절 지역별 혼융(混融)현상

'혼융(混融)'이란 흔히 쓰는 말은 아니지만 '섞어 융합하다'는 뜻이다. 이제부터 반도 내 여기저기서 이러저러한 형태로 사람들이 모여 사는 모습을 보게 된다. 특히 강을 배경으로 한 집거(集居) 형태가 대표적이다.

1. 4대 심장지대

한반도에는 고대로부터 4개의 심장지대(心臟地帶)가 있었다. 북으로부터 대동강 유역, 한강 유역, 낙동강 유역, 금강-섬진강 유역 등 4개의 심장지대와 1개의 전략지대(함경도)가 그것이다.

먼저 4개의 '심장지대'를 살펴보자.

① 대동강(大同江) 유역에서는 고조선, 낙랑(한사군), 고구려의 문화가 발흥했다.

② 한강(漢江) 유역에서는 마한, 백제, 고려, 조선, 대한민국 문화가 발흥했다.

③ 낙동강(洛東江) 유역에서는 가야와 신라문화가 발흥했다.

④ 금강(錦江)-섬진강 일대[78]에서는 마한, 백제 및 후백제의 문화가 꽃피었다.

---

78) 금강과 섬진강은 합류되지는 않지만 발원지가 노령산맥 내의 가까운 지점이고 또 혼란시에는 섬진강의 동서간에 또는 금강의 남북간에 상당한 차단작용을 한다.

4대 '심장지대'는 곧 4대 '문화권'이기도 하고 4대 '정치세력권'이기도 하다.

이들 심장지대를 비교해 보면 대동강(권) 문화는 대륙세력과 교류가 많고, 낙동강(권) 문화는 일본세력과 교류가 용이하며, 한강(권) 문화는 비교적 친대륙적이면서 중도적이며, 금강-섬진강(권) 문화는 해양 및 대륙과 교류가 많은 문화라고 볼 수 있다. 또 '농업'은 각 문화권의 공통적인 형태이기도 하다.

2. 전략지대

① 함경도는 대부분이 산악지대로 대규모 군거여건이 불리하기 때문에 심장지대가 되기에는 미약한 대신, 대동강 심장지대를 지켜주거나 멀리 동남쪽 바다에서 침략해 오는 적군 특히 왜군과 항쟁하는 기지가 되었으니 전략지대라고 칭할 수 있다.

② 제주도도 전략지대이다. 서남해에서 가장 크고 대표적인 섬이다. 그러기에 한때는 본의 아니게 장기간 원나라(元, 중국 전체를 장악한 몽골족 정권)의 목마장으로 사용된 적도 있다.

③ 서남해에 널리 분포된 근 3천여 개의 섬들 가운데서도 위치와 크기에 따라 전략적 중요성이 있다.

한반도가 통일 상태일 때는 한강권이 정치의 중심이었고, 또 문화의 특성도 중화(中和)적이기 때문에 한강권 문화가 반도 전역을 주도하였다고 볼 수도 있다. 한강권 문화가 중도적인 입장에서 대동강권 문화와 낙동강권 문화 그리고 금강-섬진강권 문화를 거의 균등하게 수용하려고 노력한 중화성(中和性)이 있다고 볼 수 있다. 따라서 '한강권 문화'는 '주동적인 동화'를 통해서 또는 '피동적인 융합'을 통해서 한반도문화 전체의 대표였던 셈이다.

이 4대 문화권 가운데 한강권에 이은 제2의 심장지대는 어디일까 판정하기 쉽지 않다. 그 점은 역사적으로 어디가 더 장기간 정치적 중심지(수도)를 유지했는가를 보고 판정할 수밖에 없다. 그 결과 제2의 심장지대는 낙동강권이고 제3의 심장지대는 대동강권이며 금강-섬진강권은 제4의 심장지대로 보아야 되겠다.

3. 외적의 침략 형태

과거의 사례를 검토하면 미래의 귀감이 될 부분이 있으리라고 생각된다. 외환(外患)의 방향은 주로 남방과 북방 2개 방향이었다. 즉, 북방(대륙 세력)으로부터의 육상남침과 해양 세력으로부터의 해상북침이었다. 남침 세력은 한(漢 사군), 고구려, 당, 거란, 원, 여진(淸) 그리고 분단시의 북한이었고, 해양의 침략(북침) 세력은 일본, 영국(한때 거문도를 점령), 미국 그리고 분단시의 남한이 되겠다.

4. 영·호남의 특수역할

1) 외환과 영·호남의 협력

사실 영남과 호남을 맞 비교하기에는 무리가 있다. 영남은 넓기 때문에 호남에 호서(충청남북도)를 합쳐야 규모가 비슷해지기 때문이다. 따라서 여기서 말하는 호남은 양호(호남과 호서) 개념으로 이해하는 것이 타당할 것이다.

두 지역 간에는 외환을 당할 때면 협력이 강해진다.

첫째, 영남과 영남인은 북으로부터의 남침이 있을 경우 항상 이 나라의 마지막 버팀목(支柱)이 되어 항쟁했다. 몸을 지탱하는 두 다리 중 오른편 다리의 위치에 있기 때문이다.

삼국시대에 먼저는 백제가, 뒤에는 신라가 고구려의 남진을 차단했고, 그 뒤 고려와 조선시대에 수많은 남침을 당할 때, 때로는 절대우세의 적에게 송두리째 침략당한 경우도 있었지만, 초반이나 중도에서 외적을 물리친 경우가 더 많았다. 적침(敵侵)을 다행히 한강권에서 차단했다면 문제가 안 되지만 차단에 실패했다면 대개 상대적 평탄지대를 통과하기 위하여 양호(호서와 호남) 지역을 먼저 치게 된다. 호서와 호남은 한강권 격전 시에 상당 부분의 인력과 물력(物力)을 소진하게 되므로 막상 위기가 자신(금강-섬진강권)에게 닥칠 때는 큰 저항력을 발휘하기가 어렵다. 그러나 호남 남·서해안지역 세력과 의병들의 항쟁은 영남방어에 상당한 도움이 된다.

대략 소백산 전선이 무너지면 영남은 위기에 처하면서 마지막 저항을 하게 된다. 1950년 북한 공산군의 남침 때는 대구와 낙동강 하류에서 최후의 저항을 전개하였으며 비록 외세(미군)의 도움을 받기는 했지만 결국 북방의 적군을 격퇴하였다. 이러한 군사 작전은 하나의 사례이지만 비슷한 외환에는 늘 이렇게 될 수밖에 없다. 이때 부산 등 영남지역은 수많은 난민에게 피난처를 제공했고, 전선(戰線)에는 가장 많은 인력이 투입되어 희생이 컸다. 대북적(對

北敵) 항쟁에서의 마지막 보루, 그것이 곧 영남이니 그 위국(爲國)의 가치는 크지 않을 수 없다.

둘째, 양호(호남, 호서) 지역민은 바다 건너 남으로부터의 침략, 즉 해침(海浸)이 있을 경우 항상 이 나라의 마지막 지주(支柱)가 되어 항쟁했다. 침략을 당할 때는 방어전을 치르고 왜적이 자국으로 퇴각할 때도 사투를 하게 된다. 몸을 지탱하는 두 다리 중 왼쪽 다리의 위치에 있기 때문이다. 참고로, 공주 일대의 금강(錦江)을 '호강(湖江)'으로 여기고 그 호강(湖江) 이남을 호남[79]이라 하며, 충북 제천의 저수지인 '의림지'의 서쪽을 '호서'[80]라 한다.

임진왜란이나 정유재란 때 해양세력인 일본은, 섬이 많고 해군력이 비교적 센 호남을 피하고 제일 먼저 일본과 가까운 영남을 격파하고 북진하여 쉽게 서울을 점령하고 함경북도까지 북진하였다. 해양세력이 북진을 계속하여 서울을 점령하면 당연히 그 이북지역이 항전의 주무대가 됨 직하나 북쪽은 인구가 희소할 뿐 아니라 중국과 강 하나를 경계로 접속되어 있기 때문에 피난이나 이산(離散)이 용이하고, 고산지대여서 겨울에는 춥고 생산물도 부족하여 장기 항전에 어려움이 많다. 따라서 외적이 한강권에 임박하면 정부는 관서지방으로 피난길에 나서지만 중국의 지원을 요청하거나 중국으로의 망명을 생각하기 쉬우며 계속 항전의 의지가 꺾이기 쉽다. 이처럼 전국이 함락의 위기에 있을 때 유일한 항전지가 바로 호남이다.

---

79) 임덕순 저 『우리국토 전체와 각 지역 2』, 법문사, 1996, P.138.
80) 상게서, P.126.

호남(양호지역)은 연해지역이 많고 또 섬도 많아 해상활동과 어업이 성행하여 전통적으로 해군(당시는 수군 水軍)이 강하고, 육상으로는 섬진강·지리산·덕유산 등 자연 장애물이 많아 남해를 통해 침략하는 외적이 접근하기 어렵다. 더구나 영남에서의 저항이 곧 호남을 지켜주는 효과이므로 이때 영남은 호남에 대한 최대의 협력자가 된다. 그러기에 영남이 난국에 처하면 어느 지역보다도 호남 의병인 나주의 김천일(金千鎰) 장군과 화순의 최경회(崔慶會) 장군 부대 등이 제일 먼저 대외항전(진주성 혈전, 1593. 6)에 참가하게 된다. 동시에 호남은 영남과 호서지역 주민에게 피난처를 제공하면서 집결된 힘으로 항전을 계속한다. 그리고 이와 같은 양상은 다른 해양세력에 의한 외환의 경우에도 거의 똑같은 양상으로 전개되게 된다.

우리는 임진왜란 때의 영웅 이순신 장군과 한산도대첩(大捷, 1592. 7), 명량대첩(1597. 8~9), 노량해전(1598)은 알면서도 그 해전의 용사들이 거의 모두 호남의 병사들이었음을 잊고 산다. 또 권율 장군과 행주대첩(1592. 7)은 알면서도 그 병사 약 1만 명이 모두 호남의 병사였다는 사실도 간과하고 산다. 중앙을 중시하는 오랜 왕조사관(王朝史觀)에 가려서 변방인 호남과 호남인을 경시한 것이다. 호남의 최후 지주 역할은 금산(錦山)의 칠백의총(1593), 남원의 만인의총(萬人義塚, 1597. 8) 그리고 여수, 고흥 등지에서부터 강진, 해남, 목포, 영광, 고창, 변산, 군산, 서천, 보령 등에 이르는 수많은 바닷가 무명전사들이 역사 속에서 증언하고 있는 것이다. 호남이야말로 해양 외적의 내침에 대한 마지막 지주가 되는 것이다. 그래서 풍신수길(豊臣秀吉)은 전라도를 미워했고, 이순신 장군은, "호남은 나라를 지키는 보루(堡壘)이다. 만약 호남이 없었다면 나라가 없어졌을 것이다.(湖南國家之保障, 若無湖南是無國家)"라고 칭송하였다.[81]

2) 태평(太平)과 영·호남의 경쟁

영·호남 간에는 기후대가 같아서 다른 어느 지역과 비교해서도 유사성이 가장 강한 곳이지만, 작으나마 차이가 있고, 또 그 차이는 가끔 인위적(정치적)인 조작이 개입되면서 확대되어 왔다. 양대 지역 간의 차이점은 역사 유산, 정치적 조작, 지역적 기질 차이 그리고 지역 민심 등 네 가지로 본다.

첫째, 역사유산의 영향이 있다. 영남지역은 과거 신라와 가야의 영토였고 호남은 백제의 영토였고 그 뒤에는 잠시나마 신라와 후백제의 영토로 각각 달랐다. 고려가 통일할 때 신라는 항복을 했고 후백제는 저항을 하여서 또다시 애증의 감정이 갈라졌다.

둘째, 신라계 학자들의 날조이거나 또는 왕건 자신의 착각일 수도 있는 〈훈요십조〉나 《삼국사기》 등 지능적인 정치공작성 언설들이 구 백제지역과 그곳 민중을 저질로 부각시켰다. 그 뒤 조선조 초·중기 임진왜란 때나 20세기 초 일제 침략기에는 일본이 식민지 지배의 편의상 일본의 우월성을 강조하면서 한반도 삼국 간의 사소한 갈등 양상을 크게 부풀림으로써 민심을 이간시켰다.

---

81) 『이충무공 전서』, 권15, 보유(一), 이은상 역, P.449 (여기서는 최두환 저역, 『충무공이순신전집』, 제6권, 도서출판 우석, 1999, P.379에서 재인용함. 단, 원역에서 '保障'을 '울타리'로 했는데 그보다 의미가 강한 '障壁' 또는 보루(堡壘)라야 될 것임. *이하 '호남'은 대개 '양호 지역'을 의미함.

셋째, 다소간에 기질상의 차이도 있다. 영·호남은 같은 남방이지만 기후와 지형 등에서 차이가 있다. 필자도 어느 정도 동의하는 한 주장에 의하면[82] 평균적으로 볼 때 호남은 강이 여러 개로 분산되어 흐르기 때문에 단결이 잘 안 되는(분산되는) 프랑스와 유사하고, 영남은 낙동강 하나로 집중되기 때문에 단결이 잘되는 독일과 유사하다는 것이다. 또 실생활에서 볼 때 지리산과 소백산맥의 동쪽인 영남이 서쪽인 호남보다 태양의 기운(日光), 즉 하늘의 기운(天氣)을 더 많이 받고 있다. 다시 말하면 소백산맥의 동쪽인 영남이 태양의 복사열(輻射熱)을 조금 더 많이 향유하게 된다. 호남보다는 영남이 과수 채소 등 영농에서도 더 우수한 편이다. 따라서 이 두 지역민의 개성을 극대화시켜 비교한다면 다음과 같을 수 있다.

호남인은 다원주의와 문민(文民) 민주정치 그리고 야당 기질에, 영남인은 획일주의와 강권정치 그리고 여당 기질에 가까울 것으로 생각된다. 대체적으로 볼 때 이 나라의 '산업화'를 선도한 세력이 영남(정권)이었고 '민주화'를 선도한 세력이 호남이라는 인식에 동의한다면, 영·호남의 경쟁이 이 나라 발전의 원동력이라고 단정해도 공감할 사람이 많을 것으로 생각한다. 이는 다만 국토가 좁아진 분단시대의 한 특징이지 통일이 되면 넓어진만큼의 광역에 맞는 또 다른 기질적 역할이 생길 것으로 생각된다.

넷째, 다소간에 민심의 차이도 있다. 호남은 섬이 많고 해안 평야가 넓다. 영남도 남해안으로는 섬이 많고 해안평야도 넓어 활달하고 상냥한 성격이지만 영남의 내륙은 상대적으로 폐쇄적인 지역이

---

82) 이 설은 이익의 주장인데 최창조 교수가 국제화시킨 셈임.

기 때문에 평균적인 심성이 호남에 비하여 폐쇄적이고 우직한 편이다. 호남도 내륙지역은 폐쇄적이지만 섬과 해양생태계가 넓어서 성격이 다양하면서 개방성이 강한 편이다.

3) 영·호남 : 국가의 명맥

일찍이 실학자인 이익(李瀷)은 영남을 다음과 같이 묘사했다.

"대체로 영남의 북부(경북일대)는 내륙 산간지대여서 민심이 순박하고 다정한 셈이며, 조선 초·중기 이후 퇴계 이황(李滉)의 학풍을 많이 따르고 상징적으로는 '다정한 마음씨'(仁)라고 회자(膾炙)되며, 영남의 남부(경남일대)는 산과 바다가 있어 성격이 상냥하고 분명한 셈이며 남명 조식(曺植)의 학풍을 많이 따르고 상징적으로는 '올곧은 마음씨'(義)라고 회자되고 있다.[83]"는 것이다.

호남도 이와 비슷하다. 북부(대략 공주-대전-전주-정읍 구간)는 산과 평야 그리고 바다가 있어 순박하고 상냥한 셈이며, 남부(대략 전남 일대)는 산과 평야 그리고 훨씬 넓은 바다와 섬이 많아서 상냥하고 활달하다. 따라서 호남에서도 북부(전북·충남북)는 '다정한 마음씨(仁)'이고 남부는 '올곧은 마음씨(義)'로 상징한다고 보는 것이 근사할 것으로 생각된다.

전국이 신군부의 폭정에 떨고 있을 때 광주의 대학생들과 시민이 군부의 폭압에 항쟁했던 1980년 5월 18일, 즉 '5·18 민주화항쟁'

---

83) 이익 원저 정해렴 편역, 『성호사설 정선』 -중-, 현대실학사, 1998, p.223 참고. 이 밖에도 많은 논조들이 대체로 이와 같이 운위하고 있다.

도 '올곧은 정의의 정신(義)'의 하나로 보아야 할 것이다. 본 주제와 내용은 다르지만 '5·18'을 언급한 미국 기자의 탐사 기사가 있어서 참고용으로 소개하겠다.

'제주 4·3 – 광주 5·18' '미국 개입' 놀라운 닮은 꼴(〈한겨레신문〉 2018.7.2.)

"1940년대 발생한 제주 4·3과 1980년 광주 5·18을 검토해 보니, 두 사건이 무척 닮아 놀라웠다. 제주 4·3은 남한에 수립된 미군정에 맞선 무장투쟁이고, 5·18은 미국을 등에 업은 한국 군사정권에 맞선 무장투쟁으로 미국이 진압군에 개입했다는 공통점을 찾을 수 있다." 미국 탐사 보도 전문 기자 팀 셔록은 지난 28일 제주도가 주최하고 '제주4·3연구소'가 주관한 '4·3국가폭력과 기억'을 주제로 한 토론회에서 이렇게 말했다. 그는 1970년대부터 한반도 문제를 취재하고 있으며, 미국 정부의 5·18 관련 비밀문서를 발굴 보도한 공로로 광주 명예시민이 됐다. 팀 셔록은 이날 '미국 기자가 본 4·3과 5·18' 주제발표를 통해 "제주 4·3과 광주 5·18항쟁 때 미국은 진압군의 살육작전에 가담했으며 특히 제주 4·3은 처음부터 미국이 조직하고 주도한 진압 작전"이라고 주장했다. 그는 "30년 넘는 조사와 집필 등을 통해 얻은 결론"이라고 강조했다. "4·3 논문집인 「제주사」를 보면, 1947년 3월 1일 경찰의 주민 발포사건에 뒤이은 총파업과 항의시위 이후 미국 군정청은 제주도를 붉은 섬으로 분류함으로써 앞선 사건들을 전략적으로 이용했다. 제주도민의 70%를 '빨갱이'나 '빨갱이 부역자'로 낙인찍었다." 그는 "4·3 진압과정에서 미군정청은 남한 군경을 통해서만 개입한 것이 아니라 직접 가담했다"고 덧붙였다. (서귀포/권혁철 한겨레평화연구소장)

제3절 문화적 갈등성향 : 역사발전의 제4현상

인류의 문화를 용구(도구)문화, 규범문화, 관념문화 3계층으로 분류하는데, 가장 기초가 되는 것은 식의주(食衣住)로서 용구문화라 하고, 사회생활의 절도를 규범문화라 하며, 가장 고차원적인 정신문화를 관념문화라 한다. 여기서는 체계적인 문화 분류보다는 종교의 정치화, 학술의 정치사상·정치제도화, 각종 실생활 방식 그리고 풍수설 등의 정치참여(편승)에 따른 질서와 경쟁 양상을 살펴보고자 한다.

1. 사상·학문 분야

고려시대에는 불교와 불학(佛學)만이 중시되어 불교 이데올로기가 정치를 지배했다. 국사(國師)나 왕사(王師) 그리고 많은 고승과 승려가 국정을 크게 좌우했고 무복(巫卜), 풍수, 도참(圖讖, 일종의 예언서) 등을 통해서도 민심을 좌우하였다. 다행히 불승들 가운데 고승(高僧)·승장(僧將)들이 있었고 또 정부에서는 정치와 행정을 이원화하여 행정 분야에서는 실무나 전문기술·능력의 시험이 포함된 과거제도를 두었기 때문에 그만큼 폐단은 줄었지만 불교에 편중된 행사를 위한 지나친 경비 지출은 고려의 국운을 기울게 한 요인 중의 하나가 되었다.

조선시대에는 유학, 특히 성리학(性理學, 신유학新儒學)에의 편중이 심했다. 유학은 인격을 올바르게 수양하고 윤리와 도덕을 가르쳐서 인간의 올바른 생활절도를 지도하는 훌륭한 학문이지만 그에 대한 지나친 편중이, 내적으로는 지식인(士人)과 문맹(文盲)인 간의 차별을 심화시켰고, 외적으로는 자연히 유학의 본산지인 중국을 사대(事大)하게 되었다. 그보다 더한 사례도 많다. 크게는 문(文)을 너무 숭상한 나머지 무(武)를 경시했고, 실질보다는 형식을 강조한 나머지 현실적인 생활문화상의 발전이 없었으며, 작게는 조금만 유교적 생각이나 질서를 어긴다 싶으면 '유교 사상을 혼란시킨 적(사문난적, 斯文亂賊)'이라 하여 정치적으로 박해를 가했으며, 이용후생(利用厚生)을 강조하는 실학(實學)을 좋아하기보다는 관념적 논변(論辨)을 좋아하여, 이치(理致)나 원리(理)가 먼저라는 주리설(主理說)을 강조하기도 하고, 형질(形質)이나 에너지(氣)가 먼저라는 주기설(主氣說)을 강조하기도 하고, 또 이치만이 만물의 근원이라고 주장하는 이일원론(理一元論) 또는 기가 기본이고 근원이라는 기일원론(氣一元論) 등 현묘(玄妙)한 명제(命題)를 놓고 어느 한쪽을 선택하도록 강요하는 국면이었다. 이는 학자들은 학자들대로 공염불에 매달린 셈이고 서민은 서민대로 무식쟁이로 취급되는 비생산적인 생활태도였다. 어느 일방에 치우친 학설이나 이론이라도 부분적이나마 진리(眞理)가 담겨 있을 수 있다는 아량이나 시각이 있어야 하는데 그러한 사회문화가 형성되지 못했다.

　1945년 해방 이후에는 구미(歐美)식 문물과 친(親)서방 특히 친미(親美) 일변도 정치의 영향으로 기독교와 미국식 사고방식이 크게 일어났다. 객관적으로 볼 때 종교는 모두 그 나름의 장단점을 갖고 있어서 각각 그만큼의 존재가치가 있다는 것을 인정해야 하나, 종교인들이 자기 신앙만을 절대시하여 일변도적·절대적으로 어느 쪽에 '치중(置重)'할 것을 강요하면, '치중' 그 자체가 이미 다소간의 편중성을 내포하고 있기 때문에 독선(獨善)에 빠지는 위험성을 조심해야 되겠다. 편집증(偏執症), 그것은 일종의 고질(痼疾)로 변하기 쉬운 것이다. 다행히 국민의 이해심이 넓은 탓으로 생각되는데, 우리나라에서는 종교적인 갈등이 거의 없다는 점에서, '멋진 나라'이며, 종교전쟁으로 고통 받는 나라들로부터 부러움의 대상이 되고 있다는 점은 자랑스러운 일이다.

2. 산업분야

우리나라에서는 대체로 정치가 중시되어 권세·관록을 존중했고 산업은 천시했기 때문에, 권세와 관문(官門)을 지향하는 사(士)의 지위는 존중되었지만 농업·공업·상업은 상당히 천시했다. 그나마 농업이 다소 중시되었던 것은 농업 자체의 중요성 이외에도 관직을 바라는 사인(士人)들이 농업을 부업 삼아 경영할 수 있었고, 또 관리가 파직당하면 농촌으로 돌아오기 쉽다는 등의 이유가 있었기 때문이다. 따라서 걸핏하면 대지주들이 탄생했으나 농업기술은 크게 향상되지 못했다. 특히 공·상인은 천대가 극에 달해서 조선조 말기까지 경제 전반이 후진국 상태에 있었다. 중인(中人)층인 전문지식인이나 특수 기능사마저 너무 천대했기 때문에 고려 청자나 조선 백자 그리고 거북선의 제조기술 등 특수기술이 살아남을 수가 없었음은 애석한 일이다.

우리나라는 반도국가이다. 환언하면 큰 섬과 비슷한 나라이다. 그런데 왜 해양 진출은 연해 해역에서만 맴돌았는가? 백제시대에는 서남의 무수한 섬들은 물론이고 탐라국 즉 제주도까지 속령으로 만들었다(476년). 통일신라 때는 장보고가 서남해를 제패한 적이 있고, 임진왜란 때는 이순신 장군이 남해를 제패했던 경험까지 있었음을 볼 때 분명히 해상 진출의 저력은 있었다고 보이는데 각각 잠깐으로 끝을 맺었다. 더욱 불행하게도 장보고(弓福)는 권력정치에 말려들어 암살당했고, 이순신은 당파싸움의 모함에 누명을 쓰고 한동안 고문을 당하고 감옥살이까지 했다. 사실 남해안에 널려 있는 수천 개의 섬(유인도와 무인도)과 연안의 어민들은 얼마든지 해군 또는 해상선원이 될 수 있는 자질을 갖고 있었다. 장보고·이순신 같은 선조들은 그 많던 지식인·기능인 중의 일원일 뿐이다. 그 많은 인재들이 있을 수 있었음에도 불구하고 그 뒤에 또 누가 바다를 누볐던가![84]

어업의 경시, 상공업의 경시, 연안과 도서지역 어민들의 천시, 조선기사나 항해기사의 천시 등 편중현상이 빚은 결과로 보아야 할 것이다.[85] 그것은 곧 국가권력의 오용과 국가경영 능력의 부족이, 적극적이고 주도적인 '중심국'의 지위를 누리지 못하게 하고 오히려 수동적으로 뒷전에서 어물어물 따라다니던 개재국(介在國, 틈에 낀 나라)의 지위로 전락하게 한 자해행위였다. 다시는 이와 같은 실책을 범해서는 안 되겠다.

---

[84] 삼포왜란(1510년)을 평정한 방어사 황형이 승전의 여세로 '대마도가 원래 우리의 옛 땅'임을 주장하면서 점령하려 했으나 조정에서 반대했는데 어쩌면 그것도 바다를 두려워했던 조선의 문약의 소산일 것이다.
[85] 장보고 암살 뒤 신라 문성왕 때(846년) 완도(청해진)를 폐쇄한 것은 이 나라를 자승자박(자승자박)한 것임.

3. 인재등용 분야

크게 보면 고려조 때 왕(王)씨, 조선조 때 이(李)씨 우대도 한 단면이 되었겠고, 조선 때 훈구파(勳舊派)와 사림파(士林派)가 번갈아서 인재를 편향적으로 기용하던 것도 한 단면이 되었겠다. 그러나 이 경우 훈구파는 그 당시 귀족으로서의 명분이 있었고, 사림파는 사상적·정책적인 명분이 있었다. 그런데 귀족도 아니고 식견도 없어 국왕을 보필할 능력마저 불신을 받으면서, 왕의 경호 등 권력에 기대어 권력을 휘두르거나, 왕비의 부모 또는 친척이라고 해서 모든 권력을 쥐기도 하는 등 혈연이나 지연에 따라 인물을 기용했던 것들은 편파의 극치로 보인다. 냉철하게 비판해 볼 때 어느 씨족에서 또는 어느 지역에서 인재(人材)가 많이 나왔다는 찬사들은 그들이 모두 훌륭해서가 아니고 그 중의 상당수는 연줄을 통해 끼리끼리 공직(벼슬)을 독식 또는 세습했거나 매관매직 등이 있었기 때문에, 옛날 양반 자랑이 대단할 것도 없는 일이다.[86]

역사적으로 볼 때 통일신라는 백제 지역 인재를 크게 기용한 기록이 없을 뿐 아니라 서남해를 호령하며 통일신라의 위세를 떨치던 장보고를 정권욕이 있는 것으로 생각하고 암살함으로써 지역 민심을 외면했고, 고려 8대 왕 현종 23년(1023년)에는 괴문서 '훈요십조'를 찾았다며 차령 이남 백성들을 박해했고, 묘청(妙淸)의 '반란'

---

86) 율곡은 여러 가지 직언건의에서 인재 등용이나 권력남용에 관해서도 시정을 요구하였다.(이율곡, 「만언봉사」, 이준호 편역, 『율곡의 사상』, 현암사, 1975, pp.59~151.)

이후에는 관서지방 백성을 박해했고, 조선 선조 때(1589년)는 소위 정여립(鄭汝立) '모반사건'을 빙자하여 호남인을 박해했으며, 홍경래의 반란(1811년) 이후로는 또 서북인을 박해했는데, 따져보면 이 모두는 '편파적 차별' 또는 '개혁 의지'를 지나치게 문제시하여 더 클 수 있는 인재들의 싹을 자르는 실책이었다.

제4절 역사의 날조 사례

1. 고려의 괴설 '훈요십조'

일찍이 《고려사(高麗史)》 '태조 편'의 사초(史草)가 거란의 침입(1010~1011) 때 모두 불타버렸다. 따라서 태조 왕건(王建)이 사망(943년)한 지 80년 만에 사초(史草)를 새로 편찬할 때 '신라계 고관이 다른 신라계 고관의 집에 보관되어 있었다'는 문서를 가지고 와서 왕건(王建)의 유서라고 끼워 넣었다는 것이 바로 '훈요십조(訓要十條)'로서 애초부터 진위(眞僞)가 의심되는 기록이다.[87]

여기서 문제가 되는 부분은 제8조로서 다음과 같은 주장이다: "차령산맥(車峴) 이남과 공주강 밖은 산형과 지세가 모두 배역하였으니 인심도 역시 그러하다.……비록 그 지역의 선량한 백성일지라

---

[87] 신라계 고관인 최제안(崔齊顔)이 같은 신라계 고관인 최항(崔沆)의 집에서 '훈요십조'를 찾아왔다는 것임.

도 벼슬을 주어 권세를 쓰도록 해서는 안 될 것이다."[88]라는 괴설이
다. 이 지역은 경계상 바로 '호남지역'(공주강=공주를 통과하는 금강)
과 일치된 범위로 정권이 주도한 '따돌림' 또는 정부가 지식인을 앞
세워 조작한 '지역감정'의 효시가 되었다.

   그것이 고도로 음흉한 날조라는 이유는 다음과 같다.[89]

   첫째, 왕실만이 간직했어야 할 은밀한 유언장 일뿐 아니라 불타
없어졌다는 '훈요십조'가 하필이면 왕건 사후 80년이나 지난 뒤에,
또 하필이면 신라 구신(舊臣)의 후손인 최항(崔沆)의 사저에서 나왔
다는 것이 이상하다.[90]

   둘째, 왕건이 후백제 견훤과의 원한 관계로 호남을 미워했을 개
연성은 있지만, 후일 그를 포용했고, 더욱이 왕건의 사표였던 도
선국사와 후일 태사(太師)가 된 최지몽(崔知夢)은 영암 태생이고, 태
자 혜종(惠宗, 2대왕)의 모후(母后)이며 왕건의 부인(妃)이었던 장화
(莊和)왕후 오(吳) 씨는 나주 사람이었고, 왕건 말년을 함께 보낸 동
산원(東山院) 부인과 문성왕후는 순천 태생으로 견훤의 외손녀들이
었으며, 왕건을 대신해 충성스럽게 죽은 개국공신 신숭겸(申崇謙)은
곡성 사람이고, 더군다나 당초에 왕건에게서 직접 훈요십조를 받
았다는 박술희(朴述熙)는 후백제의 당진 사람이었는데, 하필 최항에

---

88) 《고려사절요》 권1, 태조26년 : "車峴以南, 公州江外, 山形地勢, 並趨背逆, 人心
    亦然" "雖其良民, 不宜使在位用事"
89) '훈요십조' 날조설은 「신복룡의 한국사 바로 보기」(《동아일보》, 2001년 6월
    23일자)에 상세히 설명됨.
90) 《고려사절요》, 제4권, 정종용혜대왕 12년 11월 운 : "太祖, 信書訓要, 失於兵
    燹, 齊顔嘗得訓要於崔沆家 藏, 以進, 得於傳世."

게 유언장을 보관시켰겠는가 하는 의문이다.

셋째, 고려왕실이 호남을 기피했다면 거란의 침입 당시 신라계 외손이었던 현종(顯宗) 왕이 하필이면 7일 동안이나 전주로 피난했겠는가 하는 의문이다.

넷째, 금강이나 차령산맥이 개경에 대해 배산역수(背山逆水)의 형국이라고 했는데 그러한 논리라면 낙동강과 소백산맥[91]이 오히려 배산역수라는 것이다. 금강이나 차령산맥이 신라에 대해서는 배산역수일 수 있어도 개경(開京) 즉 고려에 대해서는 '배산역수'가 아닌 것이다.

대체로 그 당시의 교통여건에서 따져볼 때, 산의 막힘이 중앙정부와의 차단 역할을 하면서 중앙정부의 병력 출동 등 통치행위에 장벽이 될 때 배역(背逆)이 되고, 강의 흐름 방향이 수도와 반대 방향으로 흘러 이탈의 모습을 보일 때 배역이라고 주장할 수가 있다. 이것이 대체로 산과 강을 보고 지리적 배역을 따지는 것이다.

엄밀히 말해서 차령산맥 정도는 상호 공존이나 동행을 의미하는 '평행'(平行)이지 '배역'은 아니며, 산의 높이도 낮아서 차단의 정도도 심하지 않다. 꼭 '배역'을 따진다면 마땅히 크고 높은 소백산맥이 있고 태백산맥이 있다. 또 조선조 이후로는 낭림산맥이 있는데 '배역' 운운한 흉측한 기록은 없음을 볼 때 뜬금없는 낭설이지 과학적인 이론일 수가 없다.

강의 '배역'을 따지자면, 금강(공주강)은 작은 강으로서 단지 하류(下流)의 방향이 서울방향에서 서해 방향으로 이탈하기 때문에 '평

---

91) 신복룡은 '태백산맥'을 지적했으나, '소백산맥'을 착각한 것으로 생각됨.(필자)

행'일 수는 있어도 역류(逆流)는 아니다. 그에 비해 역류의 정도 순으로 볼 때, 낙동강, 섬진강, 영산강 그리고 관동지역과 관북지역에 있는 크고 작은 여러 하천들이 모두 역수(逆水)에 속한다. 그렇다면 이들 하천 유역의 주민들은 모두 '배역'할 것이라고 주장했어야 한다.

그러나 웬일인지 산맥이라고 하기에는 빈약한 차령산맥을 지적했고, 강 중에서도 별로 크지 않은 금강을 지적하였다. '배역'론의 작성자가 그토록 무지했는지 의문을 품지 않을 수가 없다. 백보를 양보하여 유독 차령이남 지역민만을 '배역'스럽다고 가정하더라도 고려 최대의 곡창지대이며 병력과 노무(勞務) 등 최대의 인력 차출 지역을 배제하면서 국가운영이 가능했겠는가 하는 의문이다. 특히 고구려 '고토(故土) 회복' 운운하면서 서경(평양)과 서북부 평안도 개척을 호언하던 단계에서 양곡창고 겸 인력창고(호남)를 '배역'이라고 배제했다면 평안도 개척의 여력이 있을 수 없다는 점에서 고려 태조 왕건이 '차령이남 따돌리기'를 했다는 말은 실로 난센스(語不成說)라고 아니할 수가 없다. 이는 또한 오늘날 정치공작과 임기응변 술수로 잘못 조작된 동서 지역감정을 해소하지 못한 상태를 그대로 놔둔 채 남북통일을 고창하는 모습과 같은 위선인 것이다.

결국 〈훈요십조〉 '제8조'는 다음 두 가지 의문을 제기한다.

첫째, 왕건과 그 참모들의 무지와 편협의 소산일 수 있다.

둘째, 왕건과는 전혀 상관없이 후세의 음흉한 집권 실세들이 자기들의 권력독점을 위해 고려건국 당시 왕건 당대의 주류 협력 세력을 내쫓고 그 자리를 탈취하기 위하여, 왕건 사후 80년이 지난 후 뒤늦게 날조(捏造)했을 것으로 생각한다.

이와 같은 저주의 주장이 그 당시에는 엄청난 이데올로기로 작용했을 것이며 그러한 악담이 어떠한 경로를 통해서건 왕실의 역사(正史)에 기록됨으로써 음흉하게 특정 지역을 따돌리도록 했으니, 그것이야말로 호남인(湖南人)에게는 두고두고 하나의 낙형(烙刑)이나 묵형(墨刑)쯤으로 작용했을 것임은 심히 안타까운 일이다. 다시는 후세 사람들이 이러한 괴설에 현혹되어서는 안 될 것임을 명심해야 될 일이다.

2. 조선의 괴설 '반궁수(反弓水)'론

우리 후손들로부터 실학자로 존경받는 근대 실학자 이익(李瀷, 1681~1763년)은 많은 지식을 전해주면서도 한 가지 편견에서만은 벗어나지 못한 것 같다. 그는 '훈요십조'를 거론하면서 동시에 풍수가의 속설에 편승하여 금강이 '반궁수(反弓水)'라는 괴설을 소개했다. 반궁수란, 강물의 모습을 활대와 활줄에 비유하여, 금강이 굽어서 활대의 모습인데 그 활대의 활줄에 화살을 끼면 서울을 표적으로 하는 모습이니, 서울에 반역하는 형국이라는 주장이다.[92] 금강이 그러한 형국이기 때문에 가급적 금강이남 사람들, 다시 말하면 호남 사람은 관리에 등용하지 말라는 것이다. 이 해괴하고 음흉한 고단수 식자(識者)의 이론이 과연 실학자 이익 선생의 논리인지, 남이 이익의 전집 속에 몰래 끼워 넣은 것인지 의심스러운데, 과연

---

92) 이익 저, 『星湖僿說』, 漢都(丁海廉 편역, 성호사설 정선 중, 현대실학사, 1998, p.248.)

그런 말을 누가 했건 간에 호남은 또다시 반역의 땅으로 몰리는 것이었다.

사실 그러한 논리라면 반궁산(反弓山)도 있을 듯하다. 소백산맥이야말로 활등과 같이 굽었으면서 한강권과 낙동강권을 격리하니 이 모습도 지적하여 영남인의 반정부적 내심을 의심하면서 겸하여 반궁수를 얘기했다면, 나름대로 그 괴담이 다소간에 공평성이라도 유지했다고 볼 수 있을 것이다. 그는 한 걸음 더 나아가 하필이면 영남과 호남의 하천을 비교하면서 영남은 낙동강이 모이듯이 단결이 잘 되고 인재가 많으며, 호남은 하천이 여러 곳으로 나뉘어 흐르듯이 단결도 안 되고 인재도 적다면서 '사대부'(士大夫, 학자나 벼슬아치)가 살 곳은 못 된다고 하였다.[93]

어느 누구도 그의 견해를 100% 찬동하거나 100% 부인할 식견이나 확신은 없을 것이다. 그러나 그의 주장을 뒤집어서 분석할 수는 있다. 첫째, 그가 찬양한 '영남인의 단결성'을 뒤집어 보면, 영남인은 '단결'에 능하니 '집단형성'이나 '파당 짓기'에 능하고, '사대부'가 많으니 '직업상 다양성이 적고 벼슬만 노리는 무위도식자가 많았겠다' 하는 분석이 가능하고, 둘째, 그가 경멸시하는 '호남인의 단점'을 뒤집어 보면, '단결'에 약하니 '파당 짓기'나 '줄서기' 따위에 큰 관심이 없는 대신 자기 생활, 자기 발휘에 능하고, '사대부'가 적은 대신에 무인, 예술인, 장인, 노동자 등 유익한 일꾼이 많았겠다 하는 역설적인 분석이 가능하다. 꼭 두 지역을 공평하게 비교하고 싶다면 위와 같은 두 가지 분석을 곁들이는 것이 온당한 것이다.

---

93) 상게서, 「양남수세」(정해렴 편역, 상게서, pp.288.)

이러한 논리는 전체적인 국면(全局)을 일방적이고 편파적인 논리로 삼국시대 당시 신라가 백제를 상대로 경쟁하던 시점에서나 할 수 있는 이야기이다. 그때는 자긍심을 토대로 한 단결이 나라를 지키는 원동력이 되었을 것이기 때문이다. 환언하면, 그것이 원 신라(原新羅)시대의 입장에서는 정의일 수 있더라도 영역이 훨씬 확대된 통일신라가 되는 순간부터는 벗어나야 하는 얘기이다. 아마 그 당시 집권 완고 세력에게는 편집(偏執)과 독주(獨走)의식이 강했기 때문에 통일 후에도 계속 수도를 편벽한 위치에 두지 않았나 의심된다. 또 어쩔 수 없이 수도가 계속 동남 변경지대에 있어야 했다면, 수도(慶州)에서부터 직선거리로는 광양(光陽)이나 대전 또는 제천보다도 가까운 거리에 있으면서, 당시 소속(國籍)이 불명했던 대마도라도 통합했었다면 호국(護國) 감각이 투철했다고 생색이라도 낼 수 있지 않았을까. 결국 진정한 삼한 통일도 이룩하지 못하고 후백제와 후고구려-고려에게 수모를 당하였다. 그 책임은 당시 신라의 집권 완고 세력, 즉 요즘 말로 하자면 집권 극우세력에게 있는 것이다.

한심스러운 하나의 사례인데, 방탕했던 신라 말기 왕이던 경애왕(景哀王, 924~927)은 왕건에게 군사적 지원을 요청해 놓고, 자신은 포석정에서 주색에 빠져 있다가 후백제의 견훤이 궁궐을 점령하고 자기 마음대로, 마치 전승국이 식민지의 총독이나 임명하듯, 경애왕을 폐위시켜 경순왕(敬順王)으로 교체(927년)하는 등 국정을 농락하고 돌아갔다. 이 부분에서는 신라 말기의 경애 경순 두 왕은 오히려 관대한(?) 견훤이 그 두 왕을 살해나 체포하지도 않고 직위만 바꿔준 데 대하여 찬사를 보내야 하지 않을까 하는 생각도 든다.

이 사실을 보고 조식(曺植)은 '포석정(鮑石亭)'이란 시에서 이렇게 탄식했다.[94]

"단풍든 계림 벌써 나뭇가지 변했는데(楓葉鷄林已改柯) / 견훤이 신라를 멸망시킨 것 아니라네.(甄萱不是滅新羅) / 포석정에서 스스로 왕궁(자기)의 군사를 불러 멸망시킨 셈이지(鮑亭自召宮兵滅) / 이 지경에 이르면 임금도 신하도 어쩔 도리 없었겠지(到此君臣無計何)"

"말을 타고 천하를 얻었을지언정 어찌 말 위에서 천하를 다스릴 수 있겠는가?"(馬上得天下, 焉能馬上治之)라고 했던 한나라 초기 육가(陸賈)의 말처럼 기왕에 나라를 더 넓혔다면 그 조건에 맞는 발상이 나와야 하고, 더 폭넓게 인재를 등용해야 하며, 수도의 위치도 새로 조정했어야 하는 것이었다. 그런데 더욱 한심스럽게도, 국토가 두만강까지 넓어진 조선왕조에 와서까지 특정 지역민의 '단합'과 '벼슬'을 예찬한다는 것은 그야말로 배타적 지역 우월주의를 조장하여 국민통합을 해치고 자기네들만이 '선민의식을 갖는' 꼴불견의 얘기밖에 안 되는 것이다.

'현명하고' '도량 크고' '다양한' 인재들이 앞장서서 실사구시(實事求是)적으로 국사를 다룰 때 국민통합이 가능한 것이며, 굳이 지역을 비교한다면 각 지역마다 너나없이 갖고 있는 특징에 따른 장단점과 효용성들을 가감 없이 확인하여 그 바탕 위에서 그 자연현상에 알맞은 건설과 개선을 수행함과 동시에, 애향심과 애국심을

---

94) 조식 원저 · 경상대학교 남명학연구소 옮김, 남명집, 도서출판 한길사, 2001, p.108 참고.

구별할 수 있는 식별력도 길러주는 것이 급선무여야 할 것이다.

전국 어느 곳이나 그 나름의 자연적(지리적) 특성이 있고 그에 따라서 각 지역 나름의 기능과 가치가 있으며 그 현장에 알맞은 직업별·직능별 인재가 있기 마련이다. 일부 사대부적 시각만이 진리인 것은 아니다. 정치 지도자나 학자들이 편견적이고 흠결 있는 지식을 고집한다면 그야말로 '아는 게 병'(식자우환, 識字憂患)이라는, 아직도 각성할 줄 모르는 고질병(痼疾病)의 근원이 되는 것이다.

지금 우리의 앞에는 통일을 해야 하는 과제가 남아 있다. 그 통일이 곧 내 살을 깎아내고 남의 살을 붙이자는 식의 통일은 아닐 것이다. 더군다나 남한의 한쪽 팔다리를 불구로 만든 뒤에 북쪽과 결혼하자는 것도 아닐 것이다. 《고려사》이건 《삼국사기》이건 또는 《성호사설(星湖僿說)》이건 모두 훌륭한 고전이며 뛰어난 저술이다. 그러나 그 속에 숨겨진 지역적인 착각과 편견과 무지에 대해서만큼은 후세 학자들이 좀 더 냉철한 눈과 머리로 식별할 줄 알아야 되겠다.

3. 분단 이후, '빨갱이' : '반동파'

1945년 8월 15일 일본제국주의(日帝)의 패망으로 우리나라는 3년에 걸친 미군정(미국 군사정부)을 지나 1948년 8월 15일 정식으로 해방이 되었다. 해방과 동시에 북위 38도선을 경계로 남·북한으로 분단이 되었다. 좀 더 부연하자면, 조선왕조의 문약(文弱)했던 정권은 일제의 침탈을 면하지 못했고, 후일 일제의 추방은 미국(USA)과 소련(USSR, 소비에트사회주의공화국연방)에 의한 남·북한 분단과 그에 따른 남쪽의 '대한민국'과 북쪽의 '조선민주주의인민공화국'이 탄생했다. 그 해방은 북위 38도선을 기준으로 북쪽은 소련군이, 남쪽은 미국군이 점령한 외국 '군사통치'의 시대가 된 것이다. 미국과 소련은 협력하여 일본 제국주의를 구축(驅逐)하였지만 소련은 공산주의와 사회주의를, 미국은 자본주의와 민주주의를 신봉한 탓에 남한은 미국의, 북한은 소련의 지도와 입장에 따르게 되었는데, 그나마 남한의 민주주의는 북한의 사회주의에 비해 우량하기는 하지만 크게 보면 양쪽 다 우리의 전통문화와는 상당히 거리가 있는 것이었다. 그리하여 남한에서는 갑자기 '빨갱이(Reds)' 반대투쟁이 심화되었고, 북한에서는 '(자본주의)반동파' 숙청활동이 심화되었다. 미·소 두 대국은 형식상 '해방군'이었기에 일본 제국주의처럼 국민을 압박하고 수탈한 것은 아니었지만 적어도 두 가지 부분에서 숨길 수 없는 '부자유'를 강요한 것이었다.

첫째, 대한민국 임시정부와 국내의 정치세력 그리고 국민의 움직임을 통제 내지 파괴했다. 분단 반대를 주장하던 '제주 4·3사태'와 4·3 사태 진압 명령을 거부한 '여수·순천 14연대 사건' 탄압도 하나의 사례가 되겠다.

둘째, 미, 소 양국은 서로 다른 정치이데올로기(이하 '정치사상')를 각자의 점령지 주민에게 주입 및 보급시켰다. 이것은 향후 독립(해방) 정국에 예상외의 혼동을 야기하여 한꺼번에 빛과 어두움을 불러오게 되었다.

국내에서 통일된 '한국 임시정부' 수립을 위한 제반 문제를 해결하기 위해 설립(1946. 1. 16)된 미·소 양국 군 대표자 회의인 '미·

소(美蘇)공동위원회'는, '한국인 정당과 사회단체의 참가 문제'와 '협의 대상 문제'로 이견을 본 채 단 두 번의 회담을 끝으로 무기휴회(1947. 10. 27)에 들어갔다. 같은 달(47. 10) 미국이 한국문제를 유엔총회에 상정함에 따라 공동위원회는 자동적으로 해체되었다. 이는 미국과 소련 양대 점령국의 무책임 내지는 실책이었다. 3년간의 외국 군사정부는 점령군이었다가 한반도의 분단 고착(固着)자들이었다. 한국문제의 국제화는 불가피하게 '남북 분단'과 '두개의 정치체제'라는 두 가지의 비극을 초래했다. 별개의 재앙을 만든 것이다.

4. 남·북한으로 분단

첫째, 분단을 예정했던 것은 아니었다. 다만 국론은 각각이었다. 우선 처음에는 미국이 5년간의 신탁통치 안을 제시했고, 소련 측은 반탁(反託)을 주장했으나 머지않아 그들의 입장이 뒤바뀌게 되고, 국내 제 정파 간의 입장도 덩달아 뒤바뀌는 등 엇박자를 치는 혼선이 있었다. 그 사이 이승만(李承晩)을 대표로 하는 세력은 미국의 지지를 받으면서 남한만의 분단정부(斷政) 수립의 길로 매진했고, 북에서는 김일성(金日成)을 대표로 하는 세력이 소련의 지지를 받으면서 친소정권의 수립에 매진하였다. 남쪽의 중립세력인 김구(金九, 1875~1949년), 여운형(呂運亨, 1885~1947년), 김규식(金奎植, 1877~1952년) 등 애국세력은 남북 분단을 방지하기 위하여 남북협상을 주장하기도 했다. 결국 1948년 8월 15일 분단된 남한만의 '대한민국 정부'가 수립되었고 그로부터 20여 일 뒤인 9월 9일 북쪽도 북한만의 '조선민주주의인민공화국 정부'를 수립하였다. 민족의 염원과는 달리 남북이 완전히 분단된 것이다. 이후 분단은 양자 간의 화해보다는 대결·대립을 추동한 근원이 되었다.

둘째, 남과 북은 각각 전통과는 생소한 정치체제를 맛보게 되었다. 미국은 남한에 정치적 민주주의와 경제적 자본주의를 권장했고, 소련은 북한에 정치적 인민민주주의와 경제적 사회주의를 권장했다. 미국식 민주주의는 개인의 자유를 강조했고, 자본주의는 경쟁을 강조했다. 소련식 공산주의는 개인의 '평등'을 강조했고 사회주의는 전체 국부(국가재산)의 공유화를 강조했다. 결과적으로 남한은 자유로운 경쟁을 통해서 경제 문화적으로 부유하고 발전된 사회를 이루었지만 지나친 경쟁으로 빈부격차가 심해졌고, 북한은 '평등' 관념으로 개인의 자질 개발이 등한시되고 '공동재산' 제도는 '공동 무책임'을 조성하여 경제적 빈곤이 심화되었다.

5. 이데올로기의 편중(偏重)과 대립

따지고 보면 사람이 만든 제도치고 완전한 것은 없다. 민주·자본주의 사회는 자유롭고 부유하다고 하지만 가끔 나타나는 군사독재정치는 우리가 비난했던 러시아와 중국의 '철의 장막'이나 '죽의 장막'을 뺨칠 정도로 무서웠고, 아무리 자유롭다 해도 돈이 없으면 오도 가도 못하는 감옥 같은 사회가 될 수밖에 없는 것이며, 공산·독재정치는 평등을 위해 획일화시키는 과정, 즉 독재 때문에 정치적으로는 숨이 막힐지언정 경제적으로는 차별이 적어 가난하지만 시기 질투 없이 인정을 나누는 장점도 있는 것이었다.

사실 '정치적인 자유와 통제' 그리고 '경제적인 사유(私有)와 공유(公有)'는 모든 가정이나 국가의 역사 속에서 비슷한 경험을 찾기 어렵지 않다. 아이들이 너무 버릇이 없거나, 국민의 생활이 너무 난잡하다면 가장이나 정부가 제재(制裁)를 가할 수 있는 것이다. 또 부유하다고 너무 사치, 방탕하다면 벌금을 먹일 수 있고, 없다고 한탄만 하면서 공평(?) 분배와 공평 노동을 등한시한다면 상당한 처벌을 가할 수도 있는 것이다. 그것이 생활이고 역사였다.

중국의 지도자 등소평(鄧小平)은 "흰 고양이이건 검은 고양이이건 쥐만 잘 잡으면 좋은 고양이이다(不管黑猫白猫能抓老鼠就是好猫)"라는 명언을 남겼다. "공산주의 이건 자본주의 이건 국민을 잘 살게만 하면 좋은 제도이다"는 얘기이다. 이처럼 융통성 있는 이념관 덕분에 중국은 비록 이름은 '공산당 집권'에 '사회주의 제도'이지만 국부와 국민소득을 놀라울 정도로 향상시켰다. 20세기 말부터 자본주의에 대한 공산주의의 상대적 열세를 확인하였지만 아직도 그 이념에 집착하여 잘되는 나라도 있으니 '우리의 제도'가 아니라는 이유로 남의 제도를 일괄적으로 매도할 일은 아니다.

해방정국 이후 좌·우파 갈등 속에서 "빨갱이"라는 말이 대두되었다. 공산주의의 상징이 붉은 색이고 또 미군이 '빨간색들(Reds)'이라고 강조하니 우리도 비속(卑俗)한 표현인 '빨갱이'라고 쓰기 시작한 것이다. 그런데 그 '저주의 탈'을 국가나 사회의 누구든지 모든 미운 사람에게 들씌우는 작태가 지속되었다. 남한 단독의 '대한민국정부' 수립(1948. 8)에 임박한 1947년 3·1절 행사 말미에 기마경찰의 난폭한 행패를 보고 항거했던 제주 민중의 응어리가 이듬해인 48년 제주에서 '4·3 항쟁'으로 나타나자 제주도민 근 2만 명을 타살 내지 총살하는 엄청난 불상사가 일어났고, 50년 6·25 한 국전쟁발발과 1953년 7월 남북 휴전협정 시기까지 남한 각지에서 경찰과 군인이 무고한 양민들을 '빨갱이'로 몰아 죽인 숫자가 거의 100만 명에 이른다고 한다. 드디어 빨갱이라는 혐오스러운 말은 야당에 대한 탄압이나 정치적 경쟁자를 제거하기 위한 도구로 아직도 많이들 써먹고 있으니 한심하지 아니한가.

가장 대표적으로 박해 대상이 된 사람은 1950년대 말 당시 자유당 이승만 대통령의 '북진통일'론에 대하여 대담하게 '평화통일'을 처음으로 주장한 사람은 진보당 조봉암(曺奉岩) 당수였는데 이승만 대통령의 미움을 받아 공산당으로 몰려 사형을 당했고, 1970~90 년대 30여 년간 박정희(朴正熙) 대통령에 의해 박해당한 사람은 민주당의 김대중(金大中) 씨였다. 이와 같은 박해는 정치 지도자라는 사람들이 상대를 '정책상의 경쟁자' 또는 '대안(代案) 제시자'로 보는 것이 아니고 '감히 생사를 겨루자는 도전자'로 보기 때문이다. 그야말로 '나밖에 없다'는 독선가(獨善家)의 자세이기 때문에 12년 (李承晩) 또는 18년 5개월(朴正熙)의 장기 독재자들로 군림했던 것이다.

정치적 배타심이 지나치거나 덜 지나친 사례는 미국과 서유럽의 행태를 비교함으로써 평가할 수 있으리라고 생각한다. 독일 프랑스 등 서유럽 국가는 자본주의적 경쟁이 미국에 비하여 훨씬 약해서 '사회민주당' 정도의 사회주의 요소가 시행되었다. 따라서 사생결단(死生決斷)식 경쟁이 적어서, 빈부격차가 지나치게 심하지 않으면서 사회가 안정되었고 정당도 다양하다. 따라서 사회주의라고 불구대천(不俱戴天)할 원수로 보고 탄압 또는 법살(法殺)하지 않고 오히려 다양성을 즐기면서 평화롭게 산다. 우리 사회도 배워야 할 부분이 아닌가 생각한다.

6. 국가발전의 시공도(時空圖)

한반도에서 흥망성쇠했던 여러 나라나 세력들이 앞에서 소개한 크고 작은 자연경계와 인공경계를 따라 시간대별로 팽창 및 수축한 과정을 도표화 하면 〈한반도에서의 국가발전 시공도(時空圖)〉가 되겠다. 시공도의 횡축은 한반도 남동 측 막장(바다에 막힘)에서부터 차츰 서북으로 확장되어 감을 표시하고 종축은 1세기부터 현대까지 시대의 경과를 표시한다. 이 시공도(map of time and space)에서 볼 때 한반도에서의 국경선은 대체로 남해안(막장) 일대를 기초로 하여, 최악의 경우에는 1도선이 사수선(死守線)이면서 힘을 축적하여 북으로 확장하게 되었음을 알 수 있다.

1300여 년 전 신라와 당나라가 공모하여 고구려를 멸망(668년) 시킨 사실에 대하여 불만스럽고 애석한 부분이 있긴 해도 신라의 삼국통일은 궁극적으로 남방세력의 에너지(氣)에 기초한 북진 현상임과 동시에 지리적 필연으로 생각되며, 지금 한-미간의 유대관계가 꼭 자랑스러운 것은 아니지만 국가의 존망 앞에서는 불가피한 현상 또는 필요악으로 이해해야 할 이유도 있는 것이다. 또 과거 신라의 북진선(대동강)은 당나라와의 절충에 의해 결정된 어쩔 수 없는 국력의 한계였던 것으로 생각된다.

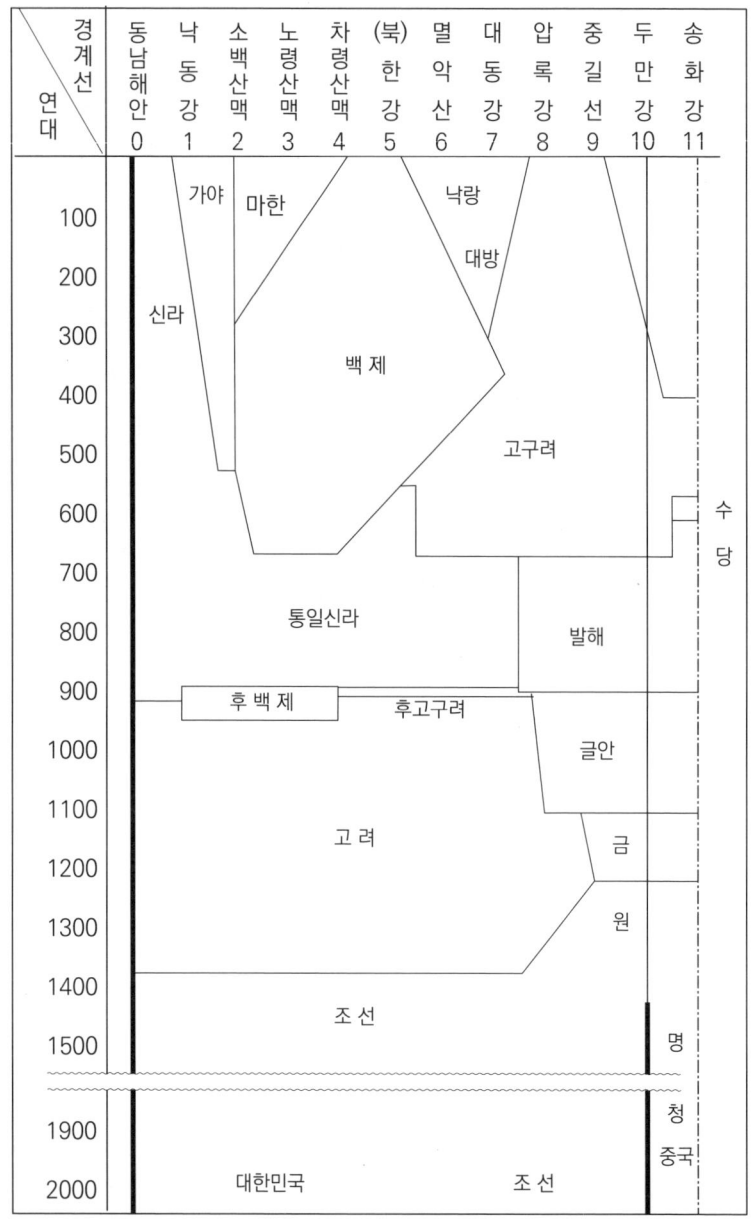

이것을 볼 때 한반도에서 상고시대의 '민족 이동이나 확산'은 북에서 남으로 전개되었지만, 3국으로 국경이 공고해지면서 '강고한 정치조직체'로 발전한 '국가적 에너지'는 남쪽에 있으며 그 맥박이 기초가 되어 북쪽으로 팽창해 나갔음을 알 수 있다. 이와 같은 시각을 '반도(半島)사관'이라고 하는데 고구려가 한반도를 통일했기를 바라는 '대륙사관' 측에서는 못내 아쉬워하는 부분이겠지만 남세북진 현상은 '지리와 인간의 협동작용'에 의한 필연적인 현상으로 이해해야 할 것이다.

신라 중시의 '반도사관'과 고구려 중시의 '대륙사관'으로 이분(二分)된 사관 때문에 '중앙'의 '백제 중시 사관'이 묻혀버리는 것은 안타까운 일이다. 앞에서 이미 설명하였지만 고구려가 망할 때 신라가 차지한 땅이 너무 작았다. 또 신라가 통일했을 때 겨우 대동강선까지의 진출을 놓고 '삼국통일' 운운하는 것은 큰 과장이었다. 또 통일신라 때 수도를 백제의 수도였던 한성(漢城)쯤으로 옮기지 못한 것은 신라의 야심이나 자신감이 그만큼 미약했던 소산은 아니었을까. 그에 비해 백제가 500년 가까운 장구한 세월에 북으로는 낙랑(樂浪)의 침투를 차단했고 끝내는 한(漢)계의 대방(帶方)을 격파하고 동남으로는 한참 성장 중이던 신라와 가야를 억제하면서 한반도 내의 가장 광대한 핵심지대를 지키고 가꾸었다는 것은 3국 역사에서 맨 먼저 수립한 웅대한 기반 닦기 위업이었음을 인정해야 될 것이다.

7. 유족(裕足)한 산업국가

한국이 좋은 지리적 조건을 가졌다는 것은, 한반도 '육지' 이외에 넓은 '바다'도 갖고 있다는 점이다. 평범한 상식이지만 우리나라의 좁은 판도 안에서도, 해변의 농어촌이 내륙의 농촌보다 더 부유하고, 마찬가지로 항구도시가 내륙 도시보다 더 부유하다. 같은 원리에서 국경선 주변에 육지만 있는 나라는 바다와 접한 나라보다 대개 더 빈곤하고, 국제정치에서도 내륙국가일수록 능동적인 역할을 하기 어려우며 몽골·아프가니스탄·라오스·네팔·볼리비아 그리고 아프리카 내륙의 여러 나라들은 이러한 범주에 든다. 특히 '남아프리카공화국' 경내에 있는 '레소토'라는 나라는 얼마나 부자유스러울까, 남의 일이지만 걱정도 된다. 바다에 접했더라도 이라크·루마니아·불가리아 등은 해안선이 짧아서 짧은 만큼 해외 진출에 미약함은 지리 환경 때문이다.

그러나 우리나라는 온대지방이면서 산이 많아 풍경이 아름답고, 물이 좋아 환경이 깨끗하며 바다가 있어 어물(魚物)이 풍부하다. 러시아는 바다를 가졌어도 겨우 유럽 지역의 비좁은 발트해와 흑해에 접하고 있어서 더 넓은 극동의 블라디보스토크 등 태평양 연안으로의 해상 진출에 노력했었다. 지금은 지구 온난화로 인해 북극해의 얼음이 조금씩 녹으면서 부분적으로 통항이 가능해지고 있긴 하다. 이에 비하여 한반도는 원래부터 3면에 바다를 갖고 있고, 비록 일본열도에 의하여 태평양행 항로가 다소 막힌 감은 있지만 남해와 동해가 있어 원양 진출에 많은 도움을 준다. 또 일본열도의 존재는 적어도 태평양으로부터 있을 수 있는 큰 지진파도(津波, 쓰나미)를 막아주는 병풍 역할을 해주는 시혜(施惠) 효과도 있으니 크게 걱정만 할 일도 아니다. 바다와 접하면서도 대만·필리핀·중국의 동남부·일본의 남부에 비하여 태풍의 피해가 훨씬 경미하니 다행이다.

 반도국이 아닌 완전한 섬나라도 문제가 많다. 영국과 아일랜드 공화국은 안개가 끼지 않은 날이 적고, 여러 개의 섬으로 구성된 인도네시아나 필리핀 등은 중앙의 통치권이 골고루 미치거나 반영되지 못하여 국민적 일체감 형성에서 비교적 어려움이 많을 것이다. 또 너무 외떨어진 섬나라는 세계 문명으로부터 낙후되거나 다른 해양강대국들의 식민지가 되기 쉽다.

 이 같은 입지조건을 활용하여 우리나라는 육상산업과 해양산업을 병진시켜야 한다. 여기서 굳이 '육·해(陸·海)'를 강조하는 이유는, 정치의 중심인 서울과 내륙의 주민들이 동·서·남해안 바다의 산업적 가치를 절실하게 느끼지 못하는 경향이 있기 때문이다.

 육상에서는 농업·임업·목축업, 공업, 서비스업 등이 성행되고, 해상에서는 수산업·원양어업·조선업·해운업·해저개발·도서(島嶼)개발·해군 군수품생산 등을 얼마든지 창출할 수 있다. 각종 여가(leisure)산업, 휴양산업, 관광산업 등 고부가가치 산업을 포함한 선진 문명 산업을 개발할 수도 있는 것이다. 우리나라는 산업국가의 좋은 여건을 활용하여 산업진흥을 위한 활동과 투자를 더 강화해야 된다. 역사를 회고할 때, 고려시대에는 한때 불교의 숭상과 불교기관의 재산증식이 지나쳤고, 조선시대에는 유학의 숭상과 농경 일변도가 지나쳤다. 해방 이후로도 유사한 사태가 전개되고 있는데, 몇몇 종교 신앙에의 편중과 그들의 재산증식이 지나치다는 여론도 있는바, 이러한 사태들이 혹시라도 특권층을 만들거나 산업진흥에 지장을 주는 정도가 되어서는 안 될 것이다.

무위도식·불로소득·사치낭비·무사안일·투기도박 그리고 사회 혼란에 편승한 사리사욕 챙기기 등 이런 것들은 산업국가의 건설에 해악을 끼친다. 그뿐 아니라 이들은 국민의 정서와 생활태도를 오염시킨다. 여기에 덩달아 '돈이면 최고'라는 배금주의(拜金主義)·물질주의가 팽배해진다. 물질적 풍요만 있고 정신적 창의나 줏대(心志)가 없다면 이는 비만(肥滿, 살찐)한 돼지의 신세에 가까울 것이다. 따라서 '돼지의 세계'가 아닌 '산업국가'가 되려면 당연히 물질건설에 정신건설이 수반되어야 할 것이다. 이공(理工)계 학과가 중요하지만 인문계(철학, 사학, 문학, 예술 등) 학과도 존중되어야 정신건설에 도움이 될 것이다. 정신건설에는, 1차적으로 각자의 자기수양(修養)이 필수적인 과제일 것이다.

2차적으로는 각종 공식·비공식 교육과정이나 종교계의 가르침도 필요할 것이다. 다만 어느 길을 택하건 편파나 왜곡에의 침잠(沈潛)을 경계해야 한다. 배타심이 우려되기 때문이다.

3차적으로는 '사회의 시범'을 통한 수양인데 '보고 배울만한 것'이 많고, '보아서 해악이 될 것'은 최소화되어야 한다. 이 부분은 궁극적으로 정치계와 경제계 및 문화계의 집단적 책임이 알맞게 균형을 유지해야 될 것이다.

우리 사회에는 재벌을 백안시(白眼視)하거나 심하면 질시(嫉視)하는 사람들이 있는데 그 질시는 제거되어야 한다. 백 사람에게 똑같은 자금을 주고 사업을 권고했을 때, 그 결과는 오직 근면 절약하고, 신용과 용기가 있고, 창의력과 인내력이 출중하며, 좋은 운수

(運數,기회)를 만나는 등 여러 가지 조건을 고루 갖춘 극소수만이 성공하게 된다. '삼성(三星)'을 일으킨 이병철(李秉喆, 1910~1987) 사장(회장), '현대(現代)'를 일으킨 정주영(鄭周永, 1915~2001) 사장(회장), 포항제철을 일으킨 박태준(朴泰俊, 1927~2011) 사장 등을 비롯하여 LG, SK, 금호 등등 기업들의 창업주를 존경하고 축하해야 할 것이다.

전국경제인연합회(2011. 7. 26)도 〈한국사교과서 집필기준과 관련한 건의〉에서 "학생들이 근로자의 어려운 처지를 이해하는 것이 중요한 만큼, 도전적이고 진취적인 기업가 정신을 배우는 것도 중요하다"면서 이 세 분(이, 정, 박)에 대한 공정한 평가를 요청한 바 있다.[95] 그리고 그들과 거의 유사한 수준에 육박하는 LG, 롯데, 금호, SK 등등을 일으킨 창업주들은 아무나 되고 싶다고 되는 것은 아니다. 그들은 소나 말같이 열심히 일하여 만들고, 건설하고, 판로를 개척하여 돈을 벌었기 때문에, 그 돈을 정승같이(소중하게) 쓸 줄도 안다. 따라서 그들에 대해서는 존경하고 청안시(靑眼視)해야 된다. 따라서 사회는 그들에게 어느 정도의 사업상 재량권을 줄 수 있는 여유도 있어야 할 것이다.

이에 비하여 권력자의 특혜나 보호를 받아 쉽게 벼락부자가 된 사람이, 기왕에 쉽게 번 재산의 상당 부분은 권력자에게 상납하고 또 상당 부분은 사복을 채워 사치·낭비하고 나머지 3분지 1 정도를 노동자의 몫으로 배당하는 식의 '사장님'이 있다면 마땅한 훈계를 해야 할 것이다.

---

95) 〈중앙일보〉 2011. 8. 1 (2003년에 본 필자가 제기한 주장과 일치한 셈이다.)

제4장 국가 운영의 실제 체계

제1절 정부의 통치권 : 역사발전의 제5현상

국가는 복합적인 구조물이고 육안으로 전부 조망할 수 없는 거대한 존재이며 가상적인 실체이다. 이 국가를 잘 가꾸기 위해서는 구성요소들 즉, '정부' '국민' '영토' 3자를 조화롭게 잘 가꾸면 될 것이다. 다만 국가도 국제사회에서는 하나의 구성원에 불과하기 때문에 국제관계 속에서의 '대외적 자주성'의 정도가 중요하며 그것이 곧 '대외적 주권'이며, 약칭하면 '자주권'이다. 따라서 여기서는 '정부'의 대외관계(외교)에서의 자주권을 추가하여 '정부, 국민, 영토, 자주권' 이 네 가지 요소를 검토하여 경영상의 처방을 구해야 되겠다. '자주권'이란 '대외적 자주권' 즉 '자주적 외교권'이라고 지칭해도 될 것이다. 따라서 본장에서는 정부에 주목하여 '공정한 민주정부'를, 외교에 주목하여 '중립적 중심국가'를 건설해야 하는 필연성과 당위성부터 확인하면서 대민대책이나 국토개발 등을 검토하겠다.

1. 정치권력의 몇 가지 특징

모든 조직은 운영에 필요한 규칙이 있듯이 국가라는 크고 강력한 조직도 질서가 필요한데 그 질서의 원동력은 '정치권력'이다. '정치권력의 특징'을 검토해보자.

첫째, 악톤 경(Lord Acton)의 말과 같이 정권은 부패하기 쉽고 절대 권력일수록 절대적으로 부패한다는 사실이다. 따라서 권력은 오래가면 결국 악마화 되기 쉽다.

둘째, 미헬스(Michels, Robert)의 말과 같이 정치권력의 운용 주체는 결국 소수(少數)에 불과하다는 '과두정치(寡頭政治)의 철칙(Iron Law of Oligarchy)', 쉽게 말하면 '소수 몇 사람이 정치를 주도하는 관행'이 있다. 따라서 '2인자', '실세', '황태자' '소통령' 또는 '가신(家臣)' 등이 중심이 된 소수 몇 사람에 의한 주도의 정권이 행사되기 쉽다.

셋째, 집권과 정권유지를 위한 방편으로 그럴싸한 정치이데올로기를 제시한다. 그리하여 특정한 사회체제를 정당화시킨다. 우리의 정치사에서 가장 흔히 표방한 이데올로기는 '자유민주주의'였다. 민주주의 자체가 자유를 이미 내포하고 있는데 옥상옥으로 '자유'를 추가한 것은 불필요하고 과도한 수식어인데, 강조를 위해서 첨가하는 것이 관행화된 것 같다.

이밖에도 권력은 물리작용과 비슷한 속성이 있어서 '물리적 관성의 법칙'에 따라 '계속 집권을 하려는 성향'이 있고, 마치 '물체와 물체 간의 충돌'에서처럼 경쟁상대에 대응해야 하는 '작용과 반작용'이 있다.

환언하면, 정치권력은 부패하기 쉽고, 소수가 좌지우지하기 쉽고, 장밋빛 환상으로 국민을 속이기 쉬우며, 한 번 집권했다 하면 내놓기 싫어하고, 야당(반대당) 등 반대세력에의 대응을 위한 각종 변칙을 동원하기 쉽다는 것이다.

이러한 폐단은 독재국가에만 있는 것이 아니고 자칭 '자유민주주의'라고 호언하는 민주진영에서도 흔히 있는 일이다. 그래서 국민은 이제 집권세력에 대해서는 물론이고 그 경쟁세력(야당)도 포함한 모든 '현실의 정치권력 보유자' 및 '미래의 권력자들'을 주시하면서 냉철하게 관찰하고 비판할 안목이 있어야 되겠다.

특히 열심히 사회에 봉사하겠다고 자칭하면서 정·관계 진출을 희망하는 사람을 뽑을 때는, 그 사람들의 역할과 영향이 크기 때문에 신중히 평가하여 선출해야 한다. 인면수심(人面獸心)의 사람, 표리부동(表裏不同)한 사람, 자대망상(自大妄想)한 사람, 무지몽매(無知蒙昧)한 사람, 약속을 어기는 사람 등을 확실하게 배제해야 할 것이다.

정권의 획득에는 당연히 정의가 이겨야 되겠지만 경우에 따라서는 불의나 사술(邪術)도 얼마든지 개입할 수 있음에 주의해야 한다. 성숙한 민주주의 국가와 그 국민이라면 변칙을 배격하고 원칙을 존중하면서 더욱 이상에 가까운 민주주의로 발전할 수 있겠지만, 그와 반대라면 민주주의의 발전은 여전히 많은 곡절과 퇴행을 거칠 것이며 그 해독은 고스란히 국민에게로 돌아오는 것임을 알아야겠다. 여기서 더욱 구체적으로 정치권력의 특징을 검토해보자.

2. 정부와 정권

모든 정부와 정권은 통치를 위하여 원칙과 변칙을 동원한다. 원칙이 기본이지만 시간의 경과에 따라 위정자의 철학이 빈약하거나 흑심(나쁜 욕심)이 생기면 변칙이 생긴다. 원칙으로서의 '국태민안' 정책과 변칙으로서의 '변방경시'와 '변방이간' 두 정책을 실시하기도 한다.

1) 원칙 : 국태민안(國泰民安) 정책

중앙정부의 통치행위 가운데 가장 두드러진 정책의 하나는 국태민안(國泰民安) 정책이다. 이른바 '요순(堯舜)의 시대'를 이상으로 삼고, 전쟁이나 분란(紛亂) 없는 태평시대를 추구하는 것이다. 통치의 방법으로는 아주 민주적인 통치도 있고 권위적인 통치도 있다. 우리나라 근현대사를 되돌아볼 때 이승만 정권과 박정희 정권 그리고 전두환, 노태우, 이명박, 박근혜, 윤석열 정권은 권위주의 통치로, 김영삼, 김대중, 노무현, 문재인 정권은 민주적인 통치로 구분하면 무방할 것이다. 그러나 아무리 태평성세라 하더라도 국민 개개인의 평가나 선호도는 차이가 있기 마련이다. 시대별, 직업별, 세대별, 직능별 어느 경우에도 100% 일치라는 '이상(理想)적인 정치'는 존재 불가능하다. 따라서 민주주의 정권이건 권위주의 정권이건 다소간의 조절 또는 강제의 수단을 동원하게 된다. 국내에서 있었던 비교적 손쉽고 특수한 정규외적(正規外的) 통제양상을 골라 보면 다음과 같은 '변방 경시정책'과 '변방 이간정책'을 지적할 수 있다.

2) 대책 1 : 변방 경시(輕邊)

국사상의 역대의 정권은 정도의 차이는 있지만 중앙정부 소재지와 그 인접지역(중부)을 중시하고 변방지역을 비교적 소홀히 다루었다. 이는 공간적으로 원근의 차이가 있어서 불가피한 현상이기도 하다.

통일신라는 비록 만족스럽지는 못하더라도 최초의 통일세력인데 수도(慶州)가 완전히 동남변방에 치우쳐 있었다. 따라서 군사적으로는 북변을 중시했지만 행정상으로는 북변을 경시했던 셈이다. 통일신라가 구획했던 행정구역을 보면 9주 가운데 당시 북변인 오늘의 황해도와 서울 및 경기도에 해당하는 광대한 영역은 '한주(漢州)'라는 특대 주(特大州)였는데, 특대 주 자체가 너무 먼 변방이 되었으며, 그 특대 주를 다스리는 중원경(忠州)과 도독(都督, 廣州 소재)이 특대 주 내에서도 너무 남쪽에 치우쳐 있었다. 하기야 신라의 북진 직후 지금의 황해도에는 민가가 이산하여 거의 공한지였으니 자연히 민생행정보다는 국방에 치우쳤겠지만, 주를 설치한 뒤 약 1백년이 지난 뒤에야(781년) 중앙에서 사람을 보내 패강(浿江) 남방의 주군(駐軍)을 안무한 바 있고, 또 그 무렵에야 한주 민호(民戶)를 패강진(浿江鎭, 대동강 하류 남방지역)에 이주시켰음을 보면 북변대책에 소홀했음을 알 수 있다.

말하자면 신라는 원 신라(原新羅)의 영토 속에서 보더라도 수도가 치우친 결함이 있었는데 통일 후 확대된 신라(新羅) 때도 여전히 수도를 경주에 둔 채 중남부 지방에만 5소경(小京)을 두었으니 그 이북에 대해서는 소홀히 한 셈이다. 경주는 여러 가지 장점이 많지만 확대된 강토에서 보면 너무 변방에 있어서 정부의 행정시책에서 차별이 발생한다. 따라서 웅천주 도독 김헌창(金憲昌)의 모반(822년), 평양을 거점으로 한 범문(梵文)의 북한산주 공격(825년) 등이 있었으며, 끝내는 양길(梁吉)-궁예(弓裔)-왕건(王建) 등의 모반이 있었고, 서남에서는 견훤(甄萱)의 완산주·무진주(892년) 모반이 있었으니, 변방을 경시 내지 방치했다는 해석이 가능하다.

어떻든 신라가 3국을 통일한 뒤 소극적인 현상유지에 안주하지 않고 수도를 한강권 또는 그 부근의 전략지역으로 이동했었다면 북변 경시정책에서 벗어남과 동시에 고려나 조선이 이룩한 수준의 북방통합을 앞당겼을 수도 있었을 것이다.

고려가 중앙을 중시하고 변방을 경시(重內輕邊)했던 정책은 상당히 구체적으로 나타났다. 태조 왕건(王建)은 일종의 괴설인 훈요십조(訓要十條)를 내려(943년) 남몰래 자손들에게만 귀감을 삼게 했다는 바 그 제8조에서 "차령산맥 이남의 산형지세(山形地勢)는 배역하여 인심도 그와 같으므로 그쪽 인재들은 등용치 말라"는 것이었다.[96] 그것이 왕건의 진의가 아니고 사후의 조작이라는 주장이 설득력이 있는데 그 부분은 다음(제4절)에서 상론하기로 하고, 설령 그것이 괴상한 신하에 의한 조작이라 하더라도 통치자 자신 아니면 가까운 신하의 사고방식에 변방경시 내지 특정 지역 따돌리기를 좋아했다는 단서가 배태되어 있었던 셈이다.

어떻든 고려는 한동안 북변에 속하는 서경(西京)은 중시했고 또 서경 복구에 열성을 쏟았으나 그것은 일시적인 현상에 불과했음이

---

96) 김종서, 《고려사절요》 권1, 태조26년조.

그 후의 사태에서 확인된다. 연가(緣可)의 모반(947년), 묘청(妙淸)의 난(1135년), 이숙(李淑)의 모반(1147년), 조위총(趙位寵)의 모반(1175년), 조영수(趙永綏)의 난(1226년) 등이 일어났고, 최탄(崔坦) 등은 반란을 일으켜 북계 54성과 자비령(慈悲嶺, 절령岊嶺 황해도 서흥군 목감면 신기리 소재) 이북 서해도(황해도)의 6성을 바쳐 원(元)에 귀순한 적도 있는 등, 크고 작은 소란이 서경 일대에서 많았음을 볼 때 고려가 말로는 서북변경을 중시하였으나 실제로는 적극적인 관심이나 개발정책을 취했다고 볼 수 없는 것이다.

또 차령 이남에서도 망이·망소이의 난(공주, 1177년), 기두(旗頭), 죽동(竹同)의 난(전주, 1182년)이 일어났고, 더욱이 훈요십조에서 전혀 지적되지 않아 마땅히 '배역'이 없어야 될 영남에서도 김사미(金沙彌) 등 남적(南賊)의 난(청도 운문산, 1193년), 경주(1202년), 태백산의 아지(阿之), 부석사와 부인사 승려들의 난(1203) 등과 기타 대소의 난이 일어났다. 결국 고려는 한강권만 중시하고 충청·전라·경상의 3남과 서북변 모두를 소홀히 했다고 보아야 하겠다.

조선시대에는 행정적으로 비교적 발전했기 때문에 모든 분야에서 눈에 띄게 경중을 나누는 것 같지는 않았다. 단군과 기자(箕子)를 사전(祀典)에 올리고(1412년), 백제·신라·고구려의 시조도 사전(祀典, 제사 지내는 예전)에 올려 제사를 지내게 했으며(1429년), 특히 남한산성에는 백제 시조 온조(溫祚)왕의 사당을 세워(1639년) 제사를 지내기도 했다. 온조왕이야 말로 한반도의 중심이자 요충지인 한강권을 최초로 장악한 왕이기도 하다. 따라서 한강권인 남한산성에서 제사를 지낸 것은 대단히 당연한 조치였다.

조선은 비록 전 왕조인 고려 시조에 대해서는 소홀했지만 그 밖의 행적으로 보면 국가의 뿌리도 찾고 민족의 화합도 모색한 흔적이 많다. 그러나 이성계는 장수로서 나라를 얻었고 또 그를 도와준 공신 가운데는 서북 방면의 맹장들이 많았으나, 나라를 얻은 다음에는 서북 사람은 높은 관직에 등용치 못하게 함으로써 평안, 함경 두 도에서는 근 3백 년간 고관직에 오른 사람이 거의 없었다고 한다.[97] 다만 조선의 경우는 사대부 사이의 당쟁이 심했기 때문에, 당파성에 따른 경중 조치를 취했으며, 거리의 원근에 의한 지방 차별보다는 당파적 친소관계에 의한 차별이 더 컸던 것이다.

3) 대책 2 : 변방 이간(離間)

변방에 대한 차별이 있었다 하더라도 그것은 당시 교통수단이 미비한 상태에서 불가피했던 부분도 있었을 것이라고 이해할 수 있는데, 이와는 달리 변방의 세력이 커지는 것을 두려워하여 변방끼리 이간시키는(divide and rule) 책략도 암암리에 활용했다.[98]

우리는 역사 속에서 알려지지 않은 몇 가지 사태에 대해 의아심을 느끼게 된다. 가령 똑같이 북방인이 중심이 되어 북방인의 존중을 주장하면서 반란이나 의거를 하였지만 함경도에서의 이징옥(李澄玉), 이시애(李施愛)의 난 때 평안도 세력은 잠자코 있었고, 평안도

---

97) 이중환, 《택리지》 사, 함경도.
98) 원래 이것은 고려의 정치기밀이기 때문에 우리의 기록에서 확증은 못 찾았으나 조선 선조 때 류성용이 중국 오대 때(907~960년)와 송대의 지방군벌 세력(번진) 강화 및 약화의 장단점을 간략히 소개하고는 있다.(《만기요람》 군정편 4, 부 관방총론)

에서 묘청(妙淸, 1135년)과 홍경래(洪景來, 1811년)가 난을 일으켰을 때는 함경도 세력이 또한 잠자코 있었다.[99] 동학의거(東學義擧)도 마찬가지다. 동학사상의 기치는 영남에서 올렸고 또 대정부 건의 또는 저항의 의지도 보였으면서, 막상 호남에서 전봉준 등 본격적인 행동이 전개되었을 때는 영남의 동학 세력은 잠자코 있었다. 정부의 '무마(撫摩)'라는 '선의의 정치력'이 작동도 했었겠지만, 북방에서의 함경도와 평안도 간, 남방에서의 전라도와 경상도 간 분열을 조장한 정부의 이간책이라는 '악의의 정치력'도 작동했을 가능성이 있는 것이다.

이간 공작에 대한 수수께끼를 기록문서로 해명하기는 퍽 어렵다. 고도의 은밀한 정치적 책략이기 때문이다. 그러나 그 당시 민란 또는 군란의 주도세력이 충분히 주변의 공감을 얻을 만했고 변방끼리 연합할 시간적 여유도 있었겠지만 민중 투쟁의 연합은 없는 채 중앙정부가 쉽게 진압할 수 있었던 사례들을 보면 회유 또는 이간의 효능이 대단히 높았을 것이라고 짐작이 된다. 환언하면, 함경도에 외적의 침입이 있었다 하면 평안도나 강원도에서 맨 먼저 관과 민이 지원에 나섰고, 경상도가 왜적의 침입을 받았을 때는 맨 먼저 전라도와 충청도의 관과 민이 출동하여 지원했다. 이것을 볼 때 북쪽에서는 북쪽의 2대 변방끼리, 남쪽에서는 남쪽의 2대 변방끼리 오히려 단합의 요인이 많았고 또 그것은 당연한 현상이었는데, 한

---

99) 동학운동의 분열 원인에 대하여 조경달은 첫째, 종교파(北接·富農), 개혁파(南接·貧農派) 간의 갈등과 둘째, 엽관파(士族派)에 대한 정부의 매수로 보고 있다.(길야성 외 공저, 『갑신갑오기의 근대변혁과 민족운동』, 청아출판사, 1983, pp.271~274)

가지 '특이한 현상'은 '관청(官廳)이 선도하는 경우'에만, 단합이 가능했다는 사실이니 이는 변방끼리의 이간에도 관청(官廳)의 역할이 작용했음을 반증하는 것이라 하겠다.

이를 다른 측면에서 살펴보면 심증이 간다. 가장 최근에도 정부의 이간술이 적중한 사례가 있다. 1980년 5월 18일(5·18) 광주(光州)민주화항쟁 당시의 일인데, 정당성도 정통성도 없는 전두환 등 신군부 반란 정권의 계엄과 그 부당한 폭압에 항의하여 소수 대학생들이 반항할 때, 초기에 너무도 잔인하게 탄압하던 모습을 일본 텔레비전을 통해 시청할 수 있었던 수많은 부산(釜山) 시민들은 겉으로 표출하지는 못한 채 마음속으로는 대단히 분개했었다는 것이 현지인의 분위기담이었다. 사실 광주 5·18은 그 전해(1979년)에 있었던 3·15부마항쟁의 연장이기도 했기에 당연한 현상이었다.

따라서 부산과 광주 간 연대(連帶)의 분위기를 감지한(?) 군부정권 계엄사령관은 바로 그 무렵 텔레비전에 나타나 "광주에서는 '경상도 군인'이 '전라도 씨를 말리려 왔다'는 유언비어가 퍼져 있다. 그러한 악성 유언비어를 엄금한다"고 경고했다. 그 발표가 있은 뒤 광주시민에 대한 부산시민이나 경상도민의 감정은 싸늘하게 식었던지 더는 동정적인 반응이 상당히 식었던 것으로 기억된다. 따라서 광주시민과 인근 주민들은 고립무원의 상태에서 당시 신군부(전두환 장군 주도)라는 반란군들에게 엄청난 학살을 당했으며, 계엄사령관(이희성 장군)의 계산된 발언으로 영·호남 간의 '지역감정'은 한층 더 깊어졌으니 비록 이간 작전이 성공했던 것으로 보이나 그 이간은 '군부의 집권이라는 작은 이익에는 유리'했으나 '국가와 국민의 통합이라는 큰 이익에는 크나큰 해독'(지역감정)을 끼쳤던 것이다.

　민의가 번번이 인근 지역의 동조를 받지 못한 채 국지적으로 제한되고 압살되었던 사실은 이간책이 주효했던 것으로 보아야 마땅할 것이다.[100] 다만 지금도 가끔 '5·18민주화운동 당시 북한 인민군 600명이 끼어들어 광주시민과 함께 반정부 시위를 했다'는 괴담을 지껄이는 인간 이하의 인간이 있으니 그들은 전두환 등 신군부의 군사반란이 옳다는 것인가? 그 괴담자들은 그렇게 폭악한 반란군들이 자기 고향에서도 발생하기를 바라는 것인지, 그렇다면 정치가 목표로 삼은 '국태민안(國泰民安)'의 대책은 행방불명이 되고, 국가의 존재 의미가 없어지니, 국민의 '삶'에 무슨 보람이 있겠는가!

　우리나라 역사서에 가끔 등장하는 '기미(羈縻)'라는 말은 '적절히 회유하면서 통제한다'는 뜻으로서, 멀리 당(唐), 송(宋) 때부터 전승되어 온 변방 농락(籠絡)술인데 정치발전이 미진했던 고대에 많이 써먹었던 이간책의 전형(典型)인 것이다. 당시 신군부는 그 기미술이 너무 잔인해서 오히려 '민중 폭발'이라는 강력한 저항을 맞게 된 것이다.

---

100) 이율곡은 "어떤 사람은 번병(藩屛, 변방의 감영이나 군영)의 권한이 너무 강해지면 혹시나 하고 의심하지만 변방의 세력은 강해야 한다"고 주장하고 있다.(이율곡, 「육조계」, 이준호 편역, 『율곡의 사상』, 현암사, 1975, p.41.)

제2절 행정부와 입법부(국회)

1. 정부와 국민

　민주정치를 하겠노라고 큰소리치면서 국민에게 호소하여 집권한 내각제 정부는, 내각을 구성하는 국회에서의 표 대결이 꼭 민주적이지는 않더라는 회의감이 들고, 대통령제 정부의 대통령은 각부 장관을 지명할 때 꼭 명철(明哲)하고 공정하게 지명하는 것만도 아니어서, 내각제이건 대통령제건 허점이 있기는 거의 마찬가지이다. 물론 허점의 질과 양은 다르겠지만 말이다. 우리나라의 입헌정치 발전사를 검토해 보자.

　1945년 8월 15일 호전적인 일본제국주의 전쟁광들의 패전 후 3년간의 미국 군사정부를 거쳐서 1948. 7. 17. 제헌헌법을 공포하고 (제헌절), 1948년 8월 15일에 탄생한 대한민국 정부는 이승만 대통령의 지도하에 국가건설에 매진하였다. 불행히 1950년 6월 25일 북한 공산군의 남침으로부터 1953년 7월 휴전협정이 성립될 때까지 3년여 간 국가가 비상시국에 처했지만, 피난 중의 국회는 임기에 맞추어 헌법규정에 따라 국회에서 간접선거로 제2대 정·부통령을 선출하려 하였다.

　당시 기존 제도인 '국회에서의 선거(국회의 간접선거)'를 통해서는 재당선이 불가능함을 알아차린 이승만 정권은 정·부통령을 국회에서의 간접선거제 아닌 국민의 직접선거로 바꾸어 선출하자고 제1차 개헌을 하게 되는 등 이후 정부의 필요에 따라 여러 차례의 개헌을 하게 된 사례를 검토해 보자.

① 제1차 개헌(1952. 7. 4 공포) : 이번 개헌은 소위 '발췌개헌'안이라 하여 기존 헌법 중 부적절하다고 생각되는 조항을 빼거나 수정하여 '대통령직선제'와 '양원제(민의원과 참의원)'를 채택하였는데 이는 내각책임제 요소를 가미한 형태의 개헌이었다.

② 제2차 개헌(1954. 11. 27 공포) : 이는 이승만 대통령의 '중임(重任)'을 제한한 규정을 철폐하여 무제한 (종신) 연임이 가능하게 하는데 주안점이 있었는데, 원래 헌법 개정에는 재적의원 3분지 2 이상의 찬성이 필요했다. 재적의원 3분지 2면 136명이라야 되는데 1명이 모자란 135명의 찬성이 나오자 당연히 '3분지 2'에 '미달'로 거부 폐기되었어야 하는데 자유당 책사(策士)들은 수학의 사사오입(四捨五入) 원리를 차용하여 203명의 3분지 2는 135.333명인데 실제로 소수점 이하인 0.333명은 적용할 수 없는 숫자이고 또 135.333은 사사오입을 할 경우 135가 되므로 135명이 맞다는 논리를 주장하여 억지로 통과시킨 이른바 사사오입 헌법이다. 그러나 결국 이승만 대통령이 4월혁명(4·19민주혁명)으로 인하여 하야(1960. 4. 26)한 뒤 하와이로 망명하였다.(1960. 5. 29)

③ 제3차 개헌(1960. 6. 15) : 이는 1960년 4·19학생민주혁명 이후 국회에서 통과시켰는데 의원내각제를 채택하고 국민의 기본권에 관한 내용을 담은 헌법이었다.

④ 제4차 개헌(1960. 11. 27 공포) : 4·19 직후의 개헌인데 비록 승리한 야당인 민주당이, 몰락한 자유당과 협의하여 이루어진 개헌이었으나, 자유당 시절의 반민주행위자 처벌을 요구하는 학생 및 민중의 소리가 높자 '반민주행위자 처벌'을 위한 특별입법의 근거를

삽입한 개헌이었다. 그러나 박정희 소장(朴正熙 少將)이 주도한 쿠데타가 성공(1961. 5. 16)하여 민주당의 내각책임제 정권(윤보선 대통령-장면 총리 체제)을 무너뜨리고 기존 헌법의 일부 효력을 정지시켰다.

⑤ 제5차 개헌(1962. 12. 26 공포) : 당시 군사정부 '국가재건최고회의'가 제안하여 국민투표에서 통과시킨 개헌이다. 이는 대통령제와 단원제로서 우선 군사정부로부터 민간정부로의 이양에 중점을 둔 헌법이다.

⑥ 제6차 개헌(1969. 10. 21 공포) : 이는 공화당 정권이 박정희 대통령의 '제3기연임을 가능하게 한' 개헌이다.

⑦ 제7차 개헌(1972. 12. 27) : 이는 '통일주체국민회의'를 창설하여 거기서 대통령을 간접선거로 선출하도록 개정한 헌법으로서 박정희의 계속 집권을 가능케 하였고, 국민의 기본권을 제한하는 등 독재요소가 다분한 헌법으로 소위 유신(維新)헌법이다.

- 박 대통령의 피살(1979. 10. 26)로 18년 5개월 남짓한 장기집권이 막을 내리고 정국이 불안해지면서 한편으로는 '서울의 봄'이라 하여 민주화와 민주개헌의 움직임이 활발해졌다.

- 1979. 12. 6. 통일주체국민회의에서 최규하(崔圭夏) 총리를 제10대 대통령으로 추대하였으나 5~6일 후 1979. 12. 12 전두환 등 정치군인들이 수도경비사령관(장태완 소장)을 살해하고 참모총장(정승화 대장)을 체포 감금한 뒤 보안사령관 전두환이 정치적 실권을 장악하였다.

- 1980. 5. 17 : 전두환(全斗煥) 장군 등 정치군인들이 '민주화 열기를 탄압하기 위하여' 전국에 비상계엄령을 선포하고 5·18 광

주민주화 항쟁이 일어나자 이 기회를 빌미로 공포분위기를 만들어 광주의 민주화항쟁을 혹독하게 유혈 진압하고 군부통치를 강화하였다.

- 1980. 8. 16 : 최규하 대통령이 취임 8개월 남짓 만에, 군부의 압력에 못 이겨 돌연 사임. 이는 전두환 등 신군부세력이 강제로 퇴임시킨 것이다.
- 1980. 8. 27 : 국가보위입법회의 상임의장 전두환이 '통일주체국민회의'에서 제11대 대통령으로 선출되었다.[101]

⑧ 제8차 개헌(1980. 10. 27 공포) : 이는 국가보위입법회의(당시 군부정권이 조직한 '국회')에서 심의·결정하고 국민투표에 회부하여 통과시킨 개헌이었다. 이로써 대통령의 임기는 7년 단임제(單任制)가 되었으며 '대통령선거인단'(통일주체국민회의와 유사)을 선출하여 간접선거로 대통령을 선출하게 되었다.

⑨ 제9차 개헌(1987. 10. 29 공포) : 이는 전두환 대통령 말기의 민주정의당(民主正義黨) 정권이 민주화를 요구하는 대규모 군중시위에 굴복하여 당시 노태우(盧泰愚) 민정당 대표가 '6·29 선언'을 발표하고 국회에서 야당(김영삼 김대중 주도)과 타협하여 통과시킨 대통령직선제와 5년 단임(單任)을 규정한 헌법이었다.

위에서 보다시피 우리나라는 제1차 개헌(1952. 7)으로부터 35년

---

101) 1979년 10·26 사태 이후 군부 집권 실세들의 과오를 金大中은 다음과 같이 지적했다. ① 계엄령 유지로 국민의혹 야기 ② 개헌논의를 모호하게 유도 ③ 국회개회 막아 시간 손실 ④ 자신에게 「선동」 올가미 ⑤ 金씨의 '학생 자제 요망' 위한 〈동아일보〉 기고문 보도금지 등으로 지적했다.

간에 9차례의 개헌(1987. 10)을 단행하였고, 그밖에도 여러 차례의 헌법 효력중단 사태가 있었다. 그 가운데 4·19 직후에 단행된 제3차 및 제4차 개헌과 6·29선언 직후의 제9차 개헌이 민의를 많이 반영하였을 뿐 나머지는 모두 집권자들에 의한 장기집권 또는 권력찬탈(簒奪)을 위한 개헌이었다.[102] 그 과정에서의 몇 가지 특징을 검출해 볼 수 있다.

첫째, 집권자인 이승만, 박정희 두 대통령 모두 종신 집권을 지향하였으며 이 두 사람의 집권 기간은 30년을 초과(이승만 12년, 박정희 18년 5개월)하였다. 또 이들 장기 집권자의 종말이 좋지 않았다. 특히 박정희의 장기 정권은 경제개발을 서두르고 상당한 성과도 거두었지만 장기간의 집권 과정에서의 인권탄압과 편파적인 인재 등용 및 편중된 지역개발 그리고 선거 과정에서의 지역대결 선동 등으로 지역감정을 크게 촉발시킨 과오를 저질렀다.

둘째, 집권세력은 헌법 개정을 통해 7년 단임 또는 5년 단임을 규정하여 그 임기를 지키더라도 각종 변칙을 통하여 자기 당파에 의한 연속집권을 시도하였다. 6·29선언(1987)은 민정당 집권세력의 작품으로 그것이 정말 자신들의 말과 같이 '국민의 뜻에 대한 항복이었다'면 자파 세력에 의한 재집권을 막기 위해서 적어도 금방 있을 그 선거에서만이라도 출마 자체를 사양했거나, 사양하지 못한다면 순수 민간 정치인을 대통령 후보로 공천하는 것이 국민의 뜻에 부응하는 것이었을 터인데 그렇게 하지 않았음은 자기모순일

---

102) 후일의 얘기지만 이만섭(李滿燮) 국회의장은 〈동아일보〉와의 인터뷰에서 이 점을 지적하였다.(1993.7.17)

뿐 아니라 대다수 국민의 정서를 배반한 기만(欺瞞)이었다고 생각된다. 물론 당시 국민의 시위와 저항으로 이미 그로기(groggy) 상태에 빠진 정권의 연명책이었던 그 선언에 쉽게 속아서 더 이상의 압박을 중단하고, 또 후보 단일화에도 실패한 채 상대방에게 소생(蘇生)의 기회를 주었던 야당 지도자 두 사람(김영삼, 김대중)에게도 상당한 책임이 있었음을 지적하지 않을 수 없다.

셋째, 그간의 경과를 볼 때 집권자(정부)의 잘못이 자명한 일이다. 다만 국민의 직접 정치가 현실적으로 불가능한 상황이기에 정부에 위임한 것인데도, 국민에게도 똑같은 책임이 있다고 한다면, 적어도 집권 정부의 '더 큰 잘못'에서 '더 큰' 부분만큼의 혜택을 눈감아 준 부당함이 있는 것이다.

사실 정부 또는 집권자의 책임이 더 크다고 하더라도 국민에게 냉큼 가볍게 면죄부를 줄 수는 없다. 정부와 국민 모두 시기별로 그 구성원들이 바뀌는 것은 같지만 정부의 정치담당과 국민의 정치참여(투표, 시위 등)를 시간적으로 보면, 정치 담당자들의 집권수명은 4~5년 내지 10년 내외(대통령, 국회의원 등)이지만 국민은 대략 60년(20세~80세)간 연속하여 정치에 참여한다. 환언하면, 1987년도의 선거제도에 따른다면, 국민 각자가 일평생 대략 국회의원 선거 15번, 대통령선거 12번을 참여하게 된다. 그 과정에서 초지일관 자기의 견해와 소신에 따라 투표하는 사람도 많지만 반대로 아무런 검토나 비판 없이 '자기 고향(지역) 사람이니까' 또는 '개인적으로 나에게 유리할 테니까' 등등의 이유로 투표를 하게 된다. '이성적 판단'보다는 '감정적 즉흥'에 따른 선거이다. 어떻든 정치는 '정치인' 즉 '의원'(국회나 지방의회) 중에서 선출하는 것이 가장 무방하다. '의원 출신들'은 대체적으로 다음과 같은 장점이 있기 때문이다.

'정치인(의원)의 정치'의 장점 :
① 경선을 통해 국민의 평가를 받은 경험이 있어 믿음이 가고;
② 경비를 지출하면서 자기 돈 쓸 줄도 안다는 인식을 주었고;
③ 한 표를 부탁하면서 남에게 허리를 굽힐 줄도 알았고;
④ 주민들 속에서 각종 애환(哀歡)에 공감도 해보았고;
⑤ 특히 의원들은 사람(人), 일(事), 여건(物)을 숙지했기 때문에 업무수행에서 5대 자질*을 갖추었기 때문이다.

*5대 자질 : 신뢰(信賴), 공로(功勞), 겸손(謙遜), 인용(忍容), 지혜(智慧)

2. 여당의 더 큰 책임량

한때 국민의 선택에 의하여 성립된 민주정의당·평화민주당·통일민주당·신민주공화당 4당 체제는 기왕에 국민의 뜻에 의해 결정된 상황이기 때문에 그 구성이 효율적이건 비효율적이건 그대로 유지하면서 4년 후 다시 국민의 선택에 맡기는 것이 순리(順理)요 민주주의임에도 불구하고 국민에게 묻지도 않고 '밀실 야합'(?)을 통해 끼리끼리 작당하여 '멀쩡한 사람 병신 만들기' 식으로 3당(민주정의당·통일민주당·신민주공화당)이 통합(1990)하여 민주자유당(노태우-김영삼-김종필 체제)이라는 거대 여당을 형성하고, 갑자기 안면을 바꾸어 평화민주당(김대중)을 따돌렸다. 정치에 타협이 있음은 당연하나 누구 하나 또는 한 집단을 따돌리기 위하여 작당하는 형식이라면 괴설 '훈요십조'를 상속받은 짓이 되는 셈이니 결코 옳지 않다. 다만 국회의원 수가 적어 힘도 없고 또 정치에서 주도권(initiative)도 잡을 수 없기 때문에 수세에 있으면서 반사적으로 움직이기 마련인 야당보다는, 힘 있고 주동적인 여당에 책임이 더 크다는 사실을 인지해야 한다.

이와 관련하여 5공(전두환 정권) 출범시 '광주 학살'이 연상된다. 광주(光州, 빛고을) 시민의 학살은 '시끄럽게 날뛰는 원숭이들을 겁주어 진정시키기 위해 닭을 죽인다(살계경후, 殺鷄儆猴)'는 술수 바로 그것이었다. 당시 온 나라가 민주화 열기로 뜨거울 때 그것을 잠재우고 정권을 가로채기 위해서는 하나의 '희생 닭'이 있어야 했다.

희생의 장소는 :
① 우선 정권의 안전보장상 서울에서 멀어야 하고,
② 부산이나 대구보다는 작아서 저항도 비교적 약하며,
③ 군사정부가 장기간 미워 보이게 해 놓은 곳이며
④ 동정은 할지언정 전국적인 민중봉기가 일어나지는 않을 만한 곳이라야 했다.

환언하면 군사정부가 구상한 '본때 보이기 작전'에 대하여 비교적 백안시될 만한 지역이 바로 전라도 광주였고, 특히 그 지역은 김대중이라는 가장 미운(?) 또는 가장 겁나는(?) 정치 거물의 연고지였다.

어느 지역인들 무자비한 탄압에 저항하지 않을 곳이 있을까마는 항일(抗日) 독립운동의 중요한 발원지의 하나이며 민주화의 성지(聖地)의 하나인 광주를, 그토록 '반란군' 다루듯 했다면 두고두고 원한이 남아 있을 수밖에 없을 것이라는 사실을, 신군부가 계산하지 않았다면 크나큰 실수를 한 셈이다.

하지만 '국민투표'는 비록 독재의 강화를 위해 군사정권이 내놓은 방편이었어도 압도적인 지지로 통과되었다. 국민투표는 늘 독재정권을 위한 '전가(傳家)의 보도(寶刀)'였다.

진정한 정치발전을 위해서는 정부 주도의 국민투표보다는 민주 선거가 잦아야 한다. 6공 정부(노태우 정권)와 여당은 마치 자신들은 책임이 없는 체하면서 '경제가 발전한 만큼 정치도 발전해야 된다'는 논리로 민주 시민들의 항의시위를 '정치 후진성'이라고 희롱했다. 원인 없는 결과는 없다. 그 동안 경제개발에는 투자를 했지만, 정치발전에는 훼방만 놓지 않았던가. 4·19 혁명정신의 민주화 행진은 박정희가 이끈 정치군인에 의한 5·16 쿠데타와 장기집권에 의해 산산이 부서졌다. 훼방꾼들은 '보릿고개 해소', '수출 신장', '경제 건설'이라는 감언이설로 자신들의 독재를 합리화했다. 민주적인 인물이었다면 그보다 더 잘 발전시킬 수도 있다는 희망적인 기대는 철저히 억압 및 무시한 자화자찬인 것이다. 따지고 보면 5년 단임제 대통령 거의 네 분의 더욱 유능한 대통령이 이룰 수 있는 더 큰 업적을 가로막았다는 생각은 안 하니 가소롭지 않은가.

예부터 훌륭한 정치는 훌륭한 사람과 제도가 갖추어져야 가능하다. 이 두 가지를 갖추기 위해 국민은 눈을 부릅뜨고 지켜야 되겠으며 정치민주화를 위해서도 당연히 투자를 해야 한다. 민주화를 역행 또는 중단시킨 그만큼 더 많은 '민주화 잔치' 비용이 들어야 된다는 말이다.

'민주화 잔치'란 곧 '민주 선거'를 의미한다. 국내·국제 스포츠

'잔치', 정재(政財)계 인사들의 '외국여행 잔치', '과분한 선전·구걸 외교잔치', 정부 지도자들의 회식 '잔치', 정경(政經) 결탁을 통한 특혜이익 '챙기기 잔치' 등등 허다한 '잔치' 비용은 아끼지 않으면서, 단지 국민의 의사표현을 물어 거기서 나온 중지(衆智)에 따라 통합과 질서 그리고 국가발전을 다지자는 민주선거(잔치) 비용만 아껴서는 안 될 것이다.

다만 '민주'만 있고 '질서'가 없다면 이 사회는 난장판이 되고, '민주'를 외치는 시민만 있고 '질서'를 유지시킬 공권력이 없다면 무법천지가 될 우려가 있으며, 그러한 현상이 오래간다면 나라다운 나라가 없어질 것이라는 평범한 진리도 명심하면서 시간이 걸리더라도 민주주의의 수단인 '설득과 이해', '타협과 절충'을 통해 더 높은 민주주의의 건설에 국민 모두가 동참해야 할 것이다.

3. 행정부와 국회의 책임량

정부나 국민이 똑같고, 여당과 야당이 똑같다는 양비론에서 한 발자국 더 나아가 '정치권이 썩었다'는 논리는 더욱 황당무계(荒唐無稽)한 논리이다. 결론부터 말하자면 이 주장은 국정의 잘못 즉 대통령 등 행정부의 책임을 '국회의 책임'으로 돌리는 교활한 논리이다. '정치권'이라는 용어는 아직 정치학에서 정식용어로 규정된 단어는 아니다. 그러나 현실적으로 자주 사용하면 공식화될 수는 있다. 대체로 보아 '정치권'이라면 정치활동을 주업으로 하는 기관과 그 구성원으로 보면 되겠다. 우리나라의 정치권은 장기간 청와대·

안기부(중앙정보부)·보안사 등 행정부와 군대의 모종 부대와 국회 그리고 사법부의 일부 정치검사 등이었다고 보면 될 것이다. 그 중에서도 정치를 담당하는 일부 행정기관(청와대·안기부·보안사)은 정치권의 진짜 핵심이고, 국회는 사실 행정부의 들러리 역할을 해왔다. 그것이 그동안 독재정권이 조작한 정치구조였다. 그런데 막상 최고 권력자(대통령)가 자기 책임이나 국민의 비난을 피하고 싶을 때는 가끔 '국회'만을 '정치권'으로 한정시켰다. 거기에 일부 국민도 덩달아 여·야당 국회의원에게만 국정 파행의 책임을 추궁한다. 이 바람에 집권 여당의 독주를 정면에서 반대하는 야당 의원조차 한 묶음으로 비난의 대상이 된다. 그것은 죄 없는 남까지 함께 물에 빠지자는 여당의 사술(邪術) 즉, '물귀신 작전'으로서 그따위 술수를 국민은 예의 주시해야 되겠다.

속이는 자와 속는 자, 죄질이 큰 것과 작은 것, 핵심과 들러리를 동일시하는 눈, 그것은 고쳐져야 한다. 우리 국민은 장기간 집권자가 '호랑이다' 하면 깜짝 놀라 양 떼처럼 도망치면서 오히려 놀라지 않는 건전한 사람을 이상하게 여겼고, '이것이 좋다' 하면 금방 속아서 떼 지어 몰려들어 너도나도 투망에 걸리는 물고기 떼처럼 살면서, 냄비 근성이니 꽹과리 근성이니 하는 경박스러운 존재로 비하되어 왔다. 이리 몰리고 저리 쏠리고… 누가 국민을 이토록 어리석고 경박스럽게 만들었는가? 누가 국민을 한 치 앞도 못 보고 코앞의 작은 사리사욕에만 집착하게 만들었는가? 그것은 정치인이, 그 중에서도 역대의 집권세력이, 그 중에서도 거짓 호들갑을 떨던 군부독재정권의 핵심 권력자들이 그렇게 만든 것이다.

이제 과거에 대한 진단을 마치고 새로운 처방을 생각해야 되는 단계이다. 과연 훌륭한 정부는 어떻게 만들 것인가.

제3절 최선의 민주제도

1. 가지런한 단일 민족

한반도는 대륙에 붙어 있으면서도 아주 자연스러운 경계로 구획되었다. 현재는 남·북으로 분단되었지만 통일은 역사의 필연으로 보아야 하며 그러한 전제에서 앞으로 서술할 용어 가운데 '한국', '우리나라', '조선' 등의 표현은 (남북이 분단되기 전 상태의) 한반도 전체를 의미한다. 이 한반도는 여러 가지 측면에서 우량한 조건을 가지고 있는바, 구체적으로 검토해보자.

우리나라는 단일 민족에 의한 단일국가라는 알뜰한 조직이다. 가장 확실하고 가장 짧게 잡더라도 한반도는 신라 통일(7세기 중엽) 이후 1천3백 년 이상 단일 민족의 국민이었다. 고려 때 소수의 거란족·여진족·몽골족이, 그리고 조선 때 소수의 한(漢)족과 여진족 및 왜인이 귀화하였으나 그들은 쉽게 동화되었다. 외족(外族)이 귀화 또는 항복해 오면 내지(內地)로 후송하여 정착시키기 때문에 쉽게 한민족으로 동화되는 것이다. 따라서 우리나라에는 분리독립을 주장하는 소수민족이 없다.

단일 민족의 특성은, ① 단일 혈통이기 때문에 외모와 체격, 성격 그리고 생활습관 등이 비슷하고, ② 언어가 통일되어 있어 의사소통이 원활하기 때문에 서로 이질감이 없어 친화가 용이하며, ③ 다

민족 다언어 국가에서처럼 언어의 상이성(相異性) 때문에 의사전달에서 오해할 우려가 없다. ④ 또 한민족은 엉뚱하게(외국인처럼 유별나게) 생긴 사람이 없다.

혹 해방 이후 국제화 과정에서 불가피하게 혼혈인(混血人)이 있다 해도 극소수일 뿐 아니라 그 정도의 혼혈은 오히려 혈통의 진화에 보탬이 되는 수준일 뿐 머지않아 외모나 사고방식이 비슷해지게 된다. 더러는 이와 같은 현상을 보고 '단일 민족'이 아니라고 말하는데 그렇게 생각한다면 단군왕검 때부터 이미 단일 민족이 아니라고 보아야 한다. 따라서 이미 흡수·동화되었으니 '단일 민족'이라고 보는 것이 훨씬 타당하고 융화적인 태도이다. 한마디로 우리 민족은 모두 가지런하게 미남·미녀이며, 여러 외국에서처럼 특이하게 생긴 사람이 없고, 지능(知能)이나 덕성(德性)에서도 비슷하게 총명하고 다정다감하다. 따라서 특별히 열등의식을 가질 만큼 못난 사람도 없으니 자신만이 월등하게 미남, 미녀라고 우쭐댈 사람도 없다. 다시 말하면 천부적으로 평등한 여건이 조성되었기에 상호 간에 차별감이나 열등감 따위는 없거나 적어서 화목하는 데 한결 용이한 것이다.

2. 훌륭한 제도와 지도자 육성

단일 민족의 사회는 정치적·경제적·문화적 평등을 좋아한다. 개인의 능력과 노력으로 벼슬하여 출세하거나 경제적 재부(財富)를 갖출 수 있는 것은 당연하다. 그런데 더러는 연줄을 타고 벼락출

세·벼락부자가 된 사람도 있지만 국민 대부분은 '평균'과 '보통'에 호감을 갖는다. 단지 인간의 능력과 소망은 각기 다른 것이어서 평균만이 최선책은 아니다. '평균'에 '유별'도 가미되어야 민주주의의 본질인 다양성의 장점이 살아나며 그것이 자연스럽고 진정한 민주주의이다.

우리는 현대사에서 위정자들의 기만적인 어법으로부터 많은 피해를 당했다. 집권자들은 군사독재를 하면서도 '자유민주주의'라고 강변(强辯)했고, 특혜와 각종 정실(情實) 인사를 하면서도 '자유경쟁', '기회균등'이라고 강변했으며, 폭력적 강압과 물질적 매수를 일삼으면서도 '민주 선거'라고 했다. 그때마다 국민은 그 말장난에 속았고 거기에 '북한의 위협'이라는 몇 가지 이른바 북한 정권의 '동향' 보도(?)나, 북풍(北風)만 날조하거나 가미하면 순진하게 그대로 놀라 정권의 노림수에 동조하였고, '안보라는 허풍'만으로는 모자라다 싶으면 모 이웃 나라에 대한 적개심을 촉발시키면서 자기들의 둘레에 뭉치자고 나팔을 불면 여지없이 그 집권자나 그 후계 세력의 집권을 허용하였다.

반대로 야당이나 반정부 세력들도 '싸우면서 배우는 상대성'의 영향 때문인지 각종의 대응수법을 동원하게 되어 심하면 순수성·순결성을 상실한 채 '습관적 반대하기 고질병'에 걸려 직업화, 권력화하여 국민의 눈살을 찌푸리게 하는 사례도 있다. 이제 어느 쪽이건 그러한 사술(詐術)을 버리고 진실로 공정한 민주주의 건설을 위해 합심하여 노력해야 되겠다.

1) 내각제

우리나라에서는 간헐(間歇)적으로 또는 집요(執拗)하게 내각책임제 정부를 구성하자는 주장이 있었다. 물론 과거 4월혁명(1960) 이후 성립된 민주당 정부는 내각제였다. 그러나 꼭 9개월 만에 5·16 군부 쿠데타(1961)에 의해서 너무 쉽게 와해되고 그 이후로는 계속 대통령중심제가 유지되고 있다.

내각제를 유난히 강조했던 세력은, 정치적 연고지 충청도를 배경으로 삼았던 신 민주공화당 총재인 김종필(金鍾泌) 씨이었다. 그는 과거 5·16군사혁명 당시의 제2인자로서 민주당(60년도) 정부의 내각책임제 타도에 동참했던 인물로서 국무총리 등 여러 가지 고위직을 장기간 담당하면서 대통령제에 익숙했던 그가 내각제를 주장한 것은 아이러니(irony, 풍자)이기도 했다. 그러나 1960년대부터 움트기 시작하여 1980, 1990년대에 철저히 공고화된 지역감정 즉, '타 지역 배제감정'을 불식(拂拭)시키기 위해서는 분명히 하나의 대안(代案)일 수는 있다. 그동안 지역감정을 등에 업고 영남 출신의 장기집권과 호남 출신의 단기집권을 통해 두 지역 출신 인물만이 대통령이 당선된다면 경기도, 충청도, 강원도 그리고 제주도 사람은 언제 대통령이 될 수 있겠느냐는 비아냥스러운 생각도 드는 것이다. 이대로 둔다면 지역감정의 악순환이 계속되어 국민의 일체감이 깨질 수 있는 것이었다.

환언하면, 한 사람의 대통령을 뽑기 위하여 온 국민이 대부분 지연의식을 갖고 투표에 참여하기 때문에 투표 결과에서의 승패로 인한 지역감정은 날이 갈수록 강해지기 마련인 것이다. 내각제라면 국회의원들의 투표를 통해 실권자인 국무총리를 선출하고 대통령은 상징적인 존재로 격하시키게 됨으로 선거의 승패감은 국회의원에게 해당되는 것이고, 각 지역 주민의 자존심과는 간접적으로 관련되기 때문에 지금처럼 심한 충격을 주지는 않는다. 이것이 1차적인 안전판(安全瓣)이다. 또 국무총리의 임기가 정해진 바 없어 그가 부패 무능하면 국회에서 언제든지 개선 또는 규탄할 수 있기 때문에 2차적인 안전판이 되어있는 것이다.

1997년 김대중 대통령 정권은 작게는 DJP(김대중+김종필) 연합정권, 더 크게는 DJT(김대중+김종필+박태준) 연합정권이었는데 연합의 조건은 '내각제로 개헌'하자는 것이었다. 그러나 DJ 정권은 결국 내각제로 개헌하지 못했었다. '개헌 반대' 또는 '대통령제 선호' 여론이 컸던 것도 원인이었지만, 어떻든 DJ는 약속을 이행하지 못했기 때문에 연합세력이었던 JP의 자유민주연합(자민련) 세력이 정부 요직에서 전부 물러났었다.[103] 다만 당시 자민련 소속이던 이한동 총리만은 '국정을 함부로 외면하는 것도 무책임한 일'이라면서 적정 기간을 더 봉사한 뒤 적기에 사퇴했는데 공과 사를 구분한 그러한 처신은 믿음직한 모습이었다.

2) 지역 · 직능 · 세대 간의 집단지도체제

내각제의 몇 가지 장점에도 불구하고 정권교체가 잦은 경우에,

---

103) 이때 자민련 계열의 이한동 총리는 '국정운영이 중요한데 함부로 이탈하는 것이 꼭 좋은 것 같지는 않다'는 생각에서 유임했던 점은 믿음직해 보였다.

국정을 효율적이고 지속성 있게 실행하기 어렵다는 단점을 지적하면서 대통령제를 선호하는 사람도 있다. 양자 모두 장단점이 있지만 대통령제와 내각제는 이 시대의 대표적인 민주제도임에 틀림없다. 또 당연히 지금 우리가 향유하고 있는 '민주주의'를 개선·발전시키는 것이 기본 과제라고 생각한다. 그럼에도 불구하고 그 제도를 개선 보완하기 위한 차원에서 참고할 만한 제도를 생각해본다면 '지역, 직능, 세대 간의 집단지도체제를 생각해볼 수 있다.

사실 스위스에서는 오래전부터 국회에서 선출한 7명의 장관이 4년 임기 동안에 윤번제로 정·부통령을 담당하고 있다. 따라서 대통령은 결국 '수석장관'의 지위에 불과하다. 1961년 군사정권이 들어선 이후 우리나라에서는 비민주적인 집권이 연속되었다. 1인 장기집권 또는 '그 지역 출신들끼리의 윤번제 집권'이 그것이다. 그러한 정권은 인재의 불공정 등용, 이권(利權)의 선별적 시혜 그리고 지역의 불균형 개발 등을 통해 대다수 국민의 끊임없는 원성(怨聲)을 들어야 했다.

그것은 최고 집권자 1인의 인격적 문제이기도 하고 그를 추종하는 측근 세력의 문제이기도 하여 헤어나기 어려운 함정임을 어느 정도는 이해한다. 그렇지만 그러한 원성이 계속 사회를 짓누르면 민초(民草)들의 삶이 행복하지 못하고 집권자들의 집권이 순탄하지 못하여 결국은 정치가 점차 조롱꺼리가 되기 마련이다.

민주주의는 '국민의', '국민에 의한', '국민을 위한 정치'(Of the people, by the people, for the people)의 약속이며 실천이다. 다만 그 약속의 내용과 질이 훌륭할수록 좋으리라고 본다. 우리 국민이 우리 실정에 맞고 또 세계 조류에 적절히 부응할 수 있는 제도를 만들면 되는 것이다. 꼭 남의 나라 제도를 100% 모방할 필요도 없다. 사실 민주주의라고 하지만 미국식, 영국식, 프랑스식, 일본식, 태국식, 대만식 모두가 차이가 있다. 또 사회주의라고 해도 과거 소련식, 중국식, 북한식, 동유럽 각국의 방식이 각각 다소간의 차이가 있었다. 한국민이 자주적으로 중지를 모아 훌륭한 목표를 정하고 민주적인 절차에 따라 민주적으로 결정한 제도가 바로 우리의 실정에 합당한 '한국식 민주주의(韓國式 民主主義)'가 될 수 있는 것이다.

우리 사회에는 오랫동안 각종 친목 모임이나 계(契)모임이 있다. 그 모임에서 유능한 소수가 장기적으로 모임을 주도하여 성공한 사례도 많지만 윤번제를 채택하여 계원 모두가 돌아가면서 책임지는 경우에도 더욱 다양해서 재미있고 잘 되는 경우도 많다. 훌륭한 한국적 민주주의를 개발한다는 견지에서라도 일부 기법을 응용해 보는 것도 하나의 방법이 될 것이다.

3) 현인(賢人)의 독재

또 하나의 보완대책(補完對策)으로 '현인(賢人)의 독재(獨裁)'를 생각해 볼 수도 있다. 동양의 공자(孔子, B.C.551~479)나 서양의 소크라테스(Socrates, B.C.470~399)는 성현(聖賢)의 정치를 주장하였다. 즉 성현이기 때문에 그 지도 방향과 노선이 현명할 것이며 그 바탕 위에서 철저하고 공정한 독재를 하리라는 기대였다. 그러나 우리 국민 가운데 독재를 주장하는 사람도 있다. 우리 국민은 민주주의나 인권신장의 개념과 가치를 충분히 이해하지 못한 측면이 있다. 대통령 선거나 국회의원 선거 때면 정책에 대한 평가나 토론은 적고 오히려 지연, 학연, 혈연 또는 종교연 등에 따라 투표함으로써 민주주의의 근본 취지에서 벗어난 경우가 허다하였고, 다수표를 확보하기 위해 금품(金品)으로 매수한 경우도 많았으며, 독재정권이 강압적으로 투표를 유도하면 겁을 먹고 거기에 동조하는 경우도 많았다.

또 이와는 정반대로 '민주'라는 명분을 앞세워 꼭 있어야 할 경찰 파출소를 마음대로 능멸한다거나 '인권'을 앞세워 정부의 존엄성을 무시하면서 지나치게 과격한 데모를 하고 개인의 사리(私利) 또는 소집단의 이익을 위해 전체 사회와 공익을 해치는 파렴치한 점거나 방해 행위를 장기간 방치(放置)한다면 그 역시 문제가 있는 것이다. 옛말에 "선심만 가지고는 선정을 펼 수가 없고 엄법을 가졌다고 저절로 잘되어 가는 것도 아니다."고 했다.[104] 민주주의는 주장과 표현이 다양하고 자유스러울망정 궁극적으로는 적절한 질서(秩序)와 공익(公益)을 보호해야 되는 것이다. 그러기 때문에 민주주의는 설득과 타협(절충)이 필요한 절차이지만 인정(仁政)과 법치(依法行政)는 반드시 병행되어야 하는 것이다.

다만 그러한 여러 가지 노력과 배려에도 불구하고 다수의 의견이나 욕망을 획일적으로 만족시킬 수 없기 때문에 크고 작은 불만과 갈등이 있게 된다. 이들 문제를 해결할 수 있는 주체는 전지전능(全知全能)하다는 신이나 조물주만이 해결할 수 있겠는데 그 같은 존재는 우리 사회와는 동떨어져 있으니 부득이 그 대리자 격인 신부

---

104) 맹자, 離婁 上 : "故曰: 徒善不足以爲政, 徒法不能以自行".

나 목사 또는 스님이나 성인(聖人)군자가 집권을 해야 하는데 과연 현실 정치를 그들이 할 수 있을지는 더욱 의문이다. 그래서 결국 신(神)적인, 신에 가까운 현명성과 공정성을 가진 지도자가 필요하게 된다. 그리하여 그로 하여금 독재정치를 하게 하는 것이다.

다시 말하면, '현자의 독재정치'의 기본조건은, ① 우매하지 않고 현명하며, ② 한번 결정된 방침은 대통령부터 군수 그리고 모든 서민 개개인에 이르기까지 철저하게 관철되고, ③ 격언에 "큰 빛은 사사롭게 (선별적으로) 비춰주는 것이 아니다"(大明無私照)고 하듯이 차별이나 사정(私情)이 없이 공정하게 권리와 의무를 준다면" 그 독재는 최상(最上)일 수 있다.

다만 그에 앞서 공정한 방식으로 광범하게 민의(民意)를 수렴(收斂)해야 되겠고, 또 가끔 순환과 변화를 바라는 인간의 '변덕스러움'에 부응할 수 있는 묘책도 강구되어야 할 것이다.

2002년 6월 한·일 양국이 공동으로 개최한 월드컵 축구경기에서 한국팀은 16강, 8강 그리고 준결승(4강)까지, 힘겹지만 재수 좋게 진출하면서 온 국민을 흥분하고 행복하게 했다. 이때 네덜란드 출신 축구 감독 거스 히딩크(Gus Hiddink)의 지도가 전 국민의 찬사를 받았는데 그의 선수 관리 능력은 '현명하고 공정하고 철저했기' 때문이었다.

단일 민족인 우리 국민은 따지고 보면 모두가 '남'이 아니다. 우리 속담에 '누구나 멀어 보았자 사돈의 8촌'이라는 말이 있다. 이 말의 뜻은 '혼인관계로 맺어진 먼 인척(사돈)'이라는 뜻이지만, 멀어 보았자(멀다고 해도) 결국은 남이 아닌 인척이어서 멀 수 없는 관계라는 뜻이다. 따라서 누구 하나 미워할 수 없고 어느 한 사람 따돌릴 수 없을 뿐만 아니라 이웃이 불행하면 자기도 불편해하는 공동체 사회에서 살고 있다. 그래서 우리에게는 내각제건, 대통령제건, 또는 성현군주제(聖賢君主制)건 우리 국민에게 알맞은 '한국식 민주정부'를 우리가 건설하기 위해 계속 성찰과 노력을 통해 개선해나가는 것이 최선책일 수 있다.

3. 공정(公正)한 민주정부

국가는 분명히 존재하는 실체(實體)이지만 시각(視覺)이나 촉각을 통해서 감지할 수 있는 구체적 실체는 아니다. 그래서 그 국가를 대표하는 구체적 실체를 만들었는바 그것이 바로 '정부'(넓은 의미의 정부)이다. 따라서 국민은 자신의 권리와 의무를 정부를 통해서 대행한다. 이 상황에서 '정부가 곧 국가'이다. 따라서 '정부'의 최고 최종 책임자가 곧 '국가' 원수(元首)이다.

맹자에 의하면, 국정 최고책임자에게 가장 중요한 3대 보배는 '국토'와 '국민' 그리고 '정치업무'(政事)라 했다.[105] 이 3대 요건을 얼마나 훌륭히 수행하느냐가 위정의 품격을 가르는 척도가 된다.

첫째, '정치'는 '올바르게 다스림'을 의미하며, '올바르다'의 핵심 사상은 '공정'(公正, fairness)이다. 그래서 공정은 정의(正義, justice),

---

105) 맹자, 盡心 下 : 諸侯之寶三: 土地, 人民, 政事. 이때는 천하(온 세계) 속의 제후이기 때문에 오늘의 '국가책임자'에 해당하며, '政事'는 '정치 업무', '통치 행위', '정부의 일' 등으로 해석이 가능하겠다.

공평(公平, impartiality) 등과 동의어로서 '사회정의'의 핵심가치가 되고 있다. 국정 최고책임자가 갖춰야 할 '공정'의 의미를 구체적으로 분석해 보면, '인격적 대우'(자유의 분배), '복리(福利)의 배당'(혜택의 분배), '인재의 선발' 등에서 똑같은 원칙이나 표준을 적용함을 의미한다.[106] 대체로 '분배의 정의'를 강조하고 있는 셈이다. 따라서 국정의 최고책임자는 국토, 국민, 정부에 관한 업무에서 '공정'의 원리를 살리는 것이 최대의 관건이 되겠다.

'정부업무' 또는 '정사'(政事) 가운데 또 하나 중요한 것은 '중앙'과 '지방'의 업무분담에서 공정을 유지해야 되겠다는 것이다. 중앙정부가 지방의 모든 문제를 계획한다는 것은 당연히 무리가 있기 마련이다. 그래서 90년대부터 지방자치가 본격적으로 성행되고 있으며 많은 장점이 나타났다. 그러나 '지역개발'과 '자치활동' 두 가지 영역에서 차츰 역효과도 나타나고 있음을 주목해 보자.

1) 지역개발

지역마다 경쟁이 심해져서 너도나도 '본받기 경쟁'식으로 개발하는 것은 중국에서 20세기 50, 60년대에 전국에서 획일적으로 성행한 '인민공사(人民公社)' 건설 실태를 연상시키는 잘못된 개발이다. 모든 지역은 천부적인 위치와 지리·주민 등의 특질에 따라 신중한 개발이 이루어져야 파괴와 낭비를 예방할 수 있다. 그 지역 천부적

---

106) 다음과 같은 여러 종류의 사전에서 취합한 것임(예 : 馮契 主編, 哲學大辭典, 上海辭書出版社, 1992, 〈公正〉조/ 학원사, 철학대사전, 수정4판, 1973, 〈公正〉조/ 고영복 편, 사회학사전, 사회문화연구소 출판부, 2000 〈正義〉조.

조건을 무시한 개발은 자연의 '선용'이 아닌 '파괴'일 뿐이다.

2) 자치활동 영역

첫째, 아무리 지방자치가 좋다 하더라도 중앙의 권력을 이양할 부분이 있고 이양해서는 안 될 부분이 있다. 지방은 지역 범위가 좁아질수록 혈연, 학연, 금력, 완력(腕力) 등이 횡행하기 쉬운 곳이다. 옛말에 '아무리 강한 사람이라도 지방의 토호(地頭蛇)를 당해내기는 어렵다'(강룡난압지두사, 強龍難壓地頭蛇)고 했다. 함부로 권력을 이양하면 '토호'에게 권력을 넘겨주는 무책임한 행동이며 책임회피의 결과가 될 것이다.[107] 따라서 이 부분에 대해서는 특별한 고려와 대책이 있어야 '공정'한 정치가 될 것이다. 공정한 자치활동, 그것은 곧 공정한 민주국가의 건설과 직결되는 것이다.

둘째, '국토'는 국민의 생존공간으로서 대단히 중요하다. 따라서 그곳에서 사는 국민이 사수(死守)해야 할 의무가 있고, 자연 그대로 보존(保存)해야 할 권리가 있음과 동시에 인간의 편의를 위해 개발(開發)되어야 할 운명도 피할 수 없게 되었다. 요즈음 환경주의자들은 이상론에 입각하여 원형 보존만을 강조하고, 건설 책임자들은 현실론에 입각하여 통일적인 개발을 주장하고 있다. 국토의 수호에는 이견이 없기 때문에 중언부언이 불필요하겠으나 '보존'과 '개발' 사이에서 정부는 '가장 지혜로운 절충'이나 '대안'을 이루어 내

---

107) 현재 시행중인 군급(郡級)(작은 시, 큰 시의 구) 자치단위는 낭비, 중복 등의 폐단이 커서 도급(道級)(특별시, 직할시) 이상 단위의 자치행정이라야 한다는 여론이다.

는 것이 곧 '가장 공정한 대책'의 창출이 되겠다.

셋째, '국민'은 국토를 가꾸고 정부를 구성·지원하는 주인공이다. 따라서 국민은 '국토'와 '정부'에 대하여 당당히 주장할 권리가 있고 또 그 권리에 상응한 의무가 있다. 즉, 국민은 '국토'를 수호, 보존, 개발하는 노력이 필요하고, '정부'에 대해서는 국민의 뜻에 어긋난 시책을 할 때 그 정부를 개편하거나 바꿀 권리와 의무가 있다.

사실 정부와 국민의 관계는 계란과 닭의 관계에 비유할 수 있다. 따라서 정부의 잘·잘못이나 국민의 양·불량에 대해서는, '정부의 책임'과 '국민의 책임' 양측 서로가, 원인도 될 수 있고 결과도 될 수 있는 것이다. 따라서 정부와 국민은 상호 간에 건의, 분석·평가, 대책수립 등에 함께 참여하여 중지(衆志)를 모아 합당한 방법으로 업무를 처리해야 할 것이다.

국민의 이목(耳目)이 '공정하게' 되도록 선도할 책임은 상대방인 정부가 맡아야 하고, 정부를 선도할 책임은 국민이 맡아야 한다. 따라서 정부나 국민은 제아무리 집권이나 계속 집권에 필요한 정책이나 책략이라 하더라도, '국민을 이간할 정도'이거나 '국민의 눈을 가리는 정도' 또는 '국민의 사행심(射倖心)을 조장하는 정도'의 정책이라면 마땅히 피해야 할 것이다. 지역감정, 카지노나 경마, 과사치, 과소비 등으로 인한 악영향의 책임은 정부와 국민 모두에게 있다. 그러기 때문에 요즈음 패가망신으로 인한 자살은 그 본인으로서는 '자살'이지만 정부나 사회의 입장은 '살인 공범(共犯)'인 셈이어서 '정부가 죽인 것'이라고 보아야 한다. 정부는 교육을 통해서, 국민이 편견이나 무지몽매 등에서 벗어나게 하는 것이 급선무이다.

공자는 "윗사람이 잘못하고서 아랫사람을 죽여서야 되겠는가?

백성을 미리 가르치지 않고 죄를 범했다고 판결하는 것은 무고(無辜, 無故)한 백성을 죽이는 것이다. 죄가 (정부의 벼슬아치에게 있지) 백성에게 있는 것이 아니기 때문이다."[108]라고 말했다. 따라서 모든 공교육과 의무교육은 국민을 '올바로 서도록' 하는 데 주안점을 두어야 할 것이다.

---

108) 《荀子》, 宥坐篇 : 嗚呼! 上失之, 下殺之, 其可乎! 不教其民而聽其獄, 殺不辜也. …… 罪不在民故也.

제5장 외교

제1절 외세 출몰(出沒) 현상 : 역사발전의 제6현상

한반도에는 가끔 외세가 압도적 또는 상대적 우세로, 또 때로는 여러 외세가 경합적으로 출몰하였다. 이것을 외세출몰 현상(The Appearing and Disappearing of Foreign Powers)이라 하겠다. 한반도는 22만㎢에 불과 하지만 주위에는 약 44배 면적의 중국, 그보다 더 넓은 러시아, 그리고 약 1.7배 면적의 일본이 있다. 어느 나라이건 한반도보다 넓고 인구도 많고 국력도 더 강하다. 남북이 통일된 상태이더라도 이처럼 상대적으로 열세인데, 분단된 상태에서는 그 왜소(矮小)함 때문에 더더욱 위축감을 느끼지 않을 수 없다.

일찍이 맹자는, "내적으로 법을 엄수하는 고관이나 참모가 없고 외적으로 적국이나 외환이 없다면 그 나라는 망하기 마련이다"고 말했다.[109] 내적으로 안정만 있고 외적으로 경계대상이 없다면 긴장이 풀려서 국가의 존망이 위태로워진다는 뜻이다. 따라서 우리나라는 수많은 전쟁이나 외환 속에서 국력이 성장하여 끈질긴 생명력

---

[109] 맹자, 告子 下 : "入則無法家弼士, 出則無敵國外患者, 國恒亡".

을 길러왔다는 특징도 있다.

한반도와 외세 간의 관계 및 상호작용이 어떤 형태로 나타났는지 검토해 보면 대체로 다음 세 가지 유형으로 나눌 수 있다. 설명에 들어가기 전에 그들 외세의 종류와 호칭을 정리해 보자.

1. 외세의 종류와 구조

첫째, '대륙외세'(大陸外勢)와 '해양외세'(海洋外勢)가 있다. '대륙외세'는 주로 압록강이나 두만강 건너편에서 오는 육지 세력을 말하고, '해양외세'는 우리나라의 동·서·남해의 바다를 건너오는 외세를 말한다.

둘째, '중원중심외세'(中原中心外勢)와 '동북중심외세'(東北中心外勢)가 있다. 이 두 외세는 대륙외세가 양분된 경우에 나타나는 바, '중원중심외세'는 중국의 황하유역이나 또는 그 이남에까지 정치적 중심을 둔 중국의 어느 정권을 말한다. 양자강(長江) 부근이나 그 이남으로 물러난 정권도 중원중심외세이지만 한반도에 대한 영향의 정도는 크게 경감되기 때문에 우리와의 관계는 그만큼 소원(疎遠)해 진다. '동북중심외세'는 대체로 지금 중국의 요하(遼河) 이동으로부터 두만강 연안 또는 그 이북의 어느 지역을 기반으로 한 강력한 단일세력을 말한다. 이제 한반도와 관련한 외세의 출몰 양태(樣態)를 검토해 보자.

1) 일방우세(一方優勢)의 양상

역사적으로 볼 때 한반도 주변의 여러 외세는 일방우세의 형태로 나타난 시간이 가장 길었다. 통일신라 때 상당 기간의 당나라, 고려 후기 100여 년간의 원나라, 조선 시대의 명나라와 청나라 등이었다. 대개 중국에서의 통일정권은 한반도에 대하여 일방우세를 유지한 기간이 길었다. 이것을 '일방우세적 대륙외세' 또는 '대륙 일방우세'라고 지칭할 수 있다.

이에 비하여 '일방우세적 해양외세'의 경우도 있었다. 일제 통치 36년이 바로 그것이며 미군의 한국 주둔도 '해양외세 일방우세'의 한 형태이다.

그런데 우세 현상을 비교해 보면 대륙세 우세기간이 해양세 우세기간보다 훨씬 길었다. 그것은 대륙세는 한반도와 겨우 강과 산을 경계로 인접해 있는 반면에 해양세력은 바다를 건너와야 하는 공간적 격리현상 때문이라고 생각된다.

2) 양자대치(兩者對峙)의 양상

한반도를 둘러싸고 양대 외세가 경쟁하는 시간도 상당히 길었다. 여기에는 '대륙의 2대 세력'이, 또는 '대륙세'와 '해양세' 2대 세력이 대치하는 두 가지 형태가 있다.

첫째, 대륙외세와 해양외세 양자 대치 양상이다. 쌍방의 세력이 엇비슷하여 양자가 대치하는 기간은 일방우세 기간보다 훨씬 짧은 과도기성을 띤다. 삼국시대 후기 백제와의 관계에서, 대륙외세(唐)

와 해양외세(倭, 일본)가 잠시 대치한 바 있고, 임진왜란 때 대륙 외세(明)와 해양외세(日)가 수년간 한반도 안에서 경쟁한 바 있으며, 조선조 말기(1885~1887)에는 수년간 대륙외세(러시아)와 해양외세(英)가 한반도 외곽에서 대치한 바 있고, 그 뒤의 청·일 전쟁(1894~1895), 러·일 전쟁(1904~1905), 미·소의 남북한 진주, 6·25 때의 미국·중국 간의 전쟁(1950~1953) 등도 그와 같은 사례들이다.

대륙외세와 해양외세 간의 경쟁은 19세기 말까지는 대륙외세의 우세였으나 20세기 초부터는 해양외세의 우세 또는 쌍방 균세(均勢)의 상황에 있다.

둘째, '중원(中原) 중심 외세'와 '동북(東北) 중심 외세'가 대치하는 양상이다. 이 양대 외세의 경쟁도 과도기성을 띠는데 사례가 적지는 않다. 중대한 것만 골라 보면 고려 초기 이래 한반도 주변에서는 중원의 북송(北宋)과 동북의 거란(契丹, 遼)의 대치, 고려 중엽 이후에는 중원의 몽골(蒙古, 元)과 동북의 금(金, 女眞)의 대치, 고려 말기(1370~1392년)의 20여 년간 중원의 명(明)과 동북의 북원(北元)의 대치가 그것이다. 오늘날 중국은 중원중심 외세이고 러시아는 동북중심외세로 등장한 셈인데 이는 현대판 대륙외세의 양분 현상이기도 하다.

몽골이나 여진 등의 지위에 대해서는 논란이 있을 수 있다. 몽골이 한반도와 멀리 떨어져 있을 때는 한반도 본위에서 볼 때 주변 외세가 아니다. 그러나 일단 중원을 석권하였을 때(元)는 중원중심 외세가 된다. 그런데 원(元)나라가 구축되고 그 대신 명나라가 중원중심 외세로 되자 북방으로 물러난 몽골(元)이 중국 동북지방을 통하여 약 20년간 직접 한반도에 영향력을 행사했으니 그때는 동북중심 외세라고 말할 수 있는 것이다.

마찬가지로 여진족은 후금(後金, 1616~1644)일 때는 중국 동북지방에 편재했던 동북중심 외세였지만 중원 땅 전체를 석권한 청(淸)나라 때는 중원중심 외세(淸)가 되었고 중국을 완전히 통일한 뒤에는 '대륙외세 일방우세' 형국이 되었으며 또 청 말부터 동북 일각으로 러시아가 등장하면서 청나라는 스스로 중원중심 외세가 되었고 러시아가 동북중심 외세로 된 형국이다.

3) 3자 대치 양상

한반도 주변의 강력한 외세는 외견상으로는 미국·러시아·중국·일본 4자이다. 그러나 엄밀한 의미에서 볼 때 이것은 4자 대치가 아니고 3자 대치이다. 그 사례를 최근부터 역순으로 검토해 보면 다음과 같다.

북방의 대륙외세는 한때는 소련(북한정권 창건기)이었지만 또 한때는 중국(6·25 때)이었다. 지금은 중원중심 외세(중국)와 동북중심외세(러시아) 양자인 셈이다. 반면에, '해양세력'은 표면적으로는 미·일 양자(兩者)이지만 실질적으로는 미국 1자이다. 전략적으로 볼 때 일본은 미국 진영에 종속된 세력이어서 '미국 계열세력'이라고 지칭할 수 있다. 1950년 6·25동란 때 바다를 건너 16개국의 군대가 한국을 위해 참전했는데 그것도 실질적으로는 '미국계열 세력'이라고 호칭해도 틀리지 않은 것이다.

계열화 현상은 두 가지 방법으로 전개된다. 하나는 '세력 위주 계열화'로 국력이 제일 강한 국가를 중심으로 '주종(主從)관계적 계열화'이고, 또 하나는 세력은 엇비슷하더라도 지리적 인접성이나 이해관계 상의 관심도가 더욱 적극적인 자가 있을 때 그 자를 앞세우는 '연대(連帶)관계 계열화'로서 이는 일종의 '상거래 식 계열화'이다. 과거 일·미간에 '카쓰라(桂太郞) - 태프트(W. H. Taft) 밀약'(1905. 7. 29)을 맺을 때 일본은 필리핀에 대한 미국의 이해관계에 개입하지 않고, 미국은 한반도에서의 일본의 이해관계를 묵인하기로 했었다. 이것은 미·일간의 세력권 안배이기도 하면서 한국 측에서 볼 때는 일본을 선두로 한 해양세력의 (상거래 식) '연대관계 계열화'였다.

이와 같은 외세의 계열화 현상은 6·25동란 초기에 '소련-중국' 계열화 구도처럼 대륙세력에서도 있었지만 그것은 비교적 드문 일이었고, 그에 비해 해양세력은 거의 대부분 계열화되었었다. 해양세력이 일본 하나일 때는 계열화의 필요성이 없지만 다른 강력한 해양세력이 등장하는 경우에는 계열화할 수밖에 없는 이유가 있다. 여러 경쟁국의 병력이 대양을 건너는 난관극복 과정에서 국력의 우열에 따라 선후나 주종의 서열이 판가름 나기 때문이다.

여기서 첨언하고 싶은 것은, 일본의 면적은 중국·미국·러시아와 비교해서는 대단히 작은 나라이지만 우리나라 보다는 약 1.7배 정도 큰 나라이다. 게다가 과거 2,000여 년 전에는 우리나라를 통해서 각종 문화가 전파되었기 때문에 문화적 후진국이기도 했다. 그러나 일본은 섬나라이기도 하지만, 북해도(北海島)부터 '구주'를 지나 작은 섬들이 타이완(臺灣) 인근까지 뻗쳐있다. 따라서 육지 면적보다는 엄청 넓은 영해를 가지고 있어서 해양자원이 많고 해양산업이 발달되어 해산물의 부국이며 당연히 해군도 발달되지 않을 수가 없다. 섣불리 왜소하다고 경시해서는 안 된다. 과거 식민제국주의 침탈을 범했던 잘못이 있었지만 지금은 회개하고 있기 바라고, 또 일본의 침략에는 우리나라가 군사적으로 미약했다는 '자기책임'이 있었음도 반성할 필요가 있다.

첨언하건데 한반도를 중심으로 볼 때 고정불변의 해양세력은 일본이다. 거리가 가깝기 때문에 우리나라에 대한 이해관계를 일본만큼 절실히 느끼고 있는 나라는 없다. 그러므로 일본은 다른 해양세력이 한반도에 접근하는 것을 지극히 경계한다. 러시아도 러·일 전쟁 때는 해양세력으로서 한반도에 접근했었다. 그때 일본은 러시아 세력과 경쟁하여 상대방을 격퇴함으로써 해양세력의 일원화를 달성하였다. 그런데 가끔 해양세력의 일원적 계열화 과정에서 일본이 선두가 아닌 경우가 있다. 그 경우에는 분명히 선두인 나라보다 일본의 국력이 열세인 경우이다. 가령 영국이 대륙외세(러시아)의 진출을 막기 위하여 거문도를 점령(1885. 4~1887. 2)했을 때 일본은 영국의 뒷전에 있었다. 그 이유는 당시의 일본은 개항(1865년)과 그에 이은 메이지 유신(1867년), 그리고 최초의 내각(이토 히로부미 내각) 성립(1885년) 등 근대화를 방금 시작한 해양 후진세력이었기에 영국에 비해 제해권(制海權)이 약했고, 게다가 러시아 세력의 진출을 막는 문제에서 영·일의 공감이 있었기 때문에 잠시나마 '영-일'식의 일원적 계열화가 성립된 것이다.

또 오늘날 미국의 제해권에는 일본이 따르지 못하므로 '미-일(미국 주도 일본 추종)' 식의 계열화가 나온 것이다. 환언하면 한반도를 둘러싼 해양세력은 꼭 '1자'이거나 '계열화된 1자'인데 계열화에서의 가장 큰 변화 요인은 일본이 다른 해양세력 보다 강하냐 약하냐에 달린 것이다. 해양세력으로서의 지위가 주도적이건 협력적이건 또는 종속적이건 간에 일본은 한반도에게 '영원한 해양세력'으로 있게 된다. 첨언하면, 일본은 북해도에서부터 대만 동북방 지근(至近) 해역까지 크고 작은 섬으로 연결된 길고 또 영해가 넓은 나라이다. 이는 해군력의 강함을 상징한다. 이러저러한 조건들 때문에 한반도에서의 3자 대치의 표본은 조선 말기 고종과 태자 순종(純宗)이 친러(親露)정책을 펴면서 러시아 공사관에 들어가(피신하여) 지내던 소위 아관파천(俄館播遷, 1896)을 전후한 시기의 청·일·러 3자 대치였다.

1방 우세, 중원-동북 양자 대치, 대륙-해양 양자 대치, '대륙A, 대륙B, 해양' 3자 대치 등 외세의 작용이 한반도에서의 국운의 전개에 커다란, 때로는 절대적인 요소임을 확인할 수 있을 것이다. 동시에 "제아무리 강한 활이라도 오래되면 힘이 다하여 그 활(弓)로는 노나라의 얇은 비단도 뚫지 못한다"(강노지말력, 불능입노호, 強弩之末力, 不能入魯縞)는 말이 있듯이, 제아무리 강한 외세라 해도 조만간에, 때가 되면 '강노지말'(強弩之末, 강한 활의 끝판)의 신세가 되어 스스로 물러났거나 아니면 한민족에게 쫓겨 갔음을 외세도 명심(銘心)해야 될 것이다.

2. 대 강대국(對强大國) 외교

조선 시대까지 우리나라의 외교 행태는 비교적 단순하였다. 강대국을 섬기고(사대, 事大) 인접국들과는 평등하게 사귀는(교린, 交隣)

사대·교린 외교가 주류를 이루었기 때문이다.

우리 역사에서 사대정책이라고 지칭되었던 사대외교(事大外交)는 사소(事小 또는 자소字小) 외교와 더불어 동양외교사에서 당연한 것으로 받아들여졌으며 대국과 소국 간의 국제질서를 규정해 주는 선의의 본보기이기도 하였다.

원래 사대정책은 동양에서 수천 년의 역사를 이었고, 그 발상 자체도 꼭 나쁜 것은 아니었다.

노자(老子)의 생각은, 사대(事大)와 사소(事小) 둘 다 호혜적인 것이었다.

"대국은 온 세상 물줄기의 하류요 만나는 곳이며 온 세상의 암컷이다. 암컷(大國)은 항상 정(靜)적임으로써 수컷을 얻으며(勝) 정적인 까닭에 아래에 있게 된다. 그러므로 대국은 소국에 겸손함(事小)으로써 소국에서 무엇인가를 얻고, 소국도 대국을 받듦으로써(事大) 대국에서 무언가를 얻는다. 그래서 누군가는 (약소하기 때문에) 겸손하여야 얻고, 누군가는 (대국이기 때문에 도도(滔滔)할 만한데도) 겸손해서 얻는다"고 했다.[110] 요즈음 흔히 말하는 윈-윈(win-win)이며, 중국말로 쌍영(双贏)이라 하겠다.

맹자(孟子)의 생각도 비슷하였다.

"오직 어진 자만이 큰 나라이면서 작은 나라를 받들 수 있다(以大事小). 그래서 (거룩한) 탕왕(湯王)이 (약소한) 갈(葛)나라를 섬겼고, 문왕(文王)이 야만족을 섬겼다. 또 오직 현명한 자만이 작은 나라로서

---

110) 노자, 61장 : 大國者下流, 天下之交, 天下之牝. 牝常以靜勝牡, 以靜爲下, 故大國以下小國,則取小國, 小國以下大國,則取大國. 故或下以取, 或下而取.

큰 나라를 섬길 수 있다(以小事大). 그래서 대왕(梁惠王)이 흉노족을 섬겼고 월(越)나라왕 구천(句踐: 越王)이 오(吳)나라를 섬겼다. 대국이면서 소국을 섬기는 것은 천도(天道)를 따르는 것이요, 소국으로서 대국을 섬기는 것은 천도를 두려워함 때문이다. 천도를 기꺼이 따르는 대국(大國)은 세계를 지킬 수 있고, 천도를 두려워할 줄 아는 소국(小國)은 자기의 나라만이라도 지킬 수 있다."[111]

강국이라고 으스대면 제2차 세계대전 때 독일이나 일본처럼 망하게 되고, 소국인데도 도발적이면서 큰소리만 치면 끝내는 큰 나라에게 먹히거나 혼쭐나는 것이 대체적인 국제정치의 질서이니 옳은 말이다.

동양에서도 국가가 생기면서부터 국제관계가 있었으며 그것은 대체로 '중국지역'이라는 판도 내에 있던 강대국(예, 진秦)이 중심이 되어 질서를 유지하는 것이었던 바 이는 한동안 지구촌에서 소련(蘇聯, USSR)이 공산진영의 중심이 되고, 미국이 자유진영의 중심이 되어 하나의 국제질서가 형성된 것과 크게 다르지 않은 것이다.

또 양대 진영에서 국제관계를 유지할 때 가장 중요한 것은 맹주(盟主)격인 미·소의 승인이듯이 동양외교에서는 중국의 '승인', 즉 '책봉(封)'을 받는 것이 가장 중요한 외교였다. 따라서 우리나라는 기자조선 이래로 여러 왕조 정권이 중국의 책봉(승인)을 받았던 것이다.

---

111) 맹자, 梁惠王下 : 惟仁者爲能以大事小, 是故湯事葛, 文王事昆夷. 惟智者爲能以小事大, 故大王事獯鬻, 句踐事吳. 以大事小者, 樂天者也; 以小事大者, 畏天者也. 樂天者, 保天下; 畏天者, 保其國.

또한 승인을 해준 종주국과의 관계를 더욱 돈독히 하고 싶을 때는 '조공(朝貢)'이라는 명목으로 약소국에서 대국(중국)에 진귀한 토산품을 증정(조공)했고, 조공을 받은 중국 측은 '회사(回賜)'라는 명목의 선진문물(답례품)을 주었다. 이를 통해 일종의 국제무역이 형성되기도 했다.[112] 이른바 조공무역이었다. 오늘날 한·미의 관계양상도 이 범주에서 크게 벗어난 것이 아닐 뿐 아니라 기타 모든 국가들의 외교도 이와 비슷하니 과거 우리의 이른바 '사대'외교에 유별난 잘못은 없었다고 생각된다.

다만 신흥의 청(淸)나라를 모르고 명(明)에 대한 사대에만 집착했듯이 지나치게 일변도였던 패착의 경우가 그렇고, 또 충분히 자주적으로 스스로 국호를 결정하여 대국에게 승인을 요청할 수 있었는데도 명나라에게 미리 국호의 하사를 부탁하였던 이성계(李成桂) 식의 '과잉 사대'의 경우와 같은 지나침은 절제되어야 좋았을 것으로 보인다.[113]

3. 대 인접국(對隣接國) 외교

대인접국외교 또는 교린은 몇 가지 이유로 적극적이지 못하였다. 통일신라 이후부터의 인접국을 고찰해 보면 발해, 거란, 여진, 금,

---

112) 이에 대한 상세한 설명은 김성한 「역사기행 47」(〈조선일보〉 1983.2.24.) 참조
113) 이에 대해서는 이종항 저, 『한국정치사』, 박영사, 1974, pp.243~244에서도 지적하고 있음.

후금, 대마도, 유구(琉球) 군도, 일본 등을 들 수 있다. 그런데 이들과의 관계가 원활하지 못한 편이었던 바 그 이유는 다음과 같다.

첫째, 사대에 편중한 반면 사소(事小, 또는 字小)를 경시했다. 신라 때는 대당(對唐)사대에 편중한 반면 대(對) 발해 외교는 거의 없었다. 《삼국사기》의 기록에 의하면 당시 '북국'(北國, 발해)과의 왕래는 두 번(790년, 812년)밖에 없었다. 그나마도 남쪽 신라에서 사신을 보냈을 뿐 북국의 답방 기록은 없었는데 어느 쪽에 더 큰 책임이 있었는지 모르나 그 두 번으로 끝냈어야 했는지 아쉬움이 있다. 발해 역시 대당(對唐)사대에 치중하고 대신라(對新羅) 교린에는 기피 내지 거부반응을 보였는데, 그럼에도 불구하고 신라 측에서라도 좀 더 적극적이었다면 친선관계가 더 돈독해지지 않았을까 하는 아쉬움도 있다.

아마 지금(2025년 현재)의 남·북 관계도 남쪽이건 북쪽이건 적극적으로 그리고 진정으로 끈질기게 노력하고 설득하고 타협하면 더욱 순조롭게 화합과 통일이 될 수도 있지 않겠는가 하는 생각이 든다. 남·북관계는 남·북 '어느 한쪽 지도자의 즉흥적인 감정'에 의해 좌지우지해서는 안 되고 그야말로 '지엄(至嚴)한 민족의 명령'이라고 각성(覺醒)하고 적극적이고 지속적으로 수행해야 한다.

발해의 옛터에서 발흥한 요(遼)나라와의 외교에서도 비슷했다. 거란(契丹=遼)이 발해를 멸망시키고 고려에 대해서도 위협적인 존재로 등장했기 때문에 고려는 적지 않은 반감이 있었다. 그렇더라도 거란이 낙타 50필을 보내어(942년) 친선을 제의했을 때, 말 못 하는 거란의 낙타들을 굶겨 죽인 고려 태조의 외교는 동물 학대임과 동시에 상대방의 호의를 '치졸하게 거절한 대응'일 것이다.

요나라의 옛터에서 발흥한 금(金, 여진족)나라와의 외교에서도 고려는 소극적이었다. 금(1115~1234)은 건국 초부터 왕성한 세력으로 요나라를 멸망시키고 동시에 그 여세로 송(宋)을 크게 압박하였다. 고려에서는 금(여진족)으로부터 '아우'를 '자칭하라'(稱弟)는 요구(1117)를 받고 심히 분개하면서 거절했다가 끝내는 그로부터 9년 뒤에(1126) '아우(弟)'보다 격이 더 낮은 '신하(臣)'의 지위를 받아들여야 했다. 고려가 사대하던 송(宋)마저 머지않아 금(金)에게 '신하'를 자칭(1141년)할 정도로 금의 세력이 일취월장했는데, 고려는 과거 흩어진 상태의 여진족으로만 알고 金나라를 냉대했으니, 고려가 대 인접국 외교에 소홀하여 정세판단이 흐렸던 것이 아닌가 생각된다. 또 외교에는 상호존중과 호혜평등(互惠平等) 정신이 당연한데 그것을 몰랐던 것이 더 큰 실책이었다.

이상의 대 인접국 외교에서 정세판단 내지 능동외교에 실패한 주요 이유는 '섬기던 나라'(宗主國)의 눈치를 보는 것도 하나의 중요한 요인이었다. 당시 송은 거란을 정벌하기 위해서 고려에 원군 파견을 요구(985년)한 바 있고, 또 나중에는 금을 협공하자고 요구(1126년)하기도 하였다. 따라서 고려의 입장이 난처했음은 사실이다. 물론 고려는 송의 요청에 응하지 않은 정도로서 최선책이었다고 수긍할 수도 있다. 그러나 후일 명나라가 신흥의 청나라를 협공하자고 조선조정에 요청했을 때 광해군(光海君)은 외교에 능했기 때문에 명나라의 무리한 요구에(1618년) 마지못해 부응하여 파병은 하면서도, 지원군 사령관이던 강홍립(姜弘立) 장군에게 밀지를 주어, '대세가 청에 유리하면 청에 항복하여 후환이 없게 하라'고 당부한바 강홍립 장군이 그에 따랐기에 결국 큰 화를 면했었다. 말도 많은 광해군도 이 외교 행각은 칭찬받을 일이었다. 다만 당시 국왕이던 광해군의 지시를 그대로 수행하여 국난을 모면했음에도 불구하고 후일 조정에서 말이 많자 단식하여 서거한 강 장군에게 안타까움을 느낀다.

대일외교는 더욱 미온적일 수밖에 없었다. 신라 때부터 일본의 해적들이 우리나라 해안 지역에서 노략질을 했고, 고려 중기 이후부터는 갑자기 규모가 커지면서 인명과 재산에 적지 않은 피해를 주었으며, 원-고려 연합군의 일본정벌 실패 이후에는 더욱 극심해져서 고려왕조의 종말을 촉진했었다. 따라서 우리로서는 일본에 대해 호감이 가지 않는 것은 당연하다. 더구나 16세기 중엽 가톨릭 전래 이전까지는 우리가 일본보다 선진국이어서 문화면에서 도움을 준 것이 많았다. 그럼에도 불구하고 배은망덕하게 해적이 되어 노략질하는 일본이 미워 보이지 않을 수 없었을 것이다.

그러나 우리 역시 다 잘했던 것 같지는 않다. 비록 당시 세계 유일의 초강국이던 원(元)나라의 강압 때문이었으나 고려는 충렬왕 원년(1274년)과 7년(1281년) 두 번이나 원나라의 앞잡이가 되어 인적, 물적 지원을 하면서 원나라 군대와 함께 일본정벌에 나섰다가 실패했다. 그것까지는 부득이한 것으로 변명이 가능하다. 그러나 그 뒤의 조선 시대에 와서라도 일본을 제대로 보고 대비책을 강구하여 인접국으로서의 친선을 도모하는 것이 국제관계의 정도(正道)였을 터이나 그 방면에 결코 적극적이지 아니했다. 오히려 일본의 낌새가 이상함을 느낀 조정에서는 일본 정부의 동태파악을 위해 사신을 보냈는데 현지 시찰까지 다녀온 정부의 사신(使臣) 간에도 견해가 나뉘었다.

일본을 직접 보고 돌아온(1591년) 통신정사(通信正使) 황윤길(黃允吉, 西人)은 일본의 침략 가능성을 주장했고, 통신부사 김성일(金誠一, 東人)은 아마 민심의 동요를 우려해서였는지[114] 침략 가능성을 부인하여 양자 간의 정세보고가 상반되었다. 나라를 위한 외교에서는 각각의 당파를 떠나 '초당적인 숙고'와 '냉철한 판단'이 중요한데 당리당략에 매달렸으니 잘한 일인가? 또 '명(明)을 치기 위해 길을 빌리자(征明假道)'는 왜국(倭國, 일본)의 노골적인 도발에 대해서도 영의정 이산해(李山海)는, 당초에는 이 사실을 명나라에 알리지 말자고 주장했다.[115] 말하자면 정부의 무능과 당파 싸움으로 인한 당리당략적 판단에서, 명나라에 분명히 보고하는 올바른 '사대'도, 일본에 대한 확실한 '대결'이나 '교린'도 안절부절못했던 것이다.

　"사람은 반드시 자기가 자신을 경멸해야 남이 자기를 경멸하고, 자기 가족 스스로가 자기 집을 허물어야 남이 제집을 허무는 것이며, 제 나라(정부)가 스스로 자기 나라를 짓밟아야 타국이 자국을 짓밟는다"고 맹자가 말했다.[116]

　나라를 지키는 데는 정도(正道)가 있기 마련인데 그것을 지키지 못하면 안 된다는 뜻이겠다. 따라서 결과적으로 조선은 다소간에 처치하기 곤란한 말썽꾸러기라는 인상을 받았으니 명나라 사신 심

---

114) 김성일은 민심의 동요를 우려하여 잠시 거짓말을 했다는 설이 있음.
115) 이때 좌의정 류성룡, 호조판서 윤두수 등이 알리라고 주장하여 관철했다.(《징비록》, 권1, 4) 또 《연려실기술》, 제십사권, 신묘년 시사.
116) 맹자, 離婁 上 : "夫人必自侮,然後人侮之; 家必自毁, 而後人毁之; 國必自伐, 而後人伐之".

유경(沈惟敬)의 다음과 같은 지탄은 우리에게 주체적이고 신중한 외교가 필요함을 지적한 것으로서, 일단 명나라의 교섭대표 심유경의 말을 들어보자.

"생각지도 않게 귀국(貴國)의 모신(謀臣)과 책사(策士)들이 온갖 기지(機智)를 생각해 내고 별별 공작을 차례로 꾸며내어 안으로(명나라에 대해서)는 위태로운 말로 천조(天朝, 明 정부)에게 왜(倭)에 대한 분노심을 격발케 하고, 밖으로(일본에 대해서)는 (고려의) 약졸(弱卒)을 가지고 (일본에 대해) 도발했던 것이다."[117]라고 지탄했다. 부끄럽지 않은가.

이 말은 강화의 성립을 독촉하기 위한 명나라의 아전인수적인 주장이기도 했으나 조선 정부 역시 일본을 너무 깔보면서 명나라에만 밀착하면 된다는 친명(親明) 일변도라는 어리석음이 있었던 것이니, 이것 역시 사대에 치중하느라고 교린정책(交隣政策)에 소홀했다는 평가를 받아 마땅했다.[118]

자고로 강자에게 너무 아부하고 약자에 대해서는 너무 야박한 인격 형은, 끝내는 강자로부터는 사냥개(走狗) 취급을 당하고, 사냥이 끝난 뒤에 그 개는 보신탕으로 끓여진다는 토사구팽(兔死狗烹)의 신세가 되기도 하고, 또 강자에게 의지하려는 사이에 약자가 강자로

---

117) 명나라 대일 강화외교교섭 대표 침유경의 말(유성룡, 《징비록》 록후잡기(錄候雜記) 10 : 이동환 역본, 삼중당문고, p.202.)

118) 변협(邊協)은 일본이 조선을 잘 알고 또 강군이니 일본을 얕보지 말고 또 일본과 사단(事端)을 만들지 말자고 주장했다.(김성한, 「임진왜란」, 〈동아일보〉 1985.9.7.) 또 신숙주(조선 성종시 영의정)는 유언에서 "국가에서 일본과의 친선을 잃지 마십시오."라고 했는데 선린정책을 의미한 듯하다.(유성룡, 《징비록》, 권1, 이동환 역본, p.7.)

탈바꿈하여 굴욕을 강요하던 사례가 있듯이, 지난 왕조시대에 특정한 1개 강대국의 등에 얹혀 힘들이지 않고 나라를 지키려 했던 외교적 실책이 적지 않았음을 인정함과 동시에, 우리 스스로 확실한 경계심과 대비태세 수립에 힘써야 할 것이다.

지금 21세기 20년대에도 대미(對美) 일변도 외교에 치중하여 본의 아니게 반중(反中)적인 태도를 취한다면 앞에서 본 역사의 과오를 망각한 작태가 되겠다. 환언하면, 대미 관계에서건 대중(對中) 관계에서건 적절한 우호관계와 중립 자세만 견지하면 될 것이다. 우리나라는 자주적·중립적 입장에 당당히 서 있을 때 더욱 주변 강대국의 존중을 받을 수 있고 매력 있는 나라가 되는 것이다.

오늘에 사는 후손들은, 우리나라가 선진문명국이 되지 못한 것이 중국의 유가사상(儒敎)이나 정치적 위압 때문이었다고 말하는 사람도 있고, 일본이나 오랑캐(여진족이나 청나라)의 침략 때문이었다고 말하는 사람도 있다. 그러한 시각에서 본다면 종교적으로는 유교뿐 아니라 불교나 도교의 영향도 있었고, 외세로 보자면 일본이나 만주지역 오랑캐의 침략이 있었던 것도 사실이니, 그러한 영향도 의당 있었을 것으로 생각한다. 하지만 왜 우리는 남의 사상이나 제도를 거부 또는 선별하지 않고 과잉수입 또는 편파수입까지 했으며, 왜 우리는 지나친 위압(威壓)에 대해서마저 온당한 주장마저도 펴보지 못했던가 하는 아쉬움이 있는 것이다. 강대국이라 해도, 상대국의 강력한 저항이나 국제사회의 평가도 있어서, 꼭 약소국을 함부로 대하는 것은 아님을 알아야 되겠다. 환언하면 국제사회는 꼭 힘의 논리만이 지배하는 것은 아니고 정의, 분수, 평화, 친선 등의 명분도 적정 정도 작용한다. 따라서 고려 성종 때 글안의 소손녕

(蕭遜寧) 부대가 침입해 왔을 적에 친히 적진에 들어가 사리를 따져서 적을 물러나게 설득했던 서희(徐熙) 장군의 외교는 중요한 모범사례가 되겠다. 또 적어도 우리나라와 비교해서 초강대국 수준까지는 아닌 적국의 침략이라면 저지할 만한 힘이 있어야 하는데 외교와 국방이 제대로 있기나 했는지 의심할 만한 정도이다. 물론 복잡한 국제관계 속에서 꼭 알맞은 대처방법이 있기는 어려운 것이 사실이다. 그러나 그것이 오로지 침략자의 탓만 해야 하는 이유가 되지는 못한다. 일단 잘못된 사태는 '내 탓'일 수밖에 없다. 남 탓을 하는 생리(生理)는 지양하고 국방과 외교에서는 반드시 자강(自强) 노력이 선생되어야 하는 것이다.

제2절 남북한 주민의 자생 여건

1. 자연의 혜택

한반도는 북반구의 온대 지방에 속한다. 추위와 더위가 지나치지 않고 장마와 가뭄이 지나치지 않으며 춘하추동 4계절이 분명하다. 그래서 천부적으로 금수강산(錦繡江山)이 되었다. 지구상에는 사막이나 메마른 황토고원이 있고, 주야로 침침한 안개가 낀 나라, 걸핏하면 엄청난 회오리바람(토네이도)이 불어 집이나 사람을 공중으로 날려버리는 지역, 엄청난 쓰나미(해일)가 몰려와서 수만 또는 수십만의 인명을 빼앗을 수 있는 나라, 일 년 내내 여름만 있는 열대지방, 반짝 봄을 맞았다가 근 10개월을 춥게 지내는 한대지방 등 천부적인 혜택이 열악한 지역이 수없이 많다.

이들과 비교하여 한반도는 정확한 온대지방에 놓여 있다. 오스트레일리아의 어느 관광 전문가는 "한국이 가진 4계절의 아름다움은 세계 어느 나라에도 뒤지지 않는다. 화려한 자수(紫繡)가 놓인 듯한 단풍, 나뭇가지에 소복이 쌓인 눈, 거리를 뒤덮은 벚꽃과 개나리 진달래 등… 이렇게 뚜렷한 4계절을 활용해 스키 관광코스, 봄 벚꽃놀이, 가을 단풍놀이 코스 등을 관광상품으로 개발하는 것은 어떨까"라고 찬탄하였다.[119] 그 자연 속에서 사는 우리 자신은 그 고마움을 모르고 지낸다. 가을과 겨울이 되면 단풍과 눈 구경을 위해 동남아에서 찾아오는 수많은 관광객들이 있다는 사실에 경건(敬虔)한 자부심을 느끼면서 더욱 알뜰한 대책을 세워야 할 것이다.

물론 지구상에는 위도(緯度)와 기후, 기온, 풍경 등이 한반도와 비슷한 온대지역들이 있다. 중국, 일본, 미국, 중아아시아 그리고 중·서유럽 등지에 말이다. 그러나 그중에서 상당히 많은 지역은 해발고도, 육해(陸海) 구조, 그리고 지질 형태 등의 이유로 우리나라처럼 온 나라가 정확히 4계절을 만끽하는 곳이 많지 않다. 사는 사람들의 옷맵시와 먹는 음식에서도 기본적으로 네 번을 변용하게 되고, 아름다운 자연 때문에 우리 국민은 일상생활에서도 신선미와 생동감이 넘친다.

사실 우리나라의 수려함은 나라 이름(國名)으로 잘 표현되었다고 생각한다. 중국 사서(史書)에 의하면 주나라(周) 무왕(武王)이 기원

---

[119] 마틴 존스(서울 워커힐 호텔 총지배인), 「한국에서 살아보니」(《중앙일보》 2003. 8. 30.)

전 22년 무렵이었는데 기자(箕子)를 '조선(朝鮮) 왕'에 책봉했다[120]고 하니 그때 벌써 '조선'이라는 지명이 있었던 것이다. '단군조선'이 그것이다.

우리의 야사(野史)에 의하면 단군왕검(檀君王儉)이 기원전 2333년에 나라를 세우면서 국호를 이미 '조선'이라고 했다.[121] 이때의 수도는 '아사달' 즉 '아침 양달'(아침 양지쪽)임에 따라 그 지역의 분위기에 걸맞게 신선함을 상징하는 국호로 정했을 것이다. 그뿐 아니라 '조선'이라는 단어의 뜻을 직역하더라도 '아침의 산뜻함' 또는 '아침처럼 산뜻한 땅(Land of Morning Freshness)'이 된다. 따라서 우리나라의 영문 표현도 "Land of Morning Freshness"(아침의 신선한 나라)라야 한다. '선(鮮)'의 뜻은 두 개인데 올바로 해석해야 할 것이다. 한자의 '조선(朝鮮)'은 두 가지 발음이 가능한데, '차오셴'이라하면 '신선함을 지향한'이라는 형용사이고, '자오셴'하면 '아침의 신선함'이라는 명사가 되어 국호에 더 적합하다. 대개 중국어 사전에서는 국호를 '차오셴'으로 발음하는데 그보다는 '자오셴'으로 써야 '아침의 (또는 아침처럼) 신선한 나라'가 되는 것이다.

2. 주민의 지덕체

사람은 크게 보아 네 가지를 먹거나 의지하여 산다. 하늘에서 생긴 기운 즉 천기(天氣)를 받고, 땅에서 생긴 기운(energy) 즉 지기(地

---

120) 《후한서》 권75, 동이열전
121) 《삼국유사》 권1

氣)를 먹고, 국가에서는 국기(國氣)를 받고 그리고 사람들 속에서 생긴 기운 즉 민기(民氣)를 얻으면서 산다. 환언하면,

'천기'(天氣)는 '하늘의 기운'으로써 빛(日光)과 그늘, 시간과 거리, 구름과 바람, 더위와 추위 등의 기운이고,

'지기'(地氣)는 '땅의 기운'으로써 흙과 물, 산과 강, 사막과 초원, 돌과 바위 등의 기운은 물론이고 그 땅에서 자란 곡식과 채소, 시래기와 나물뿐 아니라 이것들을 먹고 자란 닭 돼지 소 말 등의 양분에서 얻은 모든 것이 지기이며,

'국기(國氣)는 '나라의 기운'으로써 세계 속에서 협력하고 갈등은 극복하고 국법을 지키면서 열심히 살아가는 기운이며,

'민기'(民氣)는 '사람들 속에서 희노애락을 공감하고 극복하는 기운'이다. 특히 '인체와 생활터전(환경)은 둘이 아니고 똑같은 하나'라는 '신토불이(身土不二)'라는 말은 '내 몸은 거주 환경과의 동질화(同質化) 작용이 대단히 강하다'는 사실을 웅변적으로 설명해주는 말이다.

시간, 공간, 국법과 사회생활에 따라 형성되는 이들 네 가지 기운을 어떻게 받아 체질화하는지는 각자의 '생활태도'와 '생활환경' 양자의 조화작용에 따라 다를 것이다. 남·북한 간에는 비록 근소한 차이지만 이들 네 기운을 받아들임에서도 다소간의 차이가 있다. 따라서 이들 차이를 확인해 보자.

1) 지성(知性)

기후와 식품 및 공동생활이 인간의 지·덕·체 3자에게 영향을

준다. 이 3자 간의 남·북 차이를 비교해 보자.

지(知)는 덕·체와 더불어 심신(心身)의 3요소가 되어 인간을 지혜롭게 만드는 것이며 동물과 구별하는 척도이다. 지(知性, 智慧)는 여러 생활조건 가운데 기후의 영향을 가장 크게 받는다. 시베리아 한대지방에 가까울수록 저개발 생활을 하는 사람이 많고, 적도지방에 가까울수록 야생적인 무개발(無開發)생활을 하는 사람이 많다. 너무 추운 지방이나 너무 더운 지방은 당장 어려운 생활여건을 극복해야 되는 직접적이고 단조롭고 현실적인 과제에 주력하기 때문에 지성 형성도 단조롭다. 이와 같은 현상은 공간 범위를 좁히더라도 적게나마 차이가 있는 것이다.

예로부터 중국에서는 '북흉남교(北兇南狡)' 즉, '북으로 갈수록 지적 사고가 단순해서 흉악스러운 면이 강하고, 남(아열대지역)으로 갈수록 지적 사고가 다양해서 교활(狡猾)한 면이 많다'고 했는데 그러한 현상은 우리나라에서도 조끔이나마 느낄 수 있는 일이다.

우리의 역사에서 백제가 의리(義理)로 상징되고, 고구려가 용맹(勇猛)으로 상징되며, 신라가 지혜(智慧)로 상징된다는 얘기에 일견 공감이 간다.[122] 현실적으로 보면 위치로 보아서 북한은 고구려로서 '용맹'이 중요 덕목인데 남한은 '의리'(백제)와 지혜(신라) 두 가지 덕목을 가진 셈이다.

통일된 상태라면 하나의 공동생활권이 됨에 따라 남·북 간에 큰 차이가 없이 거의 평준화(동일화)되겠지만 현재는 남·북 간에 생활권이 다르므로 차이의 발생을 막을 길이 없다. 따라서 지극히 근소

---

[122] 이는 노산 이은상 선생이 어느 강연에서 언급한 것으로 필자도 공감 함.

한 차이지만 상대적으로 볼 때 북한 주민은 씩씩함이 장점이나 '만용'이 단점이 되고, 남한 주민은 의리 있고 지혜로움이 장점이나 '교활함'이 단점이 된다고 비유할 수 있다.

2) 덕성(德性)

덕(德性)은 지·체와 더불어 인간을 인간답게 만드는 중요한 품성이면서 인간의 공동생활에서 중요한 역할을 한다. 덕성의 '본질'을 따진다면 성선설(性善說: 孟子), 성악설(性惡說: 荀子), 성무선악설(性無善惡說: 告子), 성차등설(性差等說: 董仲舒, 韓愈) 등 여러 가지로 세분화되고 복잡한 논리가 전개될 수 있지만 '본질' 대신 덕성의 '근원'을 따질 때는 선천적(先天的)인 것으로 인식하기 쉽다. 그러나 동양철학에서는 타고난 천성(天性)이야 어떻건 간에 교육과 환경조성을 통해서 후천적으로 훌륭한 품성으로 만들 수도 있다고 본다.

그러한 맥락에서 볼 때 덕성에 가장 크게 영향을 주는 것은 가정생활 등 생활환경과 인간관계에 있다고 보는 것이다. '가정이 화목해야 만사가 이루어진다(家和萬事成)', '자기 자신을 수양하고 집안을 가지런히 정돈하고 나라를 태평하게 다스리고 그다음에 세계를 태평하게 한다'(修身齊家治國平天下)라고 했듯이 인간의 덕성이 기본적으로 가정에서 형성됨은 부인할 수가 없다. 그러나 가정교육이나 가정환경만으로 충분하지 않기 때문에 부족한 면을 보충하기 위하여 학교 교육의 가치가 중시되며 더 나아가 사회 각처에서 보고 들으면서 수양하고 학습할 기회를 만나면 더욱 수준이 높아진다. 가정, 학교, 사회 3자야말로 인격 형성에 가장 큰 영향을 주는데 이 모두가 인간관계의 현장이다.

  국가는 가족의 확대판과 유사하기 때문에 나라별로 어느 정도 특징이 나타난다. 예컨대 인구가 가장 많은 중국의 경우는 대가족 가정인 셈이다. 그래서 중국인이면 대개 인내심과 이해력(理解力)을 지닌 사람으로 지칭되기도 한다.

  사실 남북한도 다소간에 대가족과 소가족 같은 차이가 있다. 북한의 인구는 남한의 절반도 못 된다. 땅은 약 2만㎢나 더 넓은데 인구가 적으니 면적 당 인구밀도에서 보면 거의 2(南韓) 대 1(北韓) 이상의 차이가 날 것이다. 게다가 북한에서는 정치권력에 의한 사상 획일화가 심하기 때문에 다양한 발상과 사고가 있기 어려울 것으로 생각된다.

  '가지 많은 나무에 바람 잘 날이 없다(樹大招風)'고 했듯이 남한에서도 비교적 혼란이나 대립이 잦았지만 미운 정 고운 정이 쌓여서 관용과 이해 및 협조의 폭이 넓어진다. 아마 북한은 이점에서 남한과는 다소간에 차이가 날 것이다.

3) 체능(體能)

  체(體能, 體力)는 지·덕과 마찬가지로 인간 3대 덕목의 하나이며 지성과 덕성을 간직해 주는 창고이다. 남북이 분단된 채 각기 자기 발전을 시작하기 이전에는 남·북한 주민 간의 체격에 차이가 없었다. 그러나 분단 이후 북한은 체격, 체질, 체능 면에서 남한을 따르지 못한다. 남한 주민은 탄수화물, 지방, 단백질 및 비타민 등 영양 섭취에서 우세하여 전체적으로 영양상태가 고르기 때문에 건강과 체질 면에서 북한 주민을 압도한다.

 북한 주민들이 대체로 영양실조 특히 단백질의 부족으로 깡마르고, 비타민의 부족으로 피부에 윤기가 적음에 반하여, 남한 주민들은 더 살찌고 피부가 좋다. 더군다나 모두가 골고루 잘살게 하겠다던 공산주의 사회주의제도가 '공동책임제'여서 훌륭하다고 선전하지만, 알고 보면 '누구도 본격적인(확실한) 책임은 없음'이라는 무책임 현상이 되기 때문에 빈곤의 하향평준화(下向平準化) 즉 균빈(均貧)화를 초래하여, 북한 동포가 어렵게 사는 모습은 참으로 안타깝다. 체력만이 꼭 국력은 아니지만 '체력이 국력이다'고 강조되듯이, 실제로 국력은 국민 각자의 건강에 비례한다. 역대의 아시안게임이나 올림픽대회 그리고 기타 각종 운동경기대회에서 얻은 남측의 성적은 거의 세계 선진 수준인데 북한은 그에 훨씬 미치지 못하고 있음을 보아도 체력의 차이가 보인다.

제3절 강요된, 막지 못한 남·북 분단

1. 미·소(러시아)와 남·북 분단

 제2차 세계대전(1939~1945)이 끝나던 무렵 미국은 한반도에서 일본제국주의(日帝) 점령군을 조속히 구축(驅逐)하기 위하여 소련의 대일전(對日戰) 참전을 요청하였다. 미국은 남쪽, 소련은 북쪽에서 진군하여 일제(日帝)를 축출하자는 전략이었다. 그동안 관망하던 소련군은 기다렸다는 듯이 신속하게 북한으로 진입하기 시작(1945. 8. 9)하였고 미국군의 선발대는 그보다 약 1개월 뒤(1945. 9. 8)에, 일본으로부터 무조건 항복(1945. 8. 15)을 받은 뒤에야, 남한에 도착하였다. 양국은 영국을 참가시킨 미, 영, 소 3개국 정상회담(1945. 12. 28 모스크바 三相會議)을 갖고 한반도에서 미·소 주둔군 간의 점령경계는 북위 38도선으로 하며 향후 최장 5년에 걸쳐 미, 영, 소, 중 4개국에 의한 신탁통치를 하기로 결의하였다. 그러나 이 계획은 남한 내에서의 반탁(反託)운동에 의하여 난관에 봉착하게 되었다.

한편 미국과 소련은 각각 점령지에서 친미정권과 친소정권의 수립을 지도하면서 미·소간 제1차 공동위원회를 소집(1946. 1. 16)하는 등 남북문제의 순조로운 해결을 모색했으나 거듭된 회담에도 불구하고 아무런 성과가 없었다. 마침내 남한에서는 국제연합 소총회(1948. 2. 25)의 결의를 받아들여, 우선 선거가 가능한 남한에서 만이라도 총선거를 실시(1948. 5. 10)하여 '대한민국' 정부를 수립(1948. 8. 15)하였고, 북한에서도 뒤이어 '조선민주주의 인민공화국'을 수립(1948. 9. 9)하게 되었다. 물론 김구, 김규식, 여운형 등 민족 지도자들은 남한만의 '단정'(分斷政府) 수립을 반대하였지만 미·소 양대국의 결정을 뒤집을 수는 없었다.

남과 북에 별개의 정권이 출범하면서부터 한반도는 두 나라로 양립하게 되었고 미국과 소련의 후원 아래 탄생한 두 정권은 태생(胎生)적으로 친미(親美)성향과 친소(親蘇)성향을 갖게 되었다. 따라서 남한에서는 정치적 '자유민주주의 체제'와 경제적 자본주의노선을 걷게 되었고 북한에서는 정치적으로는 '인민민주주의 체제'('인민'

에 의한 '반동파' 압박체제)와 경제적 사회주의 노선을 걷게 되었다. 분단! 이것은 정치 경제적 '주의(主義)'보다 훨씬 견고한 화석(化石)이 되어 두고두고 풀기 어려운 족쇄(足鎖)가 되었다.

양국 대치의 형국에서 북한은 남한 정권이 성숙하기 이전에 통일을 하겠다는 야심을 품었던지 갑자기 남침(1950. 6. 25)을 단행하여 마침내 '한국동란'(또는 '6·25 동란')이 발발하게 되었다. 동란이 발발하자 이를 예측하지 못했던 남한정권은 대구와 그 이남의 낙동강 동안(東岸)의 좁은 영역으로 밀리면서 어쩌면 전 국토가 함락될 위기에 처했는데, 때마침 미국을 위시한 U.N. 산하 16개국 지원군의 참전에 힘입어 국토 수복의 길이 열리게 되었다. 중국과 소련은 북한군을 지원함에 따라 한국동란은 완전히 국지적 국제전쟁이 되었으며 쌍방에는 미국, 영국, 프랑스 등이 한편이 되고, 또 한편은 중국, 러시아 등이 한편이 된, 세계 최강대국들이 포함된 '국지적(局地的) 세계대전'이었던 것이다. 따라서 이때부터 실상은 전 세계가 미·소 양국을 두 개의 핵심으로 한 냉전체제로 굳어졌다. 그 뒤 소련(소비에트사회주의공화국연방) 자체도 해체되면서 카사크스탄, 우즈베키스탄, 키르기스스탄, 타지키스탄 등 중앙아시아국가 대부분이 독립하였다. 소련은 해체되어 남은 땅으로 '러시아연방'이 되었지만 그래도 국토면적은 세계최대이다. 다만 한대지방이 많아 면적 대비 인구는 적은 편이며 대략 1억 5천만 명이다.

드디어 1990년대에는 '미국 유일(唯一) 초강국 체제'로 되었고, 2010년대부터는 새로운 강자로 등극한 중국과 더불어 미-중 양강(兩强)체제에 있으며, 이 체제를 미·중·러·서유럽·일본 등 '다극체제'라고 말하기도 한다.

남·북한은 기왕에 정치, 경제, 문화적으로 이질화(異質化)가 심화되었음은 물론이고 '6·25동란'의 참담한 경험으로 적개심도 극대화되어 군사적 긴장이 계속되었다. 그동안 간헐적으로 남북대화가 있었으나 어디서 어디까지가 동족으로서의 민족애였는지, 어디서 어디까지가 남·북 양 정권의 자주적 결심이었는지, 진심을 알 수 없는 대화요, 깊이를 알 수 없는 협력이었음을 안타깝게 생각하지 않을 수 없었다.

드디어 남한의 김대중 대통령과 북한의 김정일(金正一) 국방위원장 간에 남북정상회담이 개최(2001. 6. 15)된 뒤 남북 이산가족상봉, 금강산관광, 올림픽과 아시안게임 공동입장, 장관급 및 실무급 회담개최, 북한 내에 개성공업단지(工團) 건설, 남북 간 철도와 도로 연결 등 협력관계와 공감대 형성에 획기적인 발전이 있었다. 그 아름다운 남북한 관계는 이명박 정권과 박근혜 정권 시절에 다시 퇴행하고 말았으니 누구를 원망하리오.

남한 정부의 대북정책에 꾸준히 참견하는 미국과 중국의 입장이 얼마나 훌륭하고 타당한 것인지 알 수 없으나, 결국 남북 통일문제는 남·북 양측 간의 자주적인 대화와 합의가 가장 훌륭한 통일의 길일 것이다.

우리는 남북분단의 1차적이고 직접적인 책임을 가끔 미국과 소련으로 지목한다. 사실 직접 책임을 따지자면 옳은 말이다. 그러나 그때 김구(金九), 이승만(李承晩), 여운형(呂運亨) 등 민족지도자들이 일치단결하여 분단조치를 해소할 수는 없었을까, 아니면 그때 미국, 소련, 영국이 결의한 신탁통치방안을 일치단결하여 받아들였다면 5년 또는 10년 이후에 통일된 민족국가를 수립할 수 있었을 것인지….

한마디 원천적이고 정치적인 답을 얻고자 한다면 '묶은 자라야 풀 수 있다(結者解之)'는 주장이 가장 본질에 가까운 답으로 생각된다. 비록 현실적인 국제정치적 상황에서 미·러 양국도 당시의 국제정치를 거론하면서 달갑지 않게 생각할지도 모르지만, 그래도 가장 합리적인 해법이니 우리 남·북한은 과거사를 이해하면서 미국과 러시아 두 '묶은 자'가 풀어달라고 요청하고 강요해야 할 것으로 생각된다. 말로만의 요청이 부족하다면 우리 국민의 경제력을 '통일'을 위해 동원한다면 되지 않겠는가.

지금 북한 주민들은 남쪽과 똑같이 거의 모두가 김해김씨, 경주이씨, 광산김씨, 동래정씨, 전주이씨, 경주나 탐진의 최씨 등등이고 김일성(金日成) 주석의 가계도 전주김씨(全州金氏)이니 거의 모두가 고려 말과 조선왕조 시절에 남쪽에서 이주한 사람들의 후손들이며 모두가 남이 아니고 가까운 범위 안에 있는 친인척이니 '통일'을 위해서라면 무엇을 아끼겠는가!

여기서 필자는 지구(持久)적이고 원천적인 영향요소인 '지리적 조건'에서 남과 북의 장단점을 일별해 보고 싶다. 대결을 위해서가 아니고 서로가 장단점과 강·약점(强·弱点)을 솔직하게 인식하고 각자의 위치에서 상대방에게 도움이 되는 방향으로 생각하고 지혜를 발휘하기 위함이다.

2. 남·북의 수리적 위치 개관

우리나라는 북반구의 동방에 위치하기 때문에 수리적 위치는 동경(E)과 북위(N)로 표시된다. 섬까지 포함한 경우와 반도만을 계산한 경우 한국의 위치는 다음과 같다.

〈섬을 포함한 경우의 위치〉

극동 : 동경 131°52'22"E (경북 울릉군 독도 동단)
극서 : 동경 124°11'00"E (평북 용천군 신도면 마안도 서단)
극남 : 북위 33°06'40"N (제주도 남제주군 대정읍 마라도 남단)
극북 : 북위 43°00'39"N (함북 온성군 유포면 유포진 북단)

〈섬을 제외한 반도만의 위치〉

극동 : 동경 130°41'22"E (함북 경흥구 노서면 동단)
극서 : 동경 124°18'35"E (평북 용천군 용천면 서단)
극남 : 북위 34°17'16"N (전남 해남군 송지면 남단, 땅끝)
극북 : 북위 43°00'39"N (함북 온성군 유포면 유포진 북단)

우리나라의 동·서 양단(兩端) 간의 경도 차이는 대략 7도(동경 124°~131°)이며 중앙 경선은 대략 동경 127°30'이다. 따라서 한때는 함흥, 원산, 금화, 대전, 순천 등 지역을 지나는 이 선으로 자오선을 삼아 표준시를 정한 적도 있다. 남·북간에 경도는 차이가 적어서 당연히 시차(時差) 현상도 적다. 한반도의 극동과 극서 간에 일출과 일몰 시각 차이는 30분도 안 된다. 그러나 위도는 약 10도 (N33°~N43°)의 차이가 나며 이는 기온상으로 상당한 격차를 갖기 때문에 다소간의 남북현상을 일으킨다. 특히 남북이 휴전선(당초에는 38도선) 때문에 각각 별개의 생활권으로 분리됨에 따라 남북 간에는 경제적·문화적으로 이질화가 심화되고 있다. 남북한의 수리적 위치의 차이를 고찰해 보자.

〈남북한의 수리적 위치〉

	극북	극남	평균 중간 위도
남한	약 38°N	약 33°N	약 36°N
북한	약 43°N	약 38°N	약 40°N

* 도표 설명: 남한의 극북(極北)은 휴전선 동단(東端) 지점이지만 면적과 인구 및 이용도를 고려하여 대략 38°선을 잡은 것이며 이는 또 북한의 극남(極南)이 된다. 남한의 극남은 제주도 남제주군 대정읍 마라도 남단.

여기서 우리는 남·북간에 평균 4도의 위도 차이가 있음을 알 수 있는데, 이 정도라면 한국이 섬이거나 내륙국일 경우 기후에 편차를 주지 않겠지만 남북으로 긴 반도(1,300㎞)인데다 대륙성 및 해양성 기후의 영향이 커서 남·북간에 기온의 차이가 상당히 크다. 기온과 강우량(또는 강수량)의 차이는 토질, 식물, 곡식 그리고 인간의 활동과 영양 및 건강에까지 영향을 미친다. 이들 제반 연관 요소들을 검토하여 보기로 한다.

3. 남북의 생활여건

1) 기온과 인간 활동

여름철 기온은 남·동 해양풍의 영향으로 남북한 간에 큰 차이 없이 거의 아열대와 같은 정도로 30℃이상의 날씨가 평균 10여일 또는 그 이상 계속되며, 남북차이는 최대 9℃, 평균 차이는 4℃로 그다지 큰 것은 아니다.

겨울의 기온 차이는 상당히 크다. 서북 대륙풍의 영향으로 기복이 심하여 남북한의 평균 기온차를 구하기가 어렵지만 대체로 남한은 4℃~ -6℃에 걸쳐 있어서 -1℃를 중간치로 잡는다면 북한은 -6℃ ~ -20℃에 걸쳐 있어서 -13℃를 평균치로 잡을 수 있다.

따라서 1월 평균 남북한 기온 차이는 -11℃에 달한다. 특히 한반도의 내륙 1월 최저기온은 남해안 -2℃~-4℃, 중부지방 -8℃~ -12℃이하 정도인데 내륙 북부의 개마고원은 -20℃~-30℃ 이하로 내려가며 중강진을 중심으로 장진, 풍산, 삼수, 후창, 자성에 걸친 일대는 최저기온이 -40℃까지 내려간 일이 있어 한국에 있어 최한(最寒)지대를 이루고 있다.

겨울 기간은 최북부 약 6개월, 북부 연안 약 5개월, 중부 약 4개월, 남부 약 3개월이 된다.[123] 환언하면 평균하여 북한은 5개월이, 남한은 3.5개월이 겨울이어서 남북 간에는 평균 1개월 이상의 겨울기간 차이가 있다. 가장 추운 기간을 제외한 기간을 '활동 적(정)

---

[123] 전게서, p.81~83.

기'라고 설정하면, 북한 주민은 평균 7개월 정도의 활동 적기(活動適期)를 갖는데 비하여 남한 주민은 평균 9개월의 활동 적기를 갖는 셈이다. 약 2개월의 기간 차이라 하더라도 한냉도에 차이가 심해서 북한 주민은 고통이 더 크거나 아니면 난방이나 식사를 위하여 석탄 석유 등 에너지 소비가 많아져야 한다. 그것도 아니라면 더 따뜻한 복장이라야 되고 주거시설에 더 따뜻한 환경을 만들어야 한다. 따라서 백성들은 살기 좋은 남쪽으로 많이 이주해서 북한보다는 남한의 인구가 항상 더 많았다. 〈해방전(1942년말) 남북한 인구〉에서 보듯이 현저한 차이가 있는 것이다.

〈해방전(1942년 말) 남·북한 인구〉[124]

	한인	%	외국인 (주로 일본인)	%	합계	%	인구밀도
전국	25,525,409	100	835,992	100	26,361,401	100	119
남한	16,139,130	62.2	495,589	59.3	16,634,719	63.1	179
북한	9,386,279	37.8	340,403	40.7	9,726,682	36.9	79

남한의 인구가 많고 북한의 인구가 적은 이유는, 남한으로의 이주와 만주(滿洲)로의 이민 등 이유도 있겠지만 그 정도의 변동은 인구 절대량에 큰 영향을 못 주는 미미한 수준이다. 결국 남한의 주민 수가 많다는 것은 북한보다 천혜가 더 크기 때문에 생노병사(生老病死)를 통한 인구의 자연증가가 남한에서 더 많음을 의미한다.

---

124) 『조선연감』, 서울, 조선통신사, 1947 참조.

2) 주식과 부식

　기온의 남북 간 차이 때문에 농작물의 생육기간이 남쪽으로 갈수록 길어지고 북쪽으로 갈수록 짧아지는 농작물 생육기간이 남한은 1백80일 이상 2백60일 이내임에 반하여, 북한은 1백40일 내지 1백80일 이내에 불과하다. 이와 같은 기온 조건은 우리나라의 잡곡과 과일 생산의 생태계 공간 범위를 제약한다.

〈한반도 내 잡곡과 과일의 생태계 공간 범위〉

보리는 대동강 이남에서 주로 생산되며 주산지는 영·호남지방이다.
쌀보리는 차령산맥을 경계로 대개 그 이남에서 자라며 주 생산지는 영·호남지방이다.
고구마도 남부지방에 편재하는 작물이다.
배도 중부 이남이 주산지이다.
귤은 남해안과 제주도에서만 성장한다.
감도 멸악산맥을 분수령으로 하여 그 이남에서만 자라며 영·호남지방에서 다량 생산된다.

　이들 잡곡이나 과일은 북한에서는 희귀하거나 없는 품목들이다. 남·북한에서 골고루 재배되는 것들은 밀·호밀·조·옥수수·메밀·콩·팥·녹두·감자·사과·복숭아·포도·밤 등이다.

　결국 상대적으로 남한에서는 다품종 다생산(多生産)이지만 북한에서는 소품종 소생산 이어서 자연현상으로 인한 빈부격차가 생긴다. 여기에서 남한 주민은 북한 주민에 비해 양적으로 더 풍부하고 질적으로 더 우량하며 종류에서 더 다양한 영양을 섭취하고 있음

을 알 수 있다.[125]

잡곡류 이외에 우리 민족의 주식인 쌀의 생산은 남·북 간에 더 큰 차이를 보인다. 쌀의 생산은 연 1000mm 이상의 강우량과 1백 50일 이상의 무상일수(無霜日數, 서리 없는 날 수) 등의 조건에서는 어떤 논에서나 가능해서 미곡 생산을 위한 기후조건은 남북이 대동소이하다. 그 대신 평야와 산지의 분포에서 차이가 생긴다.

평야와 산지의 분포로 볼 때 대체로 평북 의주로부터 경북 포항을 잇는 직선(의-포선)의 동북방은 산지가 많고 서남방은 평야가 많다. 따라서 의-포선 동북방은 잡곡 생산이 위주이고 서남방은 논이 많아서 미곡생산량이 압도적으로 많다. 북한은 의-포선 동북지역이 많아 미곡생산이 적을 수밖에 없음은 당연하며 곡식과 과일의 생산량과 종류도 훨씬 적다. 남한은 옥수수를 제외한 모든 곡류에서 훨씬 많은 생산량을 갖고 있다. 이와 같은 현상은 인위적 노력의 투입량이 같다면 계속 비슷한 격차가 생기게 된다.

기후와 지리조건의 남북 격차는 몇 가지 부식에서도 차이가 생기게 되었다. 축산업과 수산업을 중심으로 고찰해 보면 다음과 같다.

첫째, 북한은 식생활문제를 해결하기 위하여 가축 생산에 노력하고 있다. 이는 산이나 구릉지가 많기 때문에 방목(放牧)하거나 초식(草食)을 시키기에 편하여서 북한이 남한에 비하여 축산(畜産)에서 우세한 경우도 있다. 한우(韓牛)의 경우는 전통적으로 산지·구릉·

---

125) 이중환 저, 《택리지》, 경기도에서는 사대부가 실직·실권했을 때 서울 근교보다는 삼남(三南)지방에 자리 잡아야 회복이 가능함을 지적하고 있는데, 이는 중부와 남부 간에도 차이가 있음을 말해 준다.

초원이 풍부한 지역이라야 유리하기 때문에 남한에서는 태백산지역·한라산지역 등에서 성행되고 북한에서는 함남·함북·평북의 산악지대의 농촌에서 비교적 성행되고 있다. 산양은 방목(放牧) 위주이기 때문에 북한에서 더 많이 성행된다.

돼지·닭·토끼 따위는 완전한 가축이어서 집에서 기르기 때문에 소와 마찬가지로 분포현상에 큰 차이가 없으나, 북한에서는 식량생산의 부족을 메우고 지방질 섭취를 통해 겨울철 내한(耐寒) 효과를 높이기 위하여 돼지를 많이 기른다. 따라서 인구비례로 따진다면 북한이 이들 가축 수량에서 남한에 비해 우세한 상태이다. 정주영(鄭周永) 현대건설 회장이 북한에 1,000마리의 잘 길러진 한우를 보냈던 것은 동포간의 인도(人道)주의적이고 평화적인 사업이었는데 아쉽게도 중단되었고 또 정 회장도 작고하여서 애석하다.

둘째, 북한은 수산업에서 남한보다 불리한 위치에 있으나 생산량 제고에 노력함으로써 인구비례 상으로는 거의 균세(均勢)에 접근하거나 동해 어장에 한해서 약간 우세를 보이고 있다. 이는 주로 두만강 하류로부터 해금강 앞까지 걸친 긴 동해안에 연안 어민들이 출어(出漁)하기 때문이다. 동해에서는 주로 꽁치·오징어·방어 등 난수(暖水)성 어족과 명태·청어·대구 등 한수(寒水)성 어종이 있는데 그 어종의 어획량은 북한이 남한보다 약간 우세하다.

남한에 있는 남해에서는 김·굴·새우 등과 삼치·정광어·도미·조기·넙치·숭어·문어·오징어 등이 많이 잡히는데 이것은 남한만의 강점이다. 서해에서는 조기·갈치·민어·고등어·김·굴·새우 등이 잡히는데, 북한 해구(장산곶 이북)는 동계에는 제주해류의 세력이 약해지고 한랭한 북서 계절풍의 영향으로 수온이 낮아져서 난수성 어족들이 월동장으로 남하하기 때문에 12월~3월간은 거의 휴어기(休漁期)가 되므로 서해에서의 남북어업조건은 남한의 절대 우세가 된다.

남북 비교의 시각에서 볼 때 동해에서의 남한의 약간 열세는 남·서해에서 충분히 압도하고도 남음이 있기 때문에 천부적 조건에서 남한이 우세하다. 게다가 북한은 원양어업의 실적에서 남한과 비교가 안 된다는 사실을 알아야 되겠다.

결국 어느 것에서건 북한이 뒤지지만 인구비례로 따진다면 북한은 농작물과 수산물에서 남한에 훨씬 뒤진 대신 축산물에서 약간 우세를 보일 수 있는 잠재력은 있다.

3) 주거와 복장

우리나라는 옛날부터 사회환경이 불안정하고 또 인구이동도 잦아 빈곤한 생활 속에서 가옥구조의 개량에 유의할 여유가 적고 더욱이 조선 초에는 계급에 따라 민가 규모에 엄격한 제한이 있었던 까닭으로 지방의 토속성이 충분히 나타나 있지 않은 것으로 보고 있다.[126] 물론 이와 같은 현상은 주택개량이나 현대적 아파트 및 연립주택이 나오기 이전의 일이다. 그러나 실상 아직도 농촌에서는 물론이고 도시에서도 재래식 가옥이 잔존한다. 이들 전통 가옥구조는 대개 온돌방·마루방·토간 3종 형태를 갖는데, 온돌은 추운 겨울에 소량의 연료로 보온하기 위한 것이고, 마루방은 하절(夏節)

---

126) 강석오, 전게서, p.521.

의 더위에 대비하는 것이며, 토간은 부엌이나 가내작업장으로 마련된 것이다.

가옥마다 구비요소는 같지만 형태나 질은 기후에 따라 약간씩 달라진다. 따라서 관북형·관서형·중부형·삼남형 등으로 다음과 같이 구분한다. 낭림산맥(관북/관서), 멸악산맥(관서/중부), 차령산맥(중부/남부) 등을 경계로 나누어진다. 각 형태마다 기후와 재료 때문에 다소간의 차이가 나는데, 지붕·벽·울타리(또는 담)가 각각 다른 이유는 산간·평야·다우지(多雨地)·소우지 등에 따른 것으로써 전국적인 현상이어서 특별히 주목할 필요는 없지만 가옥구조는 상당히 중요한 의미를 갖는다. 구조상의 차이점은 대략 다음과 같다[127].

〈지역별 가옥구조〉[128]

① 중부, 관서, 관북으로 올라갈수록 벽이 두꺼워지고 문이 작아지면서 방의 밀폐도가 심해진다. 관서 이남부터 툇마루가 등장한다.
② 중부 이남으로 갈수록 대청마루가 등장한다.
③ 3남(경상, 전라, 충청)형에서는 대청마루는 물론이고 별개의 사랑채가 있다.

이 차이점은 현대식 아파트의 보급에 따라 많이 없어졌으나 어떤 형태의 주거공간이건 기후를 고려한 '개방과 차단'의 원리는 똑같이 나타나기 때문에 참고용으로 검토한 것이다.

북으로 갈수록 주거환경부터 폐쇄(閉鎖)적이고 자연과 격리도가

---

127) 김의원 저, 『국토이력서』, 매일경제신문사, 1984, p.39~40.
128) 김의원 저, 전게서, p.40를 참조함.

높아짐을 뜻하며, 남으로 갈수록 개방적·사회적이고 자연과 조화도가 높음을 뜻한다.

복장에서도 차이가 있다. 북으로 갈수록 방한(防寒)을 위하여 두꺼운 털옷이나 솜옷이 많아진다. 가옥구조와 마찬가지로 신체에 대한 폐쇄성이 강하여 자연과 격리도가 높아짐으로써 자연미 또는 감정표현이 무디게 단순화된다. 남으로 갈수록 반대임은 물론이다.

4) 의식주와 자원의 교류

옛날부터 북한에는 지하자원이 많고, 남한에는 식량 등 생필품이 많다고 하는 것은 공인된 사실이다. 남북을 비교해 볼 때, 남한에는 일조량, 강수량, 기후 등 때문에 농작물과 채소 및 과일이 훨씬 많고, 4계절의 길이가 비교적 비슷해서 춘하추동에 맞는 의복도 다양하고 화려하다. 주택도 더 개방적이고 위생적이다. 이에 비해 북한에는 산악과 고원지대가 많아 목재와 목장업에 유리하고 지하자원이 더 많다. 따라서 남과 북의 교류는 다음과 같은 의미에서 중요성을 띠고 있다.

첫째, 남·북 간에는 자기 측에 있으면서 상대방에 없는 것을 주고받을(有無相通) 필요성이 생긴다. 즉, 서로가 상생상보(相生相補)적이어서 상대방의 도움을 필요로 하는 형국이다.

둘째, 신토불이(身土不二)라는 말이 있듯이 이 땅에서 나고 자라면서 그 식생활에 적응된 우리에게는 한반도 내에서 생산되는 식료가 가장 체질에 맞는다. 혹 외국 현지의 채소로 김치나 된장을 담아 먹는다 해도 국내 제품의 맛과 성분을 따르지 못함을 확인한 사람이 많을 것이다.

셋째, 예부터 남남북녀(南男北女)라는 말이 있다. 그 말이 꼭 맞다고 단정할 수는 없지만 대개 두 가지 뜻을 담고 있는 것 같다. 남쪽에는 남자들이 많고 잘 생기고, 북쪽에는 여자가 많고 예쁘다는 얘기이다. 남·북의 젊은이들이 서로 결혼하여 살림(住)을 한다면 다른 이민족과 결혼하는 것보다 여러모로 좋을 것이다. 우리의 체질에 맞는 음식을 먹고 우리의 감정에 맞는 배필을 만날 필요성을 충족하기 위해서라도 남북은 통일이 되어야 하는 것이다. 필자는 대학생 시절에 "나는 통일되면 평양 아가씨와 결혼하겠다"고 큰소리쳤는데 그 호언은 물거품이 되고 말았다.

4. 국운의 중흥: 우량자의 사명

1) 국가 부강

모든 나라(정부)가 하는 일은, 대분(大分)하여 내정(內政)과 외교(外交)이다. 나라가 하나의 강력한 조직인 이상 대내적으로는 국민과 영토를 지키기 위하여 통치(統治)가 있어야 한다. 또 대외적으로는 국제사회의 일원으로 처신하기 위하여 외교가 있게 마련이다. 따라서 내정과 외교는 2대 기본업무이다. 그런데 20세기 중반부터 우리나라는 기본업무 이외에 '분단된 조국의 통일'이라는 남다른 과제를 갖게 된 현실이 곧 우리의 특수한 상황이다. 따라서 분단의 영구화는 감내할 수 없고 감내해서도 안 되는 민족의 새로운 과제이다.

남북대치의 특수상황에서 통일을 달성하기 위해서는 그 전제조건이 국가의 부강(富强)이다. '통일' 이전에 '생존'이 보장되어야 하며 그 '생존'이라는 전제조건의 토대에서 통일이 있게 된다. 마치 바둑에서 '내가 살고 난 뒤 남을 잡는다(我生然後殺他)'라는 방책과 같은 경우(무력통일)를 생각할 수도 있고, 가장 이상적으로는 남·북이 허심탄회하게 협의하여 '평화통일'도 가능할 것이다. 독일이나 예멘의 사례가 있다. 또 어느 일방의 자진항복을 통한 '항복통일'도 한 가지 방법일 수는 있다. 신라 경순왕이 고려 왕건에게 항복했을 때 경순왕과 그 추종세력으로서는 치욕이었을지언정 대량 파괴와 처참한 인민 살육을 피했다는 점에서 국가와 국민에게는 혜택이 되었었다. '통일'이 지상(至上)의 과제라면, 흡수통일, 평화통일, 항복통일 어느 것이고 마다할 필요가 없다고 생각할 수도 있다. 그렇지만 다음과 같은 엄연한 사리(事理)를 벗어날 수 없는 것이 통일임을 명심해야 되겠다.

① 강자가 주동이 되어 약자를 통합하게 된다. 신라 말기에 강자인 고려가 약자인 신라를 흡수하였다. 강자가 약자에게 항복하여 통합된 사례(史例)는 없다.

② 남·북한 단독 대좌(對坐)로는 문제가 해결되지 않는다. 남과 북이 절차와 형식에 구애받을 필요 없이 평화통일에 합의했다고 하더라도 그것만으로는 해결되지 않는다. 중국과 러시아 이외에 미국과 일본도 한반도 문제에서 그들 나름의 이해관계가 있기 때문에 직접 개입하거나 촉각을 곤두세우게 되는 것이다.

③ 인류의 이상에 좀 더 가까운 생활철학과 생활양식을, 단순히 통일이라는 대가를 받고 맞바꾸려 한다면 기존의 일상생활에 익숙해지고 체계화된 국민의 반발이 일어나 일을 파탄시킨다. 환언하면

통일을 위한답시고 이미 '익숙한 안일(安逸)'을 '통일'과 바꾸려 한다면 '악착같은 반대'에 의해 무산될 가능성이 클 것이다.

따라서 통일을 위한 어느 한쪽의 '성스러운' 항복도 어려운 것이므로, 우리의 통일문제는 강자이면서 국가 생존의 뿌리가 깊은 남한(남세북진현상의)이 확고부동한 기본임을 자각하고 온갖 인내와 포용 및 설득을 통해 북한을 이해(理解)시켜 포용(包容)하고 협력(協力)하는 과정에서 비로소 실마리(端緒)가 풀리게 될 것이다.

부(富)는 강(强)과 통한다. 옛날부터 "경제력이 풍족해야 군사력도 강할 수 있다.(足食足兵)"고 했다.[129] 통일 성업(聖業)을 위해서는 우선 남한이 생존해야 함은 물론이고 한 걸음 더 나아가 북한 동포를 충분히 먹여 살릴 만한 경제력을 갖추는 것이 필수조건이라 하겠다. 우리가 마땅히 또 기꺼이 해야 할 일을 하면서 우쭐하거나 갑(甲)질한다면 스스로 북한 동포를 차별하는 것이므로 정성을 다한 공경(恭敬)으로 대해야 할 것이다.

2) 통일외교

'결자해지(結者解之)'라는 말이 있다. 직역하면, '묶은 자가 푼다'는 뜻인데, 더욱 확실한 뜻은 '묶인 자는 묶여 있기 때문에 풀 수 없으니 묶은 자가 풀어주어야 한다'는 뜻이다. 따라서 한반도를 직접 묶은 책임자는 미국과 소련(현 러시아)이다. 그런데 미국과 러시

---

129) 《논어》, 안연 편, 子貢問政, 子曰 足食足兵, 民信之矣(여기서 足食과 足兵이 별개가 아니고 足食하면 足兵된다는 인과관계에 있음을 알아야 한다.)

아는 제국주의 일본을 축출하기 위한 방책으로 필요한 협력을 하는 과정에서 결과적으로, 또 원칙적으로는 당분간 신탁통치과정을 거치기 전 단계로서 분단시킨 것인데 신탁통치론도 남·북 간 통일(분단 반대) 회담도 뒤죽박죽 혼돈상태여서 남·북한은 결국 따로따로 분단정부(斷政)를 세우게 되었다.

'분단', 그것은 두고두고 만악(萬惡)의 씨가 되었다. 북한의 남침, 한·미의 북침, 중국과 북한의 재남침이 이어졌다. 이로써 한반도 문제는 남한과 북한뿐 아니라 중국과 미국의 문제가 되었으며 여기에 원인 제공자 일본이 있으니, 결국은 일본, 미국, 중국, 러시아 4대 외국도 연관되어 남·북한에 미, 중, 일, 러가 참여하여 6자의 문제가 되었다. 따라서 통일을 전담할 '통일외교'가 필요하게 된 것이다.

외교는 다양한 입장과 시각에 따라 분류할 수 있겠지만 그중 하나의 시각에서 기능별로 분류하자면, 국가의 명예나 국가 간의 정치문제에 관련된 정치외교(政治外交)가 있고, 군사동맹이나 군사적 지원과 관련된 군사외교(軍事外交), 무역과 경제협력 등 경제외교(經濟外交), 그리고 사회봉사나 문화교류와 관련된 문화외교(文化外交) 등으로 구분할 수 있다. 이 분류에서 볼 때, 정치외교에는 국가 위상 문제는 물론이고 영토문제나 민족문제 해결 등을 위한 교섭이 주로 포함된다. 통일문제는 속성상 정치외교에 속하겠지만 특정 상대(對峙者)와의 1대1 통합문제이기 때문에 외교 일반사항에서의 국가승인, 군사동맹, 국제협력 등 공식적인 정치외교의 차원을 초월한다. 따라서 정치외교에서 '통일외교'를 분리하여 통일에 대한 지지를 구하고 그들로부터 통일된 한반도의 안전에 대한 국제적 보장을 받자는 것이다.[130] 따라서 외교 일반에 대한 논의는 차치(且置)하고 남·북한 간의 통일문제와 관련된 논의를 하고자 한다. 그런데 통일외교에는 당사자 회담인 '남북대화'와 '관계국 회담'으로 나눌 수 있다.

(1) 남·북 대화

남·북 직접대화는 적십자회담, 조절위원회 회담, 총리회담(고위급회담) 및 정상회담 등이 있었다. 그러나 회담은 효과와 지속성 면에서 단절과 우여곡절이 많았다. 그럼에도 불구하고 한국은 북한을 극도로 미워하거나 무시해서는 안 되는 이유가 있다.

북한정권이 안보상 극한적 위협에 봉착한다면 그 지배세력은 사생결단의 전쟁을 도발하거나, 북한 땅을 중원 또는 동북의 외세에 완전히 귀부(歸附)시키려는 막다른 골목으로 치달을 수도 있다. 역사적으로 고려 명종 때(1174~1176년) 서경 유수 조위총(趙位寵)이 정중부(鄭仲夫) 정권에 반대하여 싸우다가 세(勢)가 불리해지자 '자비령 이북을 떼어 주겠다'는 조건으로 금나라에 원병을 요청했다가 실패한 사실이 있다. 또 고려 충숙왕(忠肅王) 때 모모 역신(逆臣)들이 고려를 원나라에 통합하자고 주장(1330년)했었다. 물론 이제현(李齊賢) 등 충신들은 당연히 반대했기 때문에 성사 가능성은 희박했지만, 재미있는 사실은 오히려 원나라 측 외교관이 '고려가 원

---

130) 헬무트·슈미트 前 서독(西獨) 총리는 "결론적으로 한국이 통일을 이룩하려는데 이웃나라들이 통일을 반대하지 않는 국제적 분위기를 만드는 일이 가장 중요하다"고 했다.(〈중앙일보〉 93.5.21)

나라에 귀부할까 걱정했다'는 사실이다. 원나라 외교관이 고려의 귀부를 반대한 이유를 요약해 보면 다음과 같다.

첫째 그간의 원·고 간의 친숙한 관행만으로도 아쉬울 것 없다.

둘째 고려는 멀리 떨어진 이방(異邦)이어서 풍속이나 형벌이 달라 통치하기 어렵다.

셋째 산이 많아 호적작성 등 행정사무에 어려움이 많다.

넷째 세수(稅收)보다 행정비용이 많이 소요되어 경비 상 손해이다.

다섯째 고려에 주둔할 병사의 차출이 어렵다.

여섯째 고려를 반역한 신하(逆臣)들의 배은망덕한 주장이니 오히려 처벌을 해야 된다[131]는 것이었다. 그 당시 반대 주장이 많아 불가능했지만 자진 합병의 위험성은 있었던 것이다.

조선 선조도 임진왜란 피난길에서 고민이 많았다. 그때 그는 백성들로부터 무능하고 비굴하다고 지탄을 받았다. 그러나 왕 자신은 동인·서인 당쟁을 들어 남 탓을 하면서 이렇게 탄식했다.[132]

"나라 일로 허둥지둥하는 오늘날(國事蒼黃日) / 누가 이광필 곽자의 같은 충성을 발휘할 것인가(誰能李郭忠) / 서울을 떠남은 큰 계책을 생각해서이니(去邠存大計) / 후일의 회복은 제공의 힘을 입어야지(恢復仗諸公) / 관산 달빛에 울음이 절로 나고(痛哭關山月) / 압록강 바람에 마음이 아프구나(傷心鴨水風) / 조정의 여러 신하여 오늘 이후에도(朝臣今日後) / 또다시 서인 동인 할 것인가!(寧復更西東)."

---

131) 《고려사절요》 제24권, 충숙왕 10년. (『국역 고려사절요』 Ⅲ, 민족문화추진회 발행, 1968, pp.307~310.

132) 이익 원저, 상게서 -상-, pp.245~247에서 재인용.

그러면서 그도 명나라에 귀부(歸附)까지 생각했었던 것이다.

남한의 김대중(金大中) 대통령의 북한 방문 및 북한 김정일(金正日) 국방위원장과의 '6·15공동성명'(2000. 6. 15) 발표는 확실히 역사적이고 건설적인 사건이었다. 성명을 요약해본다.

① 통일은 자주적으로 해결
② 국가연합과 낮은 단계의 연방제의 공통점을 인정
③ 이산가족 상호방문
④ 경제협력 확대
⑤ 당국간 대화재개

두 정상의 마음속에도 서로 형이 아우 보듯, 아우가 형 보듯 진심이 있었을 것이다. 미우나 고우나 남·북간에는 "서로 욕하고, 서로 하소연하고, 함께 목 놓아 실컷 울어 보면" 묵은 감정이 눈 녹듯이 풀릴 것이다. 왜? 강대국들의 틈바구니에서 우리 민족끼리 악착같이 함께 살아내야 할 때 그래도 가장 믿어야 할 혈육이니까.

(2) 관계국 회담

이 회담의 북한 측 관계국에는 중국과 러시아가 있고, 남한 측 관계국에는 미국과 일본이 있다. 다만 이 4대 관계국의 '관심의 질'에는 모두 차이가 있지만 크게 보아 비슷한 점이 있는 것이다. 관련된 미, 중, 일, 러 4대 강국을 설득하고 인식시키고 나아가 그들의 동조를 받아 통일을 이루자는 것이 통일외교의 핵심이라 하겠다.

'묶은 자가 푼다(結者解之)'는 말은 관련국에 대한 우리의 정당한 요구로써 이 요구는 누구도 거부할 수 없고 또 남·북한으로서는 끝까지 주장해야 하는 신성한 권리이다.[133] 사실 우리나라의 분단에는 여러 나라의 책임이 있다. 가장 직접적인 책임은 미국과 러시아에 있다. 두 나라가 북위 38도선을 사이에 두고 분할점령을 했기 때문이다. 원천적인 책임은 일본에 있다. 36년간이나 압박하고 착취했으면서도 쫓겨날 적에는 아무런 배상도 내놓지 않은 채 도망치면서 미국과 소련으로 하여금 '분단하게 하는' 빌미를 제공했다. 중국에게도 다소간의 책임이 있다. 오랫동안 종주국 행세를 했던 입장이었으면서 일본의 침략을 막아주지 못한데 대한 사과도 없었기 때문이다. 이것이 유관국(有關國)에 대해 우리가 따지고 주장하고 부탁해야 할 통일외교의 당위(當爲)가 되겠다.

그러나 가장 원천적인 책임은 우리나라 자신에게 있다. 한국(또는 조선왕조)이 국제관계에서 제구실을 못하고 중국에 대한 사대(事大)외교에 매달렸는데, 국제조류에 조금만 더 민활하게 대응하여 근대화에 노력했더라면 일본의 침략을 막지 못했을 이유가 없다.

또 미국, 영국, 소련 3상회의(1945.12. 모스크바)에서 한반도의 전후 처리문제를 협의할 때 그들은 '한국에서 미국, 영국, 소련, 중국 4개국이 최장 5개년간의 신탁통치(信託統治)를 실시할 것' 등을 결의했었다. 그때 국민의 여론은 반탁(反託)으로 들끓었고 또 반탁이 최선책이라고 생각하는 세력이 컸지만, 그때 우리의 선각자들이 좀

---

[133] 제2차 세계대전 이후 오스트리아가 미·소·영·불 4대강국의 분할점령으로부터 벗어나기 위하여 중립·비동맹을 표방하면서 4대강국과 10년 동안 4백회에 걸친 국제회의를 가졌고, 또 그것을 다행히 4강의 이해관계와 시의(時宜: Timing)에 맞았기 때문에 통일 독립과 중립을 얻어 냈다. 당시 오스트리아의 외교담당 국무상이었으며 독립 후 13년간 수상직에 있었던 브루노 크라이스키의 공이 컸다.

더 현명했고 좀 더 나은 방향으로 지혜를 모아 단합하여 단기간 5년, 또는 최장 10년간 신탁통치를 받은 뒤 통일을 했거나, 그게 아니면 더 좋은 묘책을 찾아 민주공화국을 조기에 건설하여 지금쯤이면 벌써 60여 년간 민주정치를 성장시켜 왔을 것인지 모를 일이다.[134]

3) 남북한 두 당사자

남북한의 '생존(평화공존)'과 '통일' 두 과정의 문제는 남북 양자 간의 문제와 관계국의 문제라는 이중의 문제가 있다. 관계국에는 중국, 미국, 일본, 러시아가 있다. 이들 모두가 찬성하고 승리할 길을 생각해 보자.

남북 양자 간에는 동족으로서의 '사랑과 미움(애증, 愛憎)'이라는 두 개의 장애물 앞에서 서로 탐색과 경계를 계속하고 있다. 한반도 문제가 남북한만의 문제도 아니고 관계국만의 문제도 아니지만, 어차피 핵심은 남북한이 능동적으로 해결해야 할 문제이기도 하고 관계국이 자동적으로 찬성해야 될 문제이기도 하다. 다만 남북한 통일문제는 본질적으로 '자기 탓(내 탓)'이 먼저이고, '남의 탓'은 그 다음이니 '내 탓'부터 반성해보자.

남북한은 진솔한 마음으로 한반도(조선 왕국)를 진지하고 꾸준하

---

[134] 당시 우익계에서 반탁시위를 격화시킬 때 미국의 하지 장군마저도 '신탁통치'를 받아들이고 미·영·소의 약속을 믿어달라고 여러 번 호소한바 있었음.(이호재 저, 『한국외교정책의 이상과 현실, 1945~\-1953』, 법문사, 1969, pp.163~168 참조)

게 가꾸어온 민족의 역정(歷程)을 사실대로 인정하고 대응해야 한다. 잠깐 역사를 회고해 보자.

우리의 국력이 대동강까지 진출한 것은 668년 통일신라의 일이고, 압록강 하구까지 진출하기는 984년(조선 성종 3년)이며, 두만강까지 진출하기는 1433년(조선 세종 15년)의 일이다. 여진족을 쫓아낸 공간은 조정에서 한강권과 삼남지방(충청, 전라, 경상) 주민 가운데서 이주한 사람들이 살면서 가꾸고 지켜왔다. 남세북진현상의 일환이었다. 두만강까지 확장했던 과정과 역사를 반추해 보자.

남쪽에서 호남·호서와 영남은 각각 백제(금강권)와 신라(낙동강권)가 뿌리여서 경쟁도 심하고 공간도 너무 협소해서 두 지역만으로 나라를 구성하기에는 부족하므로 한강권이 동참함으로써 비로소 나라를 구성할 수 있었다. 이에 비하여 북쪽의 북한지역에는 유일하게 대동강권 심장지대가 있는데 지리조건상 함경도를 통합하기 어렵다. 현재 명칭으로는 평안도, 황해도, 자강도(慈江道)로 구성된 '대동강권'의 우월의식과 함경도 나름의 자긍심은 상호간에 융합의지를 약화시키기 때문이다. 따라서 한강권의 월등한 통합력(포용력과 추진력)이 작동해야 통합이 가능해진다.

또 북한은 50여 년의 경험에서 개재국의 쓰라림을 톡톡히 겪었을 것이다. 안보와 경제분야에서 중국과 러시아에 때로는 구걸하랴 때로는 투정하랴 또 때로는 토라지랴, 천신만고 끝에 '자력갱생'(自力更生)과 '자주노선'의 기치를 앞세우고 살아온 세월이 몹시 힘겨웠을 것이다.

또 최신 무기를 앞세운 남한과 동맹국인 미국 그리고 준동맹국 수준인 일본 3국이 불가피하게 상당한 정도의 호흡을 함께해야 되는 처지이기 때문에, 비록 동족이라 해도 남한 마음대로 북한에 큰 도움을 주거나 받을 수 없는 입장이 아닌가. 이 상태가 오래가면 북한은 개재고사현상만 강화되는 불리한 사태에 직면할 우려가 있는 것이다. 이와 같은 남북 쌍방의 현실을 진솔하게 인정하고 그 바탕 위에서 진솔한 절충과 타협을 통해 통일을 모색해야 하는 것이다.

4) 4대 관계국과 한국의 입장

대체적으로 4대 관계국은 한반도 문제에 대하여 불가근 불가원(不可近 不可遠)의 입장에 있다. 남의 나라 일이니 너무 참견(近)하기도 곤란하고, 모른 채(遠)하자니 자기들의 국익과 관계가 있어서 방관할 수도 없다. 그 내용을 살펴보자.

대체로 4대 관계국의 한국에 대한 이해관계는 비슷하면서도 상대적으로 내용과 정도 면에서 차이가 있다.

중국은 안보와 국위(國威) 및 경제에 밀접한 관계가 있고, 일본은 경제와 안보, 러시아는 경제와 국위, 그리고 미국은 국위와 경제 및 세계적 위상에 이해관계가 걸려 있다. 또 똑같이 어떤 하나의 요인에 이해관계가 있다 하더라도, 현실적인 필요 정도, 자국의 정책변화, 국제정세의 변동 등에 의하여 절실도(切實度)에서 차이가 생긴다. 또 이해관계의 질과 양에서 차이가 있을 뿐 아니라 그 나라 정책 결정자의 관심도에 따른 차이가 생기기도 한다.

관계국 간에 가장 첨예한 충돌은 한국동란 때 중국과 미국 간에 발생했다. 러시아와 일본도 각각 중국과 미국에 대한 지원세력이 되었다. 중국은 북한에 대한 후견자임과 동시에 인접국으로서의 안전을 위하고, 아시아 맹주(盟主)격으로서의 국위를 위하여 한국전에 개입했다. 미국은 남한에 대한 후견자임과 동시에 아시아 태평양지역에서의 방위목표를 수호하고 세계적 지도국으로서의 국위를 위하여 개입했다. 이와 같은 양측의 입장은 반세기가 넘도록 변화가 없다가 지금은 약간의 변화가 있게 되었다. 이유는 중국의 국위상승과 미국의 방위 피로증 때문으로 생각된다.

　미국과 중국, 두 나라는 적어도 아시아나 지구촌 차원에서 문제 해결의 핵심 세력으로 떠올랐다. 양국은 모두 핵공격과 반격 능력이 있기 때문에 양국 간에 전쟁이 일어나면 그 참상은 상상을 초월한다. 이에 미국은 이른바 미사일 방어체계(missile defense, MD)를 서두르면서 자신들은 남의 공격을 방어하면서 남에게는 타격을 입히자는 계획이다. 그 계획이 성공한다면 미국은 지구상에 있는 '미운 놈'은 거침없이 선제공격을 하더라도 자신은 안전한 상태에서 세계의 관리자가 될 수도 있을 것이다. 그러나 미국의 무력은 이미 중국을 압도할 수가 없다. 이유는 다음과 같다.

　첫째, 세계사는 말해주고 있다. 세계 최강의 로마제국도, 몽골족의 대원(大元)제국도 끝이 있었다. 무적함대의 스페인, 식민지가 세계 도처에 분포되어 있어서 '해가 지지 않는 나라'인 대영제국도 '힘'에서는 끝이 있었다. 현재 미국의 우세한 세력도 '그 힘의 끝'이 분명코 다가오고 있다. 이것은 역사의 순리이자 진리이다.

　둘째, 과학기술의 수준, 특히 군사과학의 진도는 너무 빠르고, 경쟁도 치열하여 선진국은 선진국끼리, 중진국은 중진국끼리 비슷한 수준에 있다. 다시 말하면 당장은 우열에 다소간 차이가 있어도 그 차이가 대차(大差)도 아니며 조만간에 동등해지거나 역차(逆差)로 뒤

바뀔 수도 있다. 특히 제아무리 천하무적의 강자라 하더라도 그에게도 반드시 약점 또는 아킬레스 건(achilles 힘줄)이 있기 마련이다.

셋째, 인간 사회에서 훌륭한 지도자는 존경 받고 끝날 때 영광스럽지만 악덕 지도자는 사방에 적을 만들며, 끝날 때 불행하다. 힘을 믿고 국제 헌병적 역할이 지나칠 때는 세계적 반격을 면치 못하게 되는 것이다. 어느 강대국이건 온 세계를 상대로 싸울 능력은 없다.

넷째, '강력'을 지속하기 위한 끝없는 훈련도 시한(時限)이 있듯이, 부강을 위한 끝없는 질주도 시한이 있게 된다. 만약 그렇지 않다면 그 나라의 지성과 국민의 저항이라는 안으로부터의 발목잡기(tackle)에 부닥치게 된다.

이 밖에도 장애는 많을 것이다. 결국 미국의 지도자라면 이 정도는 알고도 남음이 있을 것이기 때문에 너무 큰 모험은 하지 않을 것으로 보는 것이다. 미국의 지혜가 기대되는 부분이다.

한반도를 둘러싸고 첨예한 이해관계로 대치하고 있는 중국과 미국 간에는 한국동란 당시와 같은 큰 충돌이 없을 것으로 본다. 만약 충돌한다면, 그 당시보다 '훨씬 커진 충돌'이 될 것이기 때문에 서로 모험하지는 않을 것이다.

중국은 강대국이기는 해도 미국이나 다른 서양의 강대국처럼 호전적이거나 즉흥적인 나라가 아니다. 약간 철학적인 해석을 가미하자면, 중국은 상대적으로 신중하고 남을 배려할 줄도 아는 여성적인 나라이다. 남성적인 나라인 미국과는 오히려 '협력적 궁합'이 맞을 수 있는 나라이다. 지금 중국과 북한은 '어미 닭과 병아리의 관계'에 비유할 수 있다. 따라서 미국이 병아리를 잡아가는 매(솔개)가 되면 중국은 병아리를 지키기 위해 결사적으로 싸우는 어미 닭이 되는 양상이 일어날 것이다. 그러나 미국이 정다운 수탉으로 나타난다면 상호존중과 협력을 통해 마치 하나의 알뜰한 부부가 되듯 세계를 하나의 가정을 다스리는 기분으로 아름다운 질서와 고른 건설을 위해 매진하게 될 것이다.

아마 인류의 이성은 '여성적이면서 대표적 강자인 중국'과 '남성적이면서 대표적 강자인 미국', 이 두 나라의 현명한 판단과 노력을 이끌어 내도록 촉매작용도 필요하다. 여기서 촉매작용을 하기에 가장 적격(適格)인 나라 중 하나가 한국이니 다소 힘들더라도 한국은 그 책임도 짊어질 각오를 해야 될 것이다.

남북한이 진솔한 자세와 주인의식을 회복하고 관계국들도 공연한 자존심과 오기(傲氣)를 버리고 냉철한 이성을 회복한다면 한반도의 '평화통일'은 아주 쉽게, 어느 순간 막혔던 도로가 뚫리듯이 시원하게 해결될 것이다. 이래서 남북한 쌍방은 양자 간의 화해를 위해 노력하면서 동시에 남과 북이 손잡고 '한 목소리'로 관계국을 설득해야 하는 엄숙한 과제도 안고 있다.

관계국들의 감정 조율은 언제나 풀릴 것인지 여기에는 노력과 시간이 필요하다. 사실 '북위 38도선'을 기준으로 남한과 북한을 점령하자고 미국이 소련(현 러시아)에 제안하고 소련이 찬동하여 '분단'이라는 올가미에 묶었으니 '묶은 자라야 풀 수 있다(結者解之)'는 원리에 따라 미국과 러시아는 책임을 지고 남북한의 통일을 위해 솔선하여 노력해야 할 것이다. 그것이 모두의 승리를 위한 큰 지혜가 되고 인류에게 속죄 겸 시혜의 정성이 될 것이다. 또 그렇게 되도록 우리가 촉구해야 된다.

제6장 남·북한의 불행한 대치상태

제1절 남·북의 지리적 위치: 역사발전의 제7현상

1. 지리적 위치

'지리적 위치'를 정의하자면 여러 가지 측면의 명칭이 있겠는데, 여기서는 가장 간단하고 알기 쉬운 이름으로 '지세(地勢)' 또는 '지형(地形)'을 가리킨다.

우리나라는 이탈리아, 그리스, 덴마크와 같은 반도국가이다. 북부만 대륙과 접하고 동·서·남 3면은 바다에 면해 있다. 총면적은 22만 1,000㎢인데 그 가운데 반도부가 21만 5,000㎢로 절대다수의 면적을 차지하고 도서(島嶼)부는 6,000㎢에 불과하다. 휴전선을 경계로 국토가 분단됨에 따라 북한은 12만 2,357㎢, 남한은 9만 8,431㎢로 북한이 약 2만여㎢ 더 넓다. 대체적으로 북한에는 산이나 고원이 많고 남한에는 강과 평야가 많은 것이 특징이라 하겠다. 우선 한반도 전체의 지세를 보기로 하자.

첫째, 산맥과 고원이 전 국토의 75%를 차지한다. 국토의 평균 고도는 해발 482m인데 지역별로는 100m 미달지대가 23.8%, 100

~500m 지대가 40.9%, 500~1,000m 고지가 약 20%, 1,000~ 1,500m 고지가 10.8%, 1,500~2,000m 고지가 4.0%, 그리고 2,000m 이상의 고지가 0.4%이므로 보아 저산성(低山性) 산지 및 구릉성 산지가 많음을 알 수 있다. 대체로 북위 39°선 이남은 산지가 대단히 낮고 그 이북은 높다. 956m의 함남(咸南) 평균 고도와 100m의 충남(忠南) 평균 고도는 대조적이다. 특히 함북의 30%와 함남의 40%가 1,000m 이상의 고지이다. 평북과 강원은 모두 약 40%가 500m 이상의 산지로 되어 있다.[135]

산맥으로는 북으로부터 백두산맥(마천령산맥, 장백산맥)·함경산맥(함남 부분은 '부전령산맥'이라고도 함)·낭림산맥·강남산맥·적유령산맥·묘향산맥·멸악산맥 그리고 개마고원이 북한에 있는데 대부분 1,000m 이상이고, 태백산맥·소백산맥·광주(廣州)산맥·차령산맥 및 노령산맥이 남한에 있는데 태백산맥과 소백산맥을 제외하면 아주 얕은 산맥들이다. 산맥에는 추가령·철령·진부령(이상 태백)·죽령·조령·추풍령·육십령(이상 소백)·황초령·부전령(이상 함경) 및 자비령(멸악산맥) 등 유명한 고개(재)가 있어 근세까지의 교통로가 되었다.

둘째, 하천과 평야는 주로 서남해안에 많다. 그러나 국토가 좁아서 긴 강이 없다. 대체로 함경산맥·낭림산맥·태백산맥 등이 동해쪽에 치우쳐 있어서 동해로 흐르는 강은 더욱 짧고 급류이며 서남으로 흐르는 강은 웬만큼 길고 완만하다.

강 이외에도 천연호수나 인공저수지로 부전호·낭림호·수풍

---

135) 강석오 저, 『신한국지리』(개정판), 새글사, 1971, pp.38~39에서 인용.

호·장진호·은파호·장수저수지 등이 북한에 있고, 파로호·소양호·청평호·충주호·대청호·삽교호·옥정호·주암호·안동호·합천호·용담호 등이 남한에 있어 강물의 효율성을 높여 주면서 어떤 것은 전략적 경계선 역할도 하고 있다.

셋째, 해안선이 길고 섬이 많다. 해안선은 천연 요새임과 동시에 각 나라가 자유로이 활동할 수 있는 공해로 뻗어 나아가는 출구로서 중요하다. 해안선의 총연장은 17,283km인데 육지 부분이 8,691km, 도서 부분이 8,592km에 달한다.[136] 연안의 섬은 3,962개(1979.2.내무부 통계)인데 3,444개가 남한에 있고 북한에는 518개가 있다. 특히 전국 섬의 거의 절반에 해당하는 1,969개(그중 유인도는 280개)의 섬이 전남에 있어 어업·무역 등 해상진출의 최대 기지로 성장할 수 있는 잠재력이 있다. 해안선 길이는 서해안 4,719 km, 남해안 2,246 km, 동해안 1,727 km이며 해안선이 길어서 남한에만도 수많은 크고 작은 항구가 있다.

서해안과 남해안은 간만(干滿)의 차가 크다. 동해안 0.3m, 부산 1.2m, 여수 2.5m, 목포 3.5m 순으로 인천(8m 이상)에 이르러 가장 심하며, 다시 북으로 갈수록 낮아지는데 조수 때문에 울돌목(명량해협, 鳴梁海峽), 안흥양(태안반도), 손돌목(孫乭項, 강화도) 등에서는 해상교통이 험난해지는 경우가 있다. 이러한 제반 지형은 전쟁, 산업개발, 해상진출 등 반도 위의 역대 정치 질서에 큰 영향을 미쳤다. 그렇기에 모겐소(Morgenthau, H.J)는 "제아무리 다른 여러 요인들이 역사의 진행 과정에서 그것(지리적 요인)의 가치를 바

---

136) 상게서, p.47에서 인용.

꾸어 놓는다고 하더라도 2천 년 전에 중요했던 것이 지금도 중요하다. 따라서 대외활동에 관여한 사람이라면 누구나 그 점(지리적 요인)을 고려하지 않으면 안 된다."[137]고 말하고 있다. 천연적인 지세의 여하가 과거 우리나라의 역사에서 얼마나 중요했던가 살펴보자.

2. 남·북간의 공방능력

1) '북의 남침'에 대한 저지

국토가 통일되었을 때는 만주나 요동반도 또는 산동반도에서 내침한 적군이 북적(北敵)이었다. 따라서 그때마다 평안도나 함경도 주민들, 이른바 북계(北界, 평안도) 주민들과 동계(東界, 함경도) 주민들은 제일선에서 변방의 개척과 정착 그리고 한반도 외부의 북적 저지에 수훈을 세웠고 그 덕택으로 남방에서는 편안히 생업에 종사했다.

그러나 국토가 분단되고 북한 정권에 의한 남침이 있었던 뒤부터는 휴전선 북방의 북한군이 북적(北敵)이 된다. 따라서 휴전선 이남에서는 한강·금강·태백산맥·노령산맥·소백산맥·낙동강 등 여러 산과 강이 북적 저지선이 된다. 그러나 그 가운데서도 가장 중요한 것은 한강과 소백산맥 및 낙동강이며, 육지에서 밀려나 수천

---

137) Morgenthau, Hans J., Ibid., P.113.

개의 섬들에서 살게 되면 바다가 격리시켜 지켜주게 될 것이다.

(1) 한강

한강은 북적(북한)을 막아 주는 가장 강력한 요새였다. 한강은 선차적으로 예성강이나 임진강의 보조도 받으니 저지(沮止)력이 더욱 강화된다. 평남지방과 황해도까지 선후로 세력을 뻗쳤던 낙랑군과 대방군 등 한(漢)의 세력(B.C. 108~A.D. 313년경)이 대략 한강 유역의 북방한계 격인 예성강이나 임진강 이북지역에서 저지되었다. 고구려가 광개토왕 때(396년) 예성강 유역까지 남진한 뒤 다시 한강 유역까지 진출(475년, 장수왕 때)하기까지는 80년이란 긴 세월이 소요되었다. 백제가 약 5백 년간 지키던 한강 유역을 끝내 고구려에게 빼앗긴 것은 당시의 남한이 백제, 신라, 가야로 3분된 상태였기 때문이었다. 그러나 후일 백제·신라·가야의 연합군 앞에서는 고구려도 별수 없이 물러나야 했다(551년). 〈한강 유역의 역사〉를 보면 그 강력성을 알게 될 것이다.

〈한강 유역의 역사〉

시기	기간	용도	지역	정권근거
B.C.18~475	493년	백제수도	서울, 광주	남방정권
475~551	76년	고구려 요새	한강일대	북방정권
551~901	350년	신라 요새	한강일대	남방정권
901~935	34년	후고구려, 고려초	개성	남방정권
935~1392	457년	고려 수도	개성	남방정권
1392~	810년+	조선·한국 수도	서울	남방정권

여기서 몇 가지 특징을 간추려 볼 수 있다.

첫째, 한강 유역은 대체로 '한강 이남을 기반으로 하는 정권'(南方政權)의 점유지이다. 한강권은 백제 건국 이후 약 2천 년간 남방정권의 수도 또는 요새로 있었다. 북방정권으로는 남방이 분립되었을 때 고구려가 76년간 점유했을 뿐이다. 후고구려와 고려 초(신라 항복 이전)의 중부지역 정권이 34년간 점유한 바 있으나 그 정권은 남방정권의 일부가 잠시 분화된 현상이었기 때문에 가능했다.

둘째, 한강 유역의 점유자가 가장 강성했으며 대업을 이루었다. 이 점은 한강대세 현상에서 이미 설명한 바와 같다.

셋째, 한강 유역을 사수하고 탈환하기 위한 남방의 저항은 필사적이다. 삼국시대에 제·라가 연합한 것은 남북관계에서의 대표적 사례(史例)인데, 고려 고종 때(1232년) 살례탑(撒禮塔, Salistai)의 몽골군은 용인(處仁城)에서, 관군도 아닌 승장 김윤후(金允侯)가 패퇴시켰고, 또 조선 인조 때(1636~1637년) 남한산성에서 40여 일간 청(淸)군에 항전했던 일들은 한강 유역 사수의 결의를 보여 준 것이다.

(2) 태백산맥-소백산맥

이들은 남한에서 제2의 북적 저지선이자 중대한 보루이다. 한강 유역이 상실되면 북적은 비교적 손쉽게 금강 유역 호남평야를 돌파하게 된다. 그 이유는 한강의 상실 단계에서 호서·호남지방은 한강권 방어를 위해 참전함으로써 저항력을 상당량 소진하기 때문이다. 또 금강 유역은 지험(地險)이 없이 평야로 이어지는 형국이어서 노령산맥을 무사히 돌파하면 결국 북적은 소백산맥과 지리산 및 낙동강 일대에서 저지를 당한다. 신라가 지켜낸 천년 사직과 6·25 당시의 낙동강 방어선은 지정학적인 의미가 있는 것이다.

소백산맥은 낙동강 유역을 막아 주는 중요한 요새였다. 전통적으로 소백산맥을 넘어 동진하려면 북으로부터 죽령(단양~풍기 간), 조령(문경 새재), 추풍령(영동~김천 간) 및 육십령(장수~거창 간), 팔랑치(남원~함양 간)와 섬진강 등 지험 중 어느 한둘을 넘어야 한다.

(3) 낙동강-다도해

소백산맥을 넘었더라도 거기서부터 낙동강까지는 상당한 공간이 있다. 즉, 소백산맥 동측과 낙동강 서측의 가야가 신라와 백제의 압박에도 5백여 년을 건재할 수 있었음은 우연이 아니었다. 6·25 전란시 낙동강의 동과 서에서 격전을 벌였음은 강 자체가 갖는 저애(沮礙)기능의 크기를 보여준 것이다.

강과 산을 배경으로 하는 육지에서의 마지막 보루가 영남지방이지만 또 하나의 마지막 보루는 다도해(多島海) 지역이다. 호남 서남해안의 신안·해남·강진·장흥·보성·고흥 일대의 해역이다. 우리가 간혹 망각하거나 가볍게 보는 다도해의 남서해안에는 흑산도·진도·완도·제주도 해역 등이 있고, 남동해안에는 돌산도·남해도·거제도 등 해역이 있다.

역사에서 볼 때 다도해는 우리 민족의 중요한 자연 해군기지였다. 탐라국(제주도)이 백제에 자진하여 조공(朝貢)을 바쳤던(498년, 백제 동성왕 때로 봄) 것은 백제의 위력 때문이었는데, 백제의 위력이란 대부분 지금 전남의 연해 지대나 다도해의 어민들의 어로 활동이었던 것이다. 통일신라 때 장보고(弓福)가 완도를 거점으로 서해안의 해상권을 잡았던 사례, 고려 때 김통정이 삼별초군(三別抄軍)을 이끌고 진도(珍島)와 제주도를 거점으로 하고 거제도까지 잇는 해상왕국을 잠시나마 건설하여 대몽항쟁을 전개한 사례,[138] 조선시대에 이순신 장군이 남해안에서 왜군을 섬멸하던 사례에서 볼 때 해군 활동을 하던 사람의 대다수가 호남과 영남의 연안 어민 출신 수병(해군)이었다. 6·25 전란 때도 다도해와 제주도는 북적에 점령되지 않고 낙동강 요새를 보조하면서 반격의 거점이 되었음을 상기하면 중요도가 명백해진다. 특히 6·25 당시 북한군이 남침할 때 남한이 제주도 서귀포에 군사훈련소를 두었던 것은 북적으로부터 훈련소의 안전을 도모하기 위해서였던 것이다.

2) '남의 북침'에 대한 저지

북한은 원래 만주나 중원의 북방 외적을 막아내는 요새였으며 해양 외적의 침입에 대해서는 게릴라전을 전개할 수 있는 보루였다. 그러나 국토의 분단으로 인하여 남한과 북한이 실질적으로 별개의 나라가 되어 상호 경계와 긴장 상태에 있다. 따라서 북한에서 볼 때 일차적인 남적(南敵)은 남한이다. 그 남적의 북진 통로와 북한의 지세를 살펴보면, 멸악산맥, 낭림산맥, 함경산맥과 대동강이 중요한 요새가 되는데 이들은 다른 크고 작은 강과 산에 의하여 보

---

138) 이때 삼별초 정권은 고려의 정통 정부라고 주장하면서 항쟁하는 한편 일본에 외교문서를 보내 몽고의 야만성을 폭로하기도 했다.(일본 동경대사료 편찬소 「고려첩상불심조(高麗牒狀不審條)」 조: 여기서는 〈동아일보〉(1979. 4. 16)에서 재인용함.)

조도 받음은 물론이다.

(1) 멸악산맥·대동강

멸악산맥은 낭림산맥의 남부에서 서남으로 갈라져 뻗은 저산성 산맥으로 황해도를 거의 남북으로 양분하고 있다. 멸악산(815m), 장수산(747m) 등이 솟아 있고 고대의 유명한 통로인 자비령(慈悲嶺)은 이 산맥의 중부 북측에 있다. 남측에서 이 산맥을 보조해 주는 예성강과 더불어 중요한 북진 저지선이 되기 때문에 백제 때 예성강과 멸악산맥 일대의 대방군의 일부를 병합할 때까지는 장시간이 걸렸다. 고려 때는 잠시나마(1270~1290년) 자비령(절령(岊嶺)을 경계로 원나라의 동녕부(東寧府, 당시의 서경=평양)와 경계가 된 적도 있다. 멸악산맥은 평양을 지켜주기 위하여 남적(南敵)의 북진을 저지하는 완강한 저항선이 된다.

대동강은 북한에서 가장 중요한 요새이며 보루이다. 낭림산에서 발원한 대동강은 수량이 많고 유역평야가 넓으며 가항(可航)거리가 260km여서 전략 요새로서의 가치가 있어서 평양의 역할이 괄목할 만한 바 있었을 것이다.

백제의 근초고왕(近肖古王)이 정병 3만을 거느리고 평양성을 공격(371년)하여 고국원왕을 전사시키는 등 대승을 하였고, 백제의 근구수왕(近仇首王)도 평양성을 공격(377년)하고 더 이상 북진하지 못한 채 다시 돌아온 것은 당시 고구려의 평양 정권의 저항이 강력했을 것이라는 반증이기도 하다. 또한 신라가 한강 유역을 점유하고 남방의 강자가 되었지만 그때부터 북진하여 평양을 신라의 판도로 만들기까지는 약 110여 년 뒤의 일이며 그것도 당군(唐軍)과 남·북에서 협공하지 않았던들 거의 불가능했을 것이다. 그러나 대체로 멸악산맥을 상실하면 대동강 선은 쉽게 무너지게 된다는 것이 역사의 기록이다.

(2) 낭림산맥·함경산맥

낭림산맥은 평안도와 함경도의 경계가 되면서 맹부산(2,214m), 소백산(2,186m), 낭림산(2,003m), 북대봉산(1,326m) 등을 연결하면서 원산의 마식령까지 이르는 긴 산맥이다. 신라 강성기에 동으로는 함경남도 이원(利原)까지 북진했지만 이 산맥을 넘기 힘들었던지 평양으로 서진(西進)하지는 못했다. 서진(西進)하려면 검산령(덕천~함흥), 거차령(양덕~영흥), 기린령(양덕~고원) 등 겹겹의 산을 통과하여야 하기 때문이다. 원산 이남과도 철령(鐵嶺)으로 차단되기 때문에 예부터 관문(關門)을 설치하여 공방의 요충지로 삼았는데 지금은 함경남도와 강원도의 경계가 되고 있다.

함경산맥은 유력한 남적 방어선(南敵防禦線)이다. 함경북도에서부터 낭림산맥까지 길게 뻗은 함경산맥은 동남측이 급경사이고 북측이 완경사인 개마고원을 이루며 한반도 내의 알프스이기도 하다. 신라 진흥왕 때 동해안을 따라 북진하였지만 황초령과 마운령을 넘지 못하였으며, 고려도 한때 윤관(尹瓘) 장군을 시켜 그 부근 일대에 9성(1108년)을 쌓고 여진족 방어에 임했으나 그 이북으로 진격은 자제했다. 조선 시대 가토 기요마사(加藤淸正)의 왜군도 함경산맥을 놓아둔 채 북동쪽으로 동해안을 따라 회령까지 진격했을 뿐이다.

(3) 개마(蓋馬)고원

대동강 유역을 점령하면 청천강을 건너 압록강까지 진출하기는 어렵지 않았다. 평야의 연결이기도 하고 대동강을 상실하는 단계에서 이미 사기가 꺾이기 때문이다. 다만 요동이나 만주 일대를 석권한 중국 쪽 외세의 태도와 강약(强弱)이 북진세력에 대한 새로운 문제(변수)로 제기된다.(이는 관계적 위치의 차원에서 검토하게 됨) 여하간에 대동강 유역을 점령한 고려는 서부전선으로 압록강 하류까지 쉽게 진출하였다. 그러나 개마고원의 진출은 겨우 조선조 초기에야 가능했다는 사실이다. 대동강 요새 다음의 북한에서의 마지막 보루는 낭림산맥 이동, 함경산맥 이북의 개마고원 일대임을 알 수 있다.

3. 남·북한의 최후 기지 비교

남적이 대동강 유역을 점령했다면 북측에 남은 최후 보루는 개마고원이 될 것이고, 북적이 한강 유역을 점령했다면 그 다음에는 영남지방과 남해의 다도해가 최후보루가 된다.[139] 이때 북한에는 대남 제1기지(대동강)와 제2기지(개마고원)가 있는데, 남한에는 대북 제1기지(한강) 한 곳과 제2기지 두 곳(호남의 다도해와 영남지역)이 있다. 남쪽에 기지 하나가 더 있는 것이다. 1950년 다부동 전투는 8월 초 국군 1사단과 일부 미군 병력이 대구 북방 약 20km 지점인

---

139) 이 도해(圖解)는 지극히 단순화시킨 것으로써 더 상세하고 현대적인 도해는 『한국전쟁』(한국전쟁편찬위 편, 통일공론사, 1980)에서 볼 수 있음.

경북 칠곡군 다부동에서, 남침한 북한군 3, 13, 15사단을 상대로 사투를 벌여 낙동강 전선의 방어선을 지켰고 북진의 계기를 마련했다. 이제 남·북 요새의 강약점을 비교해보겠다.(〈남·북 요새의 강약점 비교〉 참조)

〈남북 요새의 강약점 비교〉

남방요새	북방요새
① 쫓길수록 인구가 밀집한다 : 백성들은 방어선과 더불어 피난 후퇴하나 바다가 있어서 유출이 적고 필사적으로 저항한다. 즉, 바다가 배수진이기 때문이다.	① 쫓길수록 인구가 줄어든다 : 백성들은 방어선과 더불어 피난 후퇴하나 만주와 육접되었기 때문에 부분적으로 탈북을 모색하기 때문에 유출이 많다.
② 군·민이 일체가 된다 : 피난 동포는 군과 함께 살면서 부역을 제공하며 **충원(充員)** 자원이 된다.	② 군·민이 분열된다 : 눈앞의 피난처를 동경하는 백성과 이를 억누르는 군과는 대립이 일어난다. 심지어는 정부 내에서도 동북방향으로 도망하느냐 서북방향으로 도망하느냐로 분열되기 쉽다.
③ 남방은 온통 의병 항쟁지가 된다 : 피난 못 한 백성은 생존을 위하여 산속에 잠복하여 크고 작은 항쟁을 벌인다.	③ 북방은 온통 공허지가 된다 : 모두 피난했거나 피난 못 한 동포는 생활여건이 나은 남방의 동족사회에 쉽게 귀순 및 동화를 시도한다.

④ 상당히 튼튼한 생활권이 조성된다 : 호남과 영남 평야의 식량과 전남, 제주 등 다도해의 해산물이 있기 때문이다.	④ 생활권이 도저히 형성되지 못한다 : 인구가 적고 더군다나 개마고원은 옥수수나 귀리의 산지일 뿐이어서 식료가 절대 부족한 상태가 된다.
⑤ 해상에서 보조세력이 있다 : 전남 연해의 다도해와 제주도는 주민과 피난민이 살면서 영남 보루와 연결을 갖고 해상작전과 해상지원세력이 된다. 이 경우 왜구의 세력이 남방에서 영남에 상륙하는 경우에도 마찬가지이다.	⑤ 보조세력이 없다 : 중국이나 소련으로 피난한 백성은 그곳 생활에 동화된다. 만주 피난민이 중국의 지원 없이 독자적으로 항쟁하려 해도 과거 우리 독립군 활동을 억압했던 삼시협약(*三矢協約) 같은 국제협약이 체결되게 되어 지원이 불가능하다.
결국 남방은 여하한 경우에도 주체적 역할을 하고, 유사시 외세에 의존하더라도 그것은 일정 기간에 불과하고 머지않아 독자적으로 한 나라를 유지할 수 있지만, 북방은 불가피하게 또 장기간 외세의 앞잡이가 되든가 외세에 의부할 가능성이 높다. 마치 의주로 피난하던 조선왕조가 명나라에 구원을 청하면서 동시에 명에 자진합병까지 시도한 사례와 같은 것이다.	

*삼시협약은 일제침략군과 張作霖 군벌이 한국독립군을 죽이자는 협약임.

북한은 궁극적으로 남한의 주도에 의해 통합될 수밖에 없고 또 그렇게 되는 것이 순리이다. 그것은 남쪽의 한강대세현상과 남세북진현상 그리고 북한의 약점인 개재고사현상 때문이다.

지세(地勢)는 인간이 만든 것이 아니고 대자연이 만든 것이므로 한순간의 침략자가 도저히 변조할 수 없다. 즉 침략자가 한강을 메우지 못할 것이며, 소백산맥과 낙동강 그리고 다도해를 쉽게 넘거나 건너거나 하지는 못할 것이다. 즉 현대화된 무기가 절대적인 영향력을 발휘할 것 같지만 양측의 무기수준은 비슷해지는 상황이어서 절대적 우월자가 없기 때문에 진격속도와 저지속도에 차이가 크지는 않겠지만 옛날 하루 동안의 저지와 오늘날 한 시간의 저지는 전세(戰勢)에 똑같은 크기의 효과를 주는 것이다. 또 다수로 소수를 치는 것이 병법의 원리인데, 예나 지금이나 남으로 쫓길수록 집결된 인원수는 늘어나고 옥쇄정신으로 뭉치게 된다. 그러나 반대로 대동강까지만 북진하면 북한의 여타 부분은 크게 저항하지 못한 채 남한의 수중에 떨어지게 된다. 더욱이 북한은 중국이나 러시아와 강 하나를 사이에 두고 육접(陸接)되었기 때문에 일부분이나마 육접국으로 도망치는 이산현상도 있게 되는 것이다.

격전의 마지막 단계에서 정부와 군사력 양자의 역할이 중요해지는데, 지·덕·체에서 우월하고 인구도 더 많은 남한의 정부와 군사력이 우세할 수밖에 없을 것이다.

오늘날 현대화된 병기는 지세나 병력을 압도할 수 있다. 그러나 병기 기술은 보편화되게 마련이어서 경제력·과학기술력·인구의 질 등 여러 가지 국력 요소의 총화에 따라 등급화 되어 초강대국급·강대국급·강소국급 및 약소국급 등의 급별 차이가 형성되는 것은 어쩔 수 없지만 동급(同級) 내에서의 상대적 차이는 비슷할 수밖에 없다. 남북한은 거의 비슷한 강소국의 범주에 드는 것으로 보아야 한다. 따라서 병기·병력면에서 거의 백중세(伯仲勢)를 이루게 된다. 남북은 상호 대치의 국면에서 경계하고 있기 때문에 적어도 군사력 면에서는 항상 경쟁적·반사적으로 대등한 조치를 취하게 된다. 따라서 이 추세는 인위적 요인에 의해서 크게 바뀔 수 없다. 따라서 결국은 장기적 요소인 '지리적 위치'가 대세에 영향을 주게 된다.

　6·25 때 전혀 무방비상태였던 남한은 예상외의 기습을 받아 순식간에 한강선이 무너지고 낙동강 요새까지 후퇴하였다. 그와 같은 사태가 다시는 없을 것이라는 보장은 없다. 그러나 그 가능성은, ① 남한이 삼국시대처럼 서부와 동부가 2분 또는 3분 된 A의 경우와, ② 해방 직후 6·25 당시처럼, 타국의 지배하에 있다가 방금 해방되어 정부의 형태는 있어도 나라다운 기능을 못하여, 정부도 없고 군대도 없는 것과 같은 B의 경우에만 있을 수 있는 불상사이다.

　앞의 〈남북 요새의 강약점 비교〉에서 보다시피 남한이 절대적으로 유리하며 자위도(自衛度)가 높은 것이니 이 점을 명확히 인식해야 한다.

　남쪽 정부에서는 가끔 안보 공포감을 조성하면서 독재체제를 강화하기 위해 한반도 상황을 마치 북월남(越盟)이 남월남을 평정한 현상에 비유하는 경우가 있었으나 외세의 적극적인 개입이 없는 한, 한반도에서는 정반대로 남강북약(南强北弱)임을 알아야 되겠다.

4. 공멸과 공생의 선택 문제

　남·북한의 지정학적 위치가 어떠하건 양자 간에 전쟁이 일어난다면 공생(共生)은 없고 공멸(共滅)만이 기다리고 있을 뿐이다. 현대전은 각종 최신 병기와 대량살상 무기의 발전으로 종래의 최전선 또는 전·후방 개념이 거의 무의미해지면서 모든 산과 모든 길 그리고 모든 도시가 전쟁터가 되고 파괴의 대상이 되는 것이다. 중공군(중국인민지원군)과 유엔군의 인명피해는 제외하고 보더라도 6·25동란 때 남측과 북측의 전투요원과 민간인의 인명피해는 500만 명이 훨씬 넘는 것으로 추정한다.[140] 그런데 그때는 공군기의 파괴력이 전선을 붕괴시켰으나 지금은 공군기뿐 아니라 대량살상 무기와 그 운반체(missile)가 원·근간에 아무데고 공격이 가능하다. 이 과정에서 쌍방은 엄청난 피해를 주고받게 되는데, 우선 상식 수준에서 다음과 같이 분석할 수 있다.

첫째, 인명피해가 클 것이다. 지금은 인구 밀집 지역과 고층건물이 많기 때문에 쌍방은 마음만 먹으면 상대방의 거의 모든 인명을 살상할 수 있고 모든 시설(건물)들을 파괴할 수 있다.

둘째, 산업과 문명의 파괴도 엄청날 것이다. 각종 공장과 자원시설, 교통로와 통신망의 파괴 그리고 온갖 문화재와 문화유산들이 파괴될 것이다.

셋째, 우리 민족은 또 한 번 상쟁의 추태를 지구촌 인류에게 보임으로써 국위(國威)는 추락할 것이고 국제사회로부터 동족상쟁(同族相爭)족이라는 악명을 받게 될 것이다.

넷째, 한반도는 아시아의 화약고라는 오명을 얻어 미래의 희망도 미약해질 것이다.

---

140) 김학준 지음, 『한국전쟁: 원인·과정·휴전·영향』, 박영사, 1989, pp. 345~347 참조. 여기서도 정확한 수치를 제시할 수는 없지만 비교적 객관적인 수치들을 소개하고 있음.

다섯째, 이 나라의 강과 산이 처참하게 파괴될 것이다. 무수한 포탄과 폭탄이 작열한 가운데 산은 불타고 깎이고 강둑과 댐, 수리시설 그리고 교량들이 대부분 파괴될 것이다.

여섯째, 남·북 쌍방은 똑같이 궁지에 몰리면 자신의 조직과 국가 전통을 잇겠다는 명분으로 가능한 강력한 외세를 경쟁적으로 끌어들일 것이고 강대국들도 자신의 안보와 국익 및 국가적 명분을 앞세워 한반도에서의 전쟁에 적극적으로 개입하게 될 것이다. 그때 이 나라는 몇 조각으로 또 몇십 년·몇백 년간 분단될지 또는 영원히 그대로 강대국의 식민지가 될지 알 수 없게 된다.

이와 같은 가상은 "전쟁이 일어난다면"이라는 전제조건이 현실화될 때 그 결과는 불을 보듯 뻔한 것이다. 이래서 '전쟁만은 막아야 한다'는 당위성이 제기되는 것이다.

남·북간 전쟁 가능성에 대해서는 지도자들의 언동도 중요하다. 국가 지도자라면 혹 내일이라도 싸우게 되면 불가피하게 싸울지언정 지도자 자신의 과단성이나 용맹을 과시하여 '선제 타격' 운운하는 경솔하고 호전적인 언사를 남발하는 사례가 있는데 그것은 실로 치졸한 짓이다. 전쟁이 일어나면 통치자 자신은 벙커 등 피신시설도 있고 이동·도피 수단도 있어서 생명을 보존할 수 있다. 문제는 그 어리석고 치졸한 지도자 때문에 연약하고 허약한 국민만이 죽는다는 사실이다. 그 무모하고 즉흥적인 통치자의 겁 없는 용기는 국민을 죽이는 만용(蠻勇)이 될 것이다.

이상과 같은 공멸의 길은 남·북 어느 쪽도 바라는 바가 아니기 때문에 점진적이고 슬기로운 통일의 길을 재촉 및 모색해야 되는 것이다.

제2절 남·북한 정부의 자주(自主) 여건

1. 남·북한의 관계적 위치

한반도는 아시아 대륙의 동북부에서 돌출한 반도이다. 반도의 북부는 압록강과 백두산 및 두만강을 경계로 중국과 맞닿아 있고, 또 동북부는 두만강 하류에서 러시아와 연접해 있다. 중국과의 국경선은 1,300km에 달하나 러시아와의 국경선은 16km에 불과하다. 동남으로는 부산 앞바다 밖 46km 건너편에 일본의 대마도가 있고, 시모노세키(下關)는 약 180km거리에 있다. 반도 자체만 보면 동서의 폭이 약 250km밖에 안 되지만 남북의 길이는 제주까지 연장, 약 1,300km나 되는 기다란 형태이다. 여기서 한반도가 갖는 관계적 위치의 특징을 다음과 같이 정리해 볼 수 있다.

첫째, 변방(邊方)국가이다.

한반도 지도만 개별적으로 보면 변방이 감지되지 않으나 아시아 대륙의 대부분을 차지하고 있는 중국 지도를 놓고 보면 한반도는 산동반도·요동반도보다 규모만 더 클 뿐 중국 본토의 일부인 반도처럼도 보인다. 따라서 중국의 부속지대로 오인 받기 쉽다. 이 때문에 한·수·당·원·청 등 중국의 통일왕조들은 자주 한반도를 침략하였으며 당나라, 원나라 그리고 청나라는 실제로 한반도 전체를 일시적으로 점령 또는 속국화 시킨 바도 있다. 이 경우는 외세의 일방우세 시에 가능한 일이다. 반면에 안보나 문화면에서는 그 강대국의 보호나 협조를 받을 수 있어서 태평을 구가할 수도 있었다.

둘째, 반도국가이다.

반도이기 때문에 천연적 또는 인위적 여건에서 대륙적 요소와 해양적 요소가 복합되어 있고, 사람의 기질도 대륙지향성과 해양지향성 두 요소가 공존하며 친 대륙세력과 친 해양세력으로 양분될 수도 있어서 외교정책에 관한 한 국론의 통일이 좀 어려울 수도 있다. 이러한 몇 가지 변덕스러운 특징 때문에 '반도 국가'라고 꼬집는 논조도 있고, 그 말에 과잉반응하여 '대륙 국가'라고 우기는 논조도 있으나 전자는 '반도'에도 장점이 있음을 모르는 반응이고, 후자는 '대륙'에도 결함이 있음을 망각한 태도이다.

사실 반도는 대륙이나 해양 어느 쪽과도 협조나 접촉이 용이하여 국제정세에 중추적이고 기민하게 부응할 수 있고 국제무대에 쉽게 접근할 수 있는 장점이 더 많다. 특히 한반도는 남의 이목을 끌지 못하는 러시아의 캄차카 반도와는 위치가 다르고, 지중해라는 내해에 거의 갇힌 듯한 이탈리아반도와도 다르다. 따라서 국제적인 각광을 받기에 유리하고 태평양으로의 진출도 상당히 용이하여 스스로 중요한 기능을 발휘할 수 있다.

셋째, 교량(橋梁)국가이다.

문물과 사람이 중국(대륙)에서 해양(일본)으로, 일본에서는 또 대륙으로 건너간다. 교통과 통신수단의 발달로 교량 기능은 약화되고 있지만 완전히 없어질 수는 없다. 이 시대에 와서도 시베리아 철도가 한반도까지 연결되면 대륙과 일본만이 아닌 다른 해양국가에게 좋은 교량역할을 하게 될 것이다. 이 점은 말레이반도의 말레이시아가 대륙(태국)과 해양(인도네시아)의 연결통로가 되면서 동남아의 평화를 주도하는 모습과도 비슷하다. 따라서 양쪽 세력에게 균등하게 편의를 제공할 수도 있고, 공동이익의 보호를 위해 꼭 필요하다면 교량역을 일시 중단하고 양편간의 접촉을 차단할 수도 있으며, 어려운 일에는 앞장서서 거중조정(居中調停)을 담당하여 권역 내의 주도국이 될 수도 있다. 한반도는 특히 세계강대국인 중국과 해양대국인 일본 간의 교량 역할 때문에 그만큼 더 값비싼 역할을 할 수 있는 것이다.

넷째, 중간(中間)국가이다.

한국은 중국과 일본 및 러시아의 중간에 위치하고 있다. 중간국가는 적극적 기능과 소극적 기능을 갖는데, 적극적 기능은 주위의 국가들을 위성국(衛星國, 속국)화 하거나 조종하는 일이며 부강하여 중심국의 지위에 있는 경우에 가능하다. 소극적 기능은 위축되고 갈팡질팡하며 이웃나라의 눈치를 보느라고 자주성을 크게 상실하는 완충국 또는 개재국의 성격을 띠는바, 이는 대개 국력이 빈약한 경우에 더욱 뚜렷이 나타난다. 한국은 이와 같은 2중의 기능을 갖는 여건 속에서 최선의 출로를 선택해야 되는 부담을 갖고 있는 것이다. 그렇기 때문에 국가의 최고 지도자는 강소국 대한민국 국민의 대표라는 자부심을 가져야 하며, 외교와 국방 분야에 밝아야 되며 가장 중요하게는 평화 애호적인 정서를 가져야 한다. 이렇게 볼 때 한반도는 유리한 여건과 불리한 여건을 겸비한 셈이다. 화(禍)와 복(福)이 자체에서 발생할 수도 있고, 주변국 때문에 일어날 수도 있기 때문이다.

드디어 한반도는 1945년 8월 15일 외부 요인에 의하여 남북으로 분단되었다. 불행 중 다행히 현재로서는 대륙세와 해양세 간에 균형이 잡혔기 때문에 원래의 반쪽씩으로 좁혀진 남과 북이 현상을 유지하고 있는 것이다. 이제부터 국제정치의 변화 양상에 따라 한반도의 운명이 요동치게 된다. 따라서 한민족 자신의 주인다운 자위력과 외교력이 절대적으로 중요한 것이다. 어떠한 경우이건 확실하고 희망적인 미래가 있다면 그것은 다음과 같은 전제조건 때문에 가능한 것이다.

첫째, 어떠한 극악한 경우에도 한반도라는 땅덩어리와 한민족은 없어지지 않을 것이다. 한반도는 순수 인위적 노력에 의해서건, 인위와 지리의 복합작용에 의해서건, 또 여하한 역사적 굴절과 기복(起伏)을 거치건 간에 궁극적으로는 단일의 온전한 독립국으로 부활할 것이다. 그것은 한반도와 한민족이 겪어온 단일의 통일국가로 발전해온 반만년 역사가 증명해준다.

둘째, 어떠한 경우에도 주변국이나 관련국과 이해충돌이 있을 때 남과 북의 동포는 개별행동이건 공동협력을 통해서건 충분히 자기의 대처능력을 발휘할 것이다. 지금으로서는 거론하기 난처하지만 현재 북한은, 미국과 일본에게는 미움을 받고, 중국과 러시아에게서도 어느 정도 푸대접을 받으면서 생존하고 있다. 그 생존은, 내적으로는 가난과 긴장으로 고통스럽고, 외적으로는 불안과 오기(傲氣)로 버티고 있는 처지이다. 그러나 북한의 국가안보관(국가존망적 시각)에서는 국제환경을 적절히 활용하면서 '할 일을 하는', '나름대로 한반도 북반부'의 가치를 발휘하고 있는 셈이다. 앞으로 (남북이 통일될 때) '통일 한국'도 외세와의 관계에서 참고할 수 있는 모습이다. 환언하면 한반도라는 땅덩이는 그 나름의 천부적인 역량과 가치를 발휘할 것이며, 한민족 역시 그 나름의 역할을 다 할 것이다. 관계적 위치에서 본 땅과 인간의 역할을 검토하기로 한다.

2. 남·북한의 국제관계

1) 자주성과 제약성

국경선은 한 나라의 주권행사의 범위를 설정한 한계선이다. 그런데 국경선에는 육지의 도로 또는 겨우 작은 하천을 기준으로 설정된 접경선(接境線)도 있고, 반도 국가로서 공해(公海)에 돌출하여 해안선 자체(12해리 외곽선)가 국경선인 경우도 있다. 따라서 접경선이 길거나 많을수록 주권행사에서 제약을 받고, 해안선이 길수록 주권행사의 범위가 커지는 경향이다. 국경선에서 해안선이 차지하는 비율을 해양율이라 한다. 이 해양율이 크다는 이유로 주권에 제약을 받지 않는 것은 아니다. 말레이반도는 해양율은 크지만 태국과의 접경선이 있어서 결국 짧은 접경선 때문에 유사시에는 주권에 중대한 영향을 받을 수도 있다. 따라서 접경선이나 해안선의 길이만이 문제가 아니고, 몇 나라와 접경인가, 그 접경이 약소국과의 접경인가 강대국과의 접경인가 하는 접경의 양과 질이 문제가 되는 것이다.

이를 측정하기 위한 시도로 압력지수(壓力指數) 즉, 자국 인구에 대한 인접국 인구의 대비치(對比値)로 계산하는 공식이 있으나 이것은 국력을 인구라는 단일요소로 판단하는 폐단이 있어 이 또한 미흡하다. 결국 주권행사에서 제약 정도를 측정할 정확한 공식이 없다. 따라서 여기서는 국경선 중 접경선과 해안선의 길고 짧음에 따른 자주도(自主度)를 개략적으로 계산하는 정도에서 멈추려 한다.

접경선의 측면에서 볼 때, 북한은 남한·중국·소련 3대 세력과 접경하여 접경선 수효가 3이며, 남한은 북한과의 접경뿐이어서 접경선 수효가 1이다.

접경질에서 볼 때, 북한은 훨씬 강대국인 중국·소련과 접경하고 비등한 한국과도 접경한다. 훨씬 강대국의 접경질을 2로 보고 비등한 국가와의 접경질을 1로 볼 때 북한은 '2(對中) + 2(對러) + 1(對韓) = 5'의 접경질을 가지며, 남한은 1(對北)에 불과하다. 따라서 북한에 대한 압력지수는 '5'이며 남한에 대한 압력지수는 '1'에 불과하다.

남한이 비록 중·소와 접경은 아니지만 지리적으로 가까운 것은 사실이기 때문에 북한과 남한의 국제긴장도 차이가 '5대 1'이라는 수치가 꼭 정확한 것은 아니다. 그러나 북한이 남한보다 훨씬 많은 압력을 느낄 것이며 그 때문에 자주성이 더 적을 것임은 명백하다. 설령 우호국(友好國)과의 접경이라 하더라도 잠재적 부담감은 큰 것이다. 국경선이란 원천적으로 '실력대결의 산물'이기 때문에 근저에는 항상 실력대결의 위험성이 잠재해있는 것이다.

북한은 압록강·두만강·백두산을 경계로 중·소와 접경하고 있다. 강과 산이 일방의 독점물이 아니어서 도강(渡江)이나 월산(越山)이 용이하다. 더욱이 겨울에는 강들이 결빙하여 육지처럼 편리한 통로가 된다. 따라서 중·러와 북한 사이의 국경은 차단기능이 지극히 적다. 동쪽과 북쪽에 이와 같은 취약점을 갖고 있으면서 남쪽으로는 활화산과 같은 휴전선을 경계해야 하는 것이 북한이다.

우호적이라고 해도 북한은 국경문제로 여러 가지 신경을 써야 한다. 중국과의 관계에서 몇 가지 사례를 보면 직통철도 운행, 두만강 치수 문제, 변경지방 상품교류, 쌍방 국경하천 항행, 압록강·두만강 수력을 이용한 발전(發電), 북한행 송유관 등등과 관련된 문제들이 있고, 러시아와의 관계에서도 양국 간 통상 및 항로, 직통철도 운행, 우의교(友誼橋, 두만강 하구) 통행 등 문제가 있다. 이 때문에 대소의 이해타산과 잡음이 많을 수밖에 없다.[141] 그러나 북한은 약자이기 때문에 큰 문제가 아니면 참아야 한다. 특히 북한은 두 초강국과 접경하기 때문에 불가피하게 저자세를 취할 수밖에 없다. 따라서 정치·군사·경제·문화 모든 분야의 교류에서 중국 또는 러시아에 경도하게 된다.

남한이, 대륙성을 띤 전통문화에 해양문화(선진문화)를 첨가하는데, 북한은 대륙성의 오랜 전통문화에, 또 여전히 선진성이 더딘 대륙문화만을 첨가함으로써, 낙후와 편파를 면하기 어렵다. 중·러가 해외의 선진문화를 도입하지만 그 정도가 대단치 않을 뿐 아니라 그나마도 그 '선진'을 당장 북한에 제공하지도 않고, 북한이 그것을 냉큼 받아들이지도 않는다. 따라서 북한은 언제나 문화적으로 남한에 비해 낙후성을 면치 못하게 된다.

이에 비하여 남한은 휴전선만 제외하고 삼면이 공해(公海)여서 해양 진출이 용이하고 비록 북한이라는 장벽 때문에 대륙 진출이 다소 막히더라도 해양을 통한 대륙 진출이 왕성하다. 취업·건설공사·무역 및 이민을 위한 전 세계적 진출 양상은 북한으로서는 흉내도 못 낼 정도로 진취적이고 역동적인 곳이 남한이다.

---

141) Scalapino, Robert A., 「The Current Attitudes of the Major Communist States Toward Korean Unificiation」, 《통일정책》, 제6권, 제3·4호, 평화통일연구소, 1980, pp.215~232 참조.

인사의 왕래와 물자의 교환은 자연히 문화 전반에 걸친 다양성이 가미된다. 오늘날 한국문화는 지나칠 정도로 다양해졌다. 국민의 다양한 경제생활은 직업과 부업의 종류를 다양화시켰고, 순수 문화에서도 독창과 모방이 지나쳐서 퇴폐성이 두드러지는 결함도 있다. 여기서 우리는 민지(民知)의 창의성이 높아졌음을 봄과 동시에 지나침도 보는데, '지나침'은 필요에 따라 시간적 여유를 갖고 자율 조정을 통해 제거시킬 수 있는 문제이니 차치하더라도, '창의성'에서 만은 확실히 이득을 보는 것이다.

'무지에서 제자리 걷기를 하는 백성'과 '창의로 시행착오를 범하는 백성'은 다르다. 문화의 성장 동기가 변이(變異, variation), 발명(invention), 시안(試案, tentation), 차용(borrowing), 유산(heritage)이라고 보는 머독(Murdock, G.p.)의 견해[142]에 공감하는데, 이 기준에서 볼 때 한국의 '시안' 또는 '시행착오(試行錯誤, trial and error)'는 북한이 겪는 편집증(偏執症)에 비해 문화 성장을 위한 공헌도가 훨씬 큰 것이다.

한 나라가 자의에서건 타의에서건, 대외정책에서 지나치게 일변도적일 때 그 나라의 자주성은 그만큼 줄어지고 또 그 때문에 궁극적으로 편협한 폐쇄문화가 형성되며 민도(民度)는 그만큼 낙후된다. 현재 남북한은 대체로 '정치적 자주성 유무'와 '문화의 다양성 여부'에서 차이를 갖고 있는데, 그 중요 원인이 바로 북한은 중·소와의 국경선인 '울타리'에 막혀있는 이른바 '샌드위치 국가'(介在國

---

142) Murdock, G.P., 「How Culture Changes」 in Shapiro, H.L.(ed), Man, Culture and Society, 1956, pp.247~260.

가)이고 남한은 공해에 돌출해 있어 자주도가 높은 '반도국가'라는 지리적 원인이 큰 작용을 하고 있다. 북한에 비해 남한은 자주도가 훨씬 높아서 때로는 '중심주도' 기능도 하기 때문에 긴 역사에서 한반도가 개재고사(介在枯死)하지 않는 이유가 되는 것이다.

2) 자주국 남한과 비자주국(非自主國) 북한

북한은 50년대부터 90년대 초까지 중·러와 준(准)군사동맹을 맺었고, 한국도 미국과 군사동맹을 맺었다. 남북한의 동맹 및 지원세력을 검토해 보자.

첫째, 북한의 우호동맹국인 중국과 러시아는 1950년대 후반부터 분열하여 가끔 임기응변(臨機應變)적 협력도 있지만 오히려 대립관계인 경우도 많았었다. 중·러의 대북한 공동보조는 6·25당시의 4~5년간에 불과했다고 보아야 한다. 그 이유는 미군이 남한에 주둔하고 있음에도 불구하고 중국군이 북한에서 완전히 철수한 사태(1954.10~1959말)에서 가장 뚜렷이 간파할 수 있다. 1956년부터 중·소간에 이데올로기 대립이 시작되고, 59년에는 중국을 지원하던 소련 기술진이 철수했다. 이와 같은 불화 속에서 중국군이 북한에 계속 주둔한다면 소련의 눈에는 북한을 중국에게 넘겨준 것으로 보일 수밖에 없을 것이다. 중국군의 철수가 단순히 미군의 철수를 촉진키 위한 명분용이었다면, 미군이 철수하지 않는 한 중국군이 재진주할 수도 있다고 보아야 하는데 재진주가 없는 이유 가운데는 '의심에 찬 소련의 눈초리'도 한 원인이었을 것으로 생각한다.

이와 같은 중·소 대립의 차원을 떠나서 지리적으로 볼 때도 북한은 경쟁 상태에 있는 두 나라와 접경하고 있다. 환언하면 북한은 언제나 중원중심 외세(중국) 및 동북중심 외세(러시아)와 접경하여 두 세력에 대한, 또는 두 세력에 의한 '밀고 당기기' 상황에서 처신에 조심해야 되는 비자주국의 처지에 있게 된다. 역사상의 중원중심 외세와 동북중심 외세가 병존했던 많은 사례를 역사에서 확인할 수 있을 것이다.

 이처럼 우리나라의 북방에는 지속적으로 양대 대립세력이 존속되어 왔는데 그들 사이에는 때에 따라 대립과 평화공존이 계속되었다. 다만 대립 기간에 비하여 평화공존 기간이 길었는데 그 평화공존은 '불안정하고 유동적인 평화'여서 경계와 불안심리는 항상 잠재해 있었다. 오늘날 러시아는 전통적으로 말갈(靺鞨)이나 여진(女眞)이 차지했던 지역에 대신 들어와 동북중심 외세가 되어 결국 중원중심 외세(唐,宋, 明 등)와 경쟁·대립 관계에 있다. 물론 동북중심 외세의 힘이 상대적으로 적기(약소)는 하지만 중·러는 직간접으로 북한에 대한 관심을 자기편으로 유도하려 경쟁함으로 북한은, 한편으로는 줄타기 외교의 부담이 크고, 또 한편으로는 친중·친러 양대 노선의 갈림길에서 좌고우면(左雇右眄)하는 동안 국가 건설사업에서 시간적 손실이 적지 않은 것이다.

 북한은, 한말(韓末) 우리나라가 친일파·친러(소)파·친청파로 갈라져 국론이 분열되고 국가 대계가 갈팡질팡했던 때와 똑같은 상황에 있어서 국가발전에 막대한 지장을 받고 있다. 상대적으로 국력 신장이 힘들어서 '개재고사현상'은 날이 갈수록 심해진다.

<역사상의 중원중심 외세와 동북중심 외세>

	중원중심외세(압록강 이북)	동북중심외세(두만강 이북)
고구려 (BC 37~668)	초기~220년경 한(漢四郡), 위(魏) 220경~264 위(魏) 265~304 서진(西晉) 304~386 연(燕) 386~534 북위(北魏) 534~581 동위(東魏)→북제(北齊)→북주(北周) 581~618 수(隨) 618~亡(668) 당(唐)	초기~346년 부여 북옥저(北沃沮), 읍루(挹婁) 선비(鮮卑) 오환(烏桓) 돌궐(突厥) (등등)
발해 (669~926)	초기~907 당(唐) 907~亡(926)오대(五代)	흑수말갈(黑水靺鞨) 907~亡(926)거란
고려 (918~1392)	918~1126 五代, 북송 1127~1206 남송 1206~1234 몽골 1368~1392 명	초기~1115 거란 1115~1234 금金 1370~1392 북원北元
조선 (1392~1910)	1616~1644 明 1644~1392 明 1860~1911 청	1616~1644 여진(후금) 1860~1911 소련
한국(남한) (1945~현재)	1945~현재 중화민국(대만), 중화인민공화국	1945~현재 소련, 러시아

우리 국민이 만약 북한에 대한 당연한 연고권과 남북한의 불가분성(不可分性)을 국제적으로 계속 확인하지 않은 채 수수방관한다

면 북한은 고구려가 당(唐)에 의해서 망했듯이 중국에 의해서 망할 수도 있고, 또 발해가 동북중심의 거란(契丹)에 의해서 망했고, 그리고 거란(遼)이 마찬가지로 신흥의 동북중심세력 금(女眞)에 의해서 망했듯이, 북한도 동북중심 외세인 러시아에 의하여 망할 수도 있다. 그렇게 된다면 우리의 국토와 민족을 상실하는 것이 되므로 남·북은 협력하여 더욱 철저하게 경계해야 되는 부분이다.

또 가령 한국이 북진한다고 할 때 중국과 러시아는 자국의 안보와 국익의 보호라는 명분 아래 자동적으로 개입할 것이며 이는 필연적으로 북한 문제를 처리하기 위해 남한·북한·중국·러시아 4국이 또는 어떤 초강대국까지 개입하는 5국이 상당 기간 협상 테이블에 앉게 되거나, 심하면 3~4개국이 3~4등분하여 점령하게 될 우려를 낳게 한다.

따라서 북한과의 동맹국이 지금은 북한을 서로 끌어안으려는 관계에 있지만 유사시에는 북한을 분할 점령할 세력, 즉 주인인 한국의 대적(大敵)임을 알아야 할 것이다.[143] 물론 이 점과 관련하여 안타까웠던 것은 6·25 때 한국군과 유엔군의 북진이 전략적으로 과오를 범했다는 사실이다. 만약 그 당시 맥아더(MacArthur, Douglas) 장군과 이승만 박사가 북진을 '평양~원산 선'에서 중단하고 당분간 관망사태에 두었다면 평안북도와 함경남북도 3도의 생활 여건은, 정치적 요충으로서의 심장지대가 없어서 결속이 굳건

---

143) 미국 대통령 안보담당 특보 브레진스키는 "북한은 소련이 아프가니스탄을 침공한 사실을 보고 만약의 경우 소련이 북한을 남침할까 봐 불안해하고 있다."고 말한 바 있다.(《동아일보》, 1980.4.1 단독 회견 기사)

할 수 없었을 것이다. 결국은 옛날 통일신라의 북진선이나 고려 초기의 북진선과 비슷해지면서 거의 '실질적인 통일상태'를 확보한 상태가 되어 어쩌면 중국군의 개입 및 보복은 모면할 수도 있었을 것이다.[144] 환언하면, 북한의 잔여 부분(평안북도, 함경남·북도)은 국가의 구실을 못하면서 머지않아 평화적으로 남한에 통합되었을 가능성이 높은 것이다.

이에 비하여 남한의 동맹관계는 그다지 부담스럽지 않다. 신라와의 동맹국인 당나라는 17년(660~677년) 만에 철수했다. 지금 한국과의 동맹국인 미국은, 점령이 아닌 상호이용·상호협조의 입장에서 대북(對北) 방어와 세계제패에 관여하고 있다. 한국(남한)과의 동맹국이 너무 장기간 주둔하지 못하거나, 아니면 지극히 협조적인 입장에서 호혜적으로 있을 수밖에 없는 이유는 다음과 같다.

첫째, 동맹국이건 우호국이건 바다를 건너온 세력은 이국(異國) 생활에 적응하거나 장기적인 군비조달이 불편하다. 이때 외래 동맹국이 민폐를 범하면 주재국 주민의 반항에 부닥쳐서 오랫동안 버티기가 더욱 어렵다. 당나라가 결국 동맹세력인 신라에 의하여 축출된 것이 좋은 사례이다.

둘째, 장기주둔(駐屯)을 원한다면 협조적 위치에 있을 수밖에 없다. 현재 주한미군이 상당한 이점을 갖고 위세를 보이면서 주둔하고 있지만 '겸손한 협조'와 '절제된 위세' 사이에서 균형을 유지하

---

144) Maxwell D. Taylor 장군도 회고담에서 이 점을 지적하고 있다. (《동아일보》, 1984.6.25 : 「테일러 장군」) 여기서 그는 이 박사가 '북진'만 주장하는 고집불통이었음을 지적하고도 있다.

기에 상당히 고심하고 있을 것이다. 지금도 일부 진보적인 시민단체들은 미군 철수를 강조하고 있기 때문이다.

반면에 북한 내에 외군이 주둔하지 않고 있는 이유 중 하나는, 중·러가 서로 상대를 의심 내지 경계하기 때문이고, 또 다른 이유는 가까운 이웃이기 때문에 손쉽게 북한의 내정과 외교를 조종할 수 있거나 신속 개입이 가능하기 때문이다. 따라서 북한은 사실상 중·러 쌍방 또는 어느 일방의 속국 같은 특성이 강하다. 미군이 주둔하면서 한국도 다소간의 정책적 관여를 받는다 해도, 북한이 두 대국으로부터 받는 영향이나 간섭보다는 적을 수밖에 없다. 결국 '자주국 남한' 대 '비자주국 북한'의 대치 양상이요, 자주 세력과 비자주(非自主) 세력 간의 대치 양상인 것이다.

3. 자주국과 부속성 지역

남북한을 관계적 위치에서 분석해 볼 때 다음과 같은 상이한 특징을 갖는다.

북한의 지원세력은 북한을 점령 또는 집요하게 간섭할 야욕을 갖기 쉽다. 그 때문에 고구려와 발해가 중원중심 외세에 의하여 망하면서 그의 영토가 되었던 것이 하나의 선례이다.

오늘날 '중원중심 외세 중국'과 '동북중심 외세 러시아'는 경쟁적으로 북한을 보호 및 지원할 수도 있다. 그러나 두 외세 중 어느 한 쪽이 북한에 절대적 영향을 주게 된다면 그 쪽은 그만큼 북한을 속국화 시킬 가능성이 강해진다는 의미가 된다. 이때 두 세력 중 하나는 그 대항조치로 반드시 남한에 접근할 수밖에 없다. 대체효과나 보상심리에서 그것은 불가피하고 자연적인 추세가 될 것이다. 다시 말하면 북한 측을 지원하는 세력은 2분화되기 쉬운데, 남한 측을 지원하는 세력은 남한이 구걸하지 않고도 저절로 (손쉽게) 지원자가 되는 것이다. 이는 남한이 얻게 되는 군사동맹급 우군으로서의 해양세력 이외에, 대륙세력에게서도 덤으로 얻게 되는 친선관계가 되는 것이다.

친 남한 세력은 전술한 바와 같이 영구 점령 또는 영구적인 간섭이 어렵거나 불가능하기 때문에 궁극적으로는 일시적인 점령이나 지원에 그치게 된다. 가야를 지원했던 일본, 백제를 지원했던 일본, 신라를 지원했던 당, 조선을 일시적으로 점령(임진왜란)했거나 36년간 점령했던 일본은 모두 수년 내지 수십 년 사이에 물러났고 그러한 불상사가 또 일어난다면 그와 유사한 역사의 반복이 일어날 것이다. 현재 초강국인 미국군이 주둔해 있는데 한국의 요청과 미국 자신의 계산에 변화가 오면 수십 년 내에 스스로 철군할 수밖에 없을 것이다. 이러저러한 과정에서 볼 때 남한은 북한보다 자주도가 높은 것이다.

남·북한 간의 국제적 자주도(自主度) 즉 '주권행사의 정도'를 개략적으로 비교해본바 남한의 자주도가 훨씬 높다. 접경선과 해안선의 다과(多寡)를 기준으로 가장 간편하게 이해할 수 있는 자주도(自主度)지수를 계산할 수도 있다. 즉, 접경선에 대한 해안선의 비율(해안선/접경선×100)을 계산하면 될 것이다. 이 이론에 의하면 북한은 접경선 3개, 해안선 2개이다. 따라서 그 자주도는 67(=2/3×100)이다. 이에 비해서 남한은 접경선 1개, 해안선 3개이다. 따라서 남한의 자주도는 300(=3/1×100)이다. 즉 남한과 북한의 자주도 비율은 '67 : 300'이다. 자주도는 당연히 압력지수와 반비례한다. 앞에서 남과 북이 각각 받는 압력지수가 '1 : 5'이었던 바와 비교할 때 엇비슷한 계산이 나오는 것이다. 다만 접경선에도 강약과 장단(長短)의 차이가 있고 해안선에도 장단의 차이는 물론이고 인접 공해(公海)의 광협(廣狹) 등 여러 가지 질량적 차이가 있어서 일률적으로 산출하기에는 다소간에 무리가 있음도 조심해야 되겠다.

1) 남한 : 전략적 우위

해상을 누비는 군사 대국이나 경제 대국의 눈에 비친 남·북한의 가치는 크게 다르다. 그 차이를 귀납해 보면 다음과 같다.

① 원근(遠近)에 관계없이 17세기 이후 모든 해상의 열강들이 한반도의 남방(남한)에 더 많은 관심을 가졌다. 일본·영국·미국 등 그들은 모두 남해안 또는 남한 쪽으로 접근해 왔다. 단지 중국만은 한반도와 육지로 연결되었기 때문에 다른 나라와 입장이 좀 다르다. 그래서 중국은 당대(唐代)에는 서해 바다로 접근하여 신라를 지원했고, 명나라 때는 한국의 항일전쟁(임진왜란)을 지원하기 위해서 북방의 육로로 접근하였다. 또 러시아도 중국과 입장이 비슷해서 2차 세계대전 당시 항일전쟁 때는 북방으로 접근해왔으나 과거로 거슬러 올라가 보면 한때 부산 영도에 석탄저장소를 설치하려 했을 뿐 아니라(1896년) 울릉도 벌목을 시도했고, 동해에서 일·러 전쟁을 치른 바 있으며, 지금도 러시아는 대한해협의 가치를 중시하고 있다. 따라서 중·러가 비록 대륙세력이기는 하지만 제해권이

강해지면 그들 중의 어느 쪽이건 해양세력이 되어 남한을 선호하는 세력으로 등장할 수 있는 것이다.

② 대륙세력이나 해양세력이 모두 한반도에서 독점적 내지 상대적 우위를 바라지만 여의치 않을 때 해양세력은 대개 38°선 내지 39°선 이남까지를 중시하고, 대륙세력도 남한을 선호하는 입장은 비슷하나 마지못한 경우 39°선(평양)이북이나 자비령 내지 37°30′선(한강) 이북까지를 중시한다. 이는 오늘과 같은 분단으로 나타났다.

③ 대륙세력은 양분되어 하나는 황해의 북부와 그 연안지대를 이권지대로 요구하고, 또 하나는 동해의 북부와 그 연안을 각각 요구한다. 특히 러시아는 함경남도 영흥(永興)과 덕원(德源)에 출현하여 민간에게 행패(1854년)를 부린 경우도 있었다.

반면에 해양세력은 대륙세와 경쟁을 위하여 단일 강자가 이권을 요구하거나 아니면 다자(多者)가 연대역량으로 대륙세에 대항하여 이권을 요구한다. 즉 다자의 경우라도 결국은 체계화된 다자라는 데 해양세력의 특징이 있다. 또한 해양세력은 대개 서해와 동해의 중부 이남까지의 육지 즉 남한 부분을 선호한다.

④ 강화도·제주도·울릉도 등은 해양세력에게 전략적 전초기지로서 특히 매력을 끈다. 영국은 한때 거문도를 해밀턴 항(Port Hamilton)으로, 제주도를 퀠파트(Quelpart)로 명명하면서 주시를 했고, 러시아는 울릉도를 주목하였음을 볼 때, 이 일대의 다도해와 동·서해 모두가 주목의 대상이 되었었다.

결국 북한은 대륙세력에게만 상당한 매력 있고 해양세력에게는 별로 관심이 없으나, 남한은 대륙세력에게는 말할 것도 없고, 해양세력에게도 최상의 전략적 관심지가 되는 것이다.

환언하면 남한은 전략상·교통상 가치가 커서 항상 관심세력과 지원세력을 가질 가능성이 있는데, 북한은 지원세력이 있다 해도 대륙세력뿐이며 대륙세력을 지원세력으로 얻는다고 해도 대체로 중원중심 세력과 동북중심 세력간에 다소간의 갈등이 있어서 지원 효력이 상쇄되어 무(無)지원 상태가 되는 경우가 많다. 대동강~원산선(통일신라)에서 압록강~정평선(고려)까지, 그리고 두만강선(조선)까지 우리 영토가 북진할 수 있었던 것은, 바로 당시에 아직 미평정(未平定)된 북한지역, 또는 북한 이북 만주 일대에 대한 강대국들의 '소극적 관심' 때문이었다. 그와 유사한 순간이 절묘한 기회(천시 天時)가 되어 남한 쪽이 주도한 통일을 이룰 수 있을 확률이 높을 것으로 예상하게 되는 것이다.

제7장 남·북한의 분단극복 : 역사발전의 제7현상

1. 강약(強弱)과 우열(優劣)의 문제

 북한에 비하여 남한은 천부적으로 우량한 자생여건을 갖추었고, 지정학적으로 우세한 자위여건을 갖고 있으며, 외교적으로 훨씬 활발한 자주여건을 가졌음을 확인하였다. 3대 우월 조건 때문에 남한은 북한에 비해 강자적·주도적·자주적 위치에 있는 것이다.
 그러나 남한이 지정학적인 우위라는 사실만으로 항상 만족할 수 없는 여러 가지 이유가 있다.
 첫째, 국민 및 정부의 요인(要因)에 의해 강약이 결정되기도 한다. 환언하면 인구·국민성·산업능력 등 '국민적 요소', 국민통합·경제개발·군비개발·외교 등을 담당하는 '정부적 요소'까지도 북한을 훨씬 능가해야만 강자의 위치가 확실해지는 것이다.
 이를테면 '국민적 요소'에서, 인구가 많더라도 빈궁에 쪼들린 병약자뿐이면 오히려 역효과를 낸다. 국민성도 주체성과 자긍심이 약하거나, 위기에 직면하여 용기와 단결력이 없다면 소용이 없다. 산업능력도 기술개발과 국민의 근검성이 지속적으로 유지되어야 한다. 경쟁상대가 잠자고 있지는 않기 때문이다.

'정부적 요소'에서도 우선 '정부의 질'이 '독선적인 주도'에만 열성적이면 미흡하고 국민의 소리에 귀를 기울여 예방정치를 해야 할 뿐 아니라 목전의 작은 이익(小利)보다는 적어도 백년대계적 차원에서 흔들림 없이 국민을 설득하고 선도할 능력이 있어야 한다.

'외교력'은 사후(死後) 약방문(藥方文)격이 되거나 즉흥적이어서는 안 되며 진지성과 능동성이 있어야 한다. 또한 실리를 중시하면서도 국제정의(國際正義)라는 명분도 중시해야 될 것이다. '군사력'은 강하다 하더라도 그것만 믿고 방심하는 것은 금물이고 항상 불의의 기습에는 대비되어 있어야(有備無患)하며 기타 여러 가지 요인이 양호해야 한다.

이상의 국력요소들이 질·량 면에서 어떻게 얼마나 구비되어야 충분할지 당무자들이 더 잘 알 일이어서 상론을 피하겠다. 다만 한 가지 지적할 사항이 있다. 즉 하르트만에 의하면 제반 국력요소 중에서 '효율적인 정부조직(effective governmental mechanism)'과 '유효한 군사력(effective armed forces)'이 '결정적인 중요성(crucial importance)'을 가진다고 보는 것이다.[145] 충분히 공감이 가는 얘기이다. 모겐소의 용어에 비유한 '정부의 질'과 '군비'에 해당한다.

'결정적(치명적) 중요성'이라는 말은 '긴급하고 생사가 걸린' 중요성이라는 뜻으로서 기습이나 급소공격을 경계해야 함을 강조한 것이며, 이는 장기적·영속적 중요성을 갖는 영토의 중요성과 대조적이다. 정부조직과 군사력이 '치명적 중요성'을 가졌다는 말은 어느

---

145) Hartmann, Frederick H., 「The Relations of Nations」, 5th ed, Macmillan Publishing, 1978, pp.66~68.

시대 어느 순간에도 정부는 기습이나 급소공격을 예방할 능력이 있어야 함을 지칭한 말이다.

'정부의 질'을 생각해 볼 때, 남부 월남 정권이 국민의 소리와 정서를 외면하고 치부(致富)에 전념했던 점이 북부 월남(월맹 越盟)에게 패망하게 된 하나의 중요 원인이 되었던 것은 공지의 사실이다. 정부는 실로 자체의 능력 또는 효율성의 여하에 따라 외교력과 군사력을 우수하게 또는 무기력하게 만들 수 있을 뿐 아니라 인구문제·국민성·생산능력 등에도 절대적인 영향을 주게 된다.

불변요소로 보이는 영토상의 여러 요소에 대해서도 정책적인 개발 여하에 따라 가치변경이 가능하다. 가령 장보고(弓福)와 충무공(李舜臣)이 해상진출 또는 해전을 통해서 제해권을 잡았던 다도해 일대에 정부가 중요한 해군기지나 산업기지 또는 과학·기술 센터를 건설하여 최남방(最南方) 연해 지역의 지리적 가치를 크게 향상시킬 수도 있고, 반면에 신라 정부가 장보고를 정치적으로 냉대 및 암살하면서 청해진을 폐쇄했듯이, 또 조선 정부가 각종 모함이나 파쟁의 와중에서 한때 이순신 장군을 구속하여, 상당 기간 남해 해군이 궤멸 일보 전에 이르도록 했듯이, 무지한 정부는 스스로 자국의 지리적 가치와 인재들의 능력을 망칠 수도 있는 것이다. 따라서 정부의 질, 정부의 현명성이야말로 언제나 북한보다 우월하여야만 북한보다 강자라고 자부할 수 있는 것이다.

'군사력'도 치명적 가치를 가짐에 틀림없다. 이집트가 이스라엘에게 패전할 때 이스라엘군의 기습이 가장 큰 원인이었지만 상대적으로 이집트군이 효능성을 갖지 못했었다고 보아야 한다. 작은 부분의 영토를 상실했다 해도 만약 상실된 부분이 치명적 요충(要衝)이라고 한다면 그 나라는 불원간 망하게 되는 것이다.

따라서 남한이 여러 가지 조건에서 제아무리 우세하다 해도, 우수한 정부와 군사력을 필수적으로 구비한 토대 위에서 다른 요소들도 우세하거나 최소한 비등해야만 계속 강자로 있을 수 있는 것이다. 다만, 군사력(武)의 개발이나 강화는 어디까지나 국방기능에 국한되어야지 그 자체가 정치·경제·문화 등 사회·정치적 기능에 개입한다면 순수하고 고귀해야 할 군의 가치를 먹칠할 뿐 아니라 군사문화(軍事文化)를 조장하여 사회를 병영(兵營)화시키고 결국은 국민을 이반(離叛)시켜 국방력을 오히려 약화시키는 것이다.

둘째, '영토적 우월'은 국가안보 상황이 위에서 제시된 바와 같은 상황일 때 유지된다. 만약 불행하게도 한강 유역(현 수도권)을 기습당해 상실했다 하면 차령산맥-금강 방어선이 그다지 험지(險地)가 아닌데다 수도권(한강권) 방어전투에서 상당부분 참여하여 상당 량의 병력 손실이 있었으니 영토적 우월성이 이미 상당히 삼소된 때문이다.

금강방어선이 돌파되는 경우에 기호(경기와 호서)지방 병력은 대부분 소백산맥 일대와 서남해안 및 다도해를 근거지로 공방(攻防)을 유지하면서 중추적 무장력은 영남방어선 구축에 집중하겠지만, 이쯤 되면 부득불 과거의 신라처럼 갖은 사대(事大)와 높은 대가를 지불하면서 어느 강력한 외세의 지원을 필수적으로 끌어들여야 하므로 그로 인한 후유증을 국민 전체가 감내해야 된다. 따라서 여하한 경우에도 수도권의 사수가 중대한 것이다.

2. 동맹(同盟)의 문제

 북한은 중국과 러시아를 배경으로 하고 남한은 미국과 일본을 배경으로 하여 휴전선에서 균형을 이루고 있는 셈이다. 그런데 현재 남한이 유지하고 있는 동맹 또는 준동맹(准同盟)이 항구 불변할 수 없다는 데 문제가 있다.
 첫째, 미국은 원거리에 있는 나라이다. 과학기술은 범세계적으로 보편화 되어 상호균형을 이루기 쉽지만, 지리적 원근은 인위적으로 조정할 수 없다. 따라서 네덜란드·포르트갈·스페인·영국·프랑스 등 역대의 강대국이 원거리 식민지에서 몇십 년 또는 몇백 년 내외에서 퇴각하였다. 중국 속담에 "아무리 강한 활이라도 마지막에는 그 화살이 썩은 비단 한 겹도 뚫지 못한다"(강노지말력 불능입노호, 強弩之末力 不能入魯縞)는 말이 있다. 제아무리 강해도 언젠가는 반드시 마지막이 있다는 것이다. 미국의 부강도 만약 호진직이고 과욕을 부린다면 과거의 여러 강대국과 마찬가지로 수명을 단축할 것이다. 한국은 미국의 식민지가 아니어서 미국에게 자기네 식민지 정도의 사용 가치는 없다. 미국이 한때 한국을 태평양 방위선 밖으로 밀어내는 '애치슨(Acheson, Dean G.) 라인'을 설정했던 일이나, 대결보다는 협상과 각자의 자위(自衛)를 강조하던 닉슨(Nixon, Richard M.)독트린, 그리고 카터(Carter, J.)의 철군 시도(試圖) 등 잇따른 논조에서 볼 때, 미군의 철수는 '미국 자신의 가치평가'와 '시간의 경과' 및 '국제관계의 변동' 등 변수에 연결된 문제라고 보아야 한다. 따라서 한·미 방위조약의 효력이 언제까지 유효하냐에 문제가 있다.

둘째, 일본은 우리의 준동맹국이다. 동맹 면에서는 한·미 관계만은 못하지만 지리면에서는 한국에 대한 일본의 이해(利害)관계가 미국의 대한 이해관계보다 훨씬 크다. 따라서 일본은 오래전부터 기회 있을 때마다 "한국의 안전이 일본의 안전에 긴요하다.(닉슨·사토 성명, 1969. 11. 21)", "한반도의 평화와 안전이 일본 및 극동의 안정에 중대한 관련이 있다.(山河 일본 방위청장관, 1979. 7. 25)"는 등의 성명을 발표하면서 신경을 쓰고 있으며 지금은 본격적으로 군사력의 강화에 착수하고 있다. 따라서 긴 안목에서 볼 때는 일본이 오히려 미국보다 더 강한 동맹국으로 부상할 가능성도 있다. 다만 일본의 대한(對韓) 이해관계는 상당히 절실하면서도 견제의식도 강하기 때문에 한반도의 분단을 지지 또는 방관하려는 방향으로 나갈 우려가 있다.

셋째, 대중·대러 관계이다. 중국이나 러시아는 장기간 북한의 동맹국이었다. 그러나 중국과 러시아가 가끔은 경쟁관계에 있으면서 대북(對北) 지원에 곡절이 생기기 때문에 북한은 고민하고 있다. 공산주의와 과학기술을 가르쳐 준 러시아를 따르느냐, 한국전에 개입하여 북한의 함락(陷落)을 막아주고 경제적으로 온정을 베풀 뿐만 아니라 세계 2대 강국이 된 중국을 따르느냐 에서 고민하는 것이다. 그러나 지금은 중·러 간에 상부상조해야 할 조건이 많아서 북한도 한결 태평한 심정일 것으로 생각된다.

3. 외교적 중심국

한반도라는 좁은 범위 안에 여러 소국이 있을 때는 그 좁은 범위

안에서 '중간국가'가 있었겠지만 한반도 전체가 독립적인 단일국가가 된 뒤에는 동아시아 범위 안에서 한국이 '중간국가'의 위치에 있다. 중간국가는 국제적으로 장단점을 겸유하게 되는바, 장점으로서는 중심국(中心國, Hub Country)의 위치가 될 수도 있고, 안정적인 중립국(中立國)이 될 수도 있으며, 차선으로는 여러 나라 사이에 위치한 중재국(中在國) 또는 단순한 완충국(緩衝國)의 지위가 될 수도 있다. 반면에 아주 불리한 개재국(介在國, Sandwich Country)이 될 수도 있다.

'중심국(中心國)'이라는 것은 중핵(中核) · 중추(中樞) · 주도(主導)의 의미를 갖고 있으며 여러 나라의 중간에 위치하여 협력과 조정 및 선의의 경쟁을 통해 주도적인 활동을 하는 현상을 의미한다. 국력이 튼튼하고 이념과 외교 활동이 합당하여 주변 세력을 지도 · 조정할 수 있는 능력이 있다면 중심주도(中心主導)의 역할로 인하여 중심국이 될 수 있는 것이다. 물론 여기서 거론하는 중심국 개념은 주로 한반도를 둘러싼 동아시아 지역을 염두에 둔 것이지만, 한국이 더욱 발흥하면 세계의 중심국으로 될 수도 있다는 것이다.

삼국시대 이후 한반도와 그 인근 지역에서 선후(先後)하여 몇 개의 중간국가가 있었는데 가야와 발해는 '개재국'이었던 기간이 길었던 셈이고, 백제는 장기간은 '중심국'의 지위에 있었는데 신라가 흥성하여 한강 유역을 장악하면서부터는 개재국이 되었고, 고구려도 한동안 중심국의 지위에 있다가 나중에는 '개재국'이 된 사례들이다.

'개재(介在)'란 "사이에 끼어 있다"는 뜻으로 양대 강국 또는 수개 강국 사이에 끼어 있는 나라를 말한다. 개재국은 활기를 잃고 있다가, 잘하면 이웃나라의 은전(恩典) 덕분에 연명하면서 '완충국' 용도로 존속하거나, 또는 겨우 자력으로 근근이 연명하는 경우가 많다. 이러한 현상이 오래 지속되면 국력이 쇠약해져서 남의 나라에 멸망당하기도 한다. 따지고 보면 현존 국가들도 과거에 인접 개재국을 자국 영토화 했거나 앞으로 그렇게 될 예정 상태에 있는 나라들도 있을 것이다. 이때 어쩔 수 없이 한 나라가 타국에 통합되어 망하는 현상을 필자는 개재고사(介在枯死) 현상이라 한다.

한반도의 삼국시대 최초의 개재국은 가야(伽倻)였다. 대략 함창(상주)·선산·대구·밀양·양산·부산과 성주·고령·합천·산청·하동 일원의 낙동강 중·하류 유역이었는데 서북으로 백제가, 동북으로 신라가 그리고 바다로는 왜구들이 있어서 상당히 위축된 상태였다. 그 때문에 가야는 호·불호를 떠나 불가피하게 일본과의 관계가 상대적으로 많아질 수밖에 없었다.

한 가지 부언해야 할 특기할 사태는, 일본이 가야에 소위 '임나일본부'(任那日本府)를 두고 약 2세기(369~562년) 동안 통치했다고 주장하는데[146] 이는 터무니없는 낭설이다.[147] 그보다는 가야가 신라에게 망하면서 대규모로 망명한 가야인들이 일본에 살면서 '가야는 우리 땅'이라고 주장하면서 한동안 본토(故土) 수복을 꾀했던 사건의 기록들이 차츰 일본의 역사로 편입되면서 그 후세대 사람들이

---

146) 《일본서기》(720年 편찬), 신궁황후사십년조(神宮皇后四十年條) 및 웅략천황칠년조(雄略天皇七年條) 등.

147) 천관우 저 『가야사연구』, 일조각, 1992, PP.159~165; 김기웅, 「임나일본부설은 날조다」(〈동아일보〉, 1982.10.28); 李進熙, 「任那日本附說의 虛構」(朝〈鮮日報〉, 1983.3.23) 등 참조.

일본이 가야를 지배했던 역사로 아전인수(我田引水)식 해석을 했을 것으로 보인다.[148] 이는 마치 대만(臺灣)으로 망명한 중화민국 국적의 신민(臣民)들이 중국 본토를 한때 자기들이 통치했으니 대만으로 쫓겨난 뒤에도 당연히 자기네들 땅이라고 주장하면서 본토 수복(反攻大陸)을 고창하는 입장과 닮은꼴로 생각된다.

백제(百濟)는 한동안 한강권을 장악하고, 처음에는 한사군(낙랑, 대방)의 남침을 저지했고 그 뒤에는 고구려의 남진과 신라의 서진을 효과적으로 차단 및 조절하면서 한반도에서 평화를 유지했던 중심국이었으나 한계(漢系)의 대방(帶方)이 평정된 뒤로는 북방의 고구려와 동남방의 신라 양 방향의 세력에 의해 장기적으로 갈등과 시달림을 당하다가 차츰 약해진 끝에 결국 중심국에서 개재국의 입장이 된 것이다. 따라서 백제의 출구는 서해와 남해뿐이어서 대일 친선에 적극적일 수밖에 없었던 것이다.

고구려도 백제와 비슷하였다. 한동안 남으로는 백제 세력, 그 뒤로는 백제, 가야, 신라 세력과 갈등이 잦았고, 북으로는 교체기의 난세에 있었던 수나라, 당나라와 인접했기에 잠시나마 중심국의 역할을 하였으나 당나라가 강성해짐에 따라 고구려의 대외활동을 억제했고, 남으로는 임진강 유역에서 신라와 접경하게 되었다. 따라서 개재국의 신세로 전락했다. 이로써 고구려는 주권을 확장할 수 있는 곳이 겨우 동해뿐이어서 다소간에 대일관계가 원활해진 것이다.

이로써 일본문화는 첫 번째는 가야의 유민, 두 번째는 백제의 유

---

148) 천관우는, 후일 백제계 망명객들이《일본서기》편찬에 참여하면서 그렇게 날조한 것으로 본다(상게서, P.34)

민, 세 번째는 고구려의 유민, 그리고 네 번째는 신라의 유민이 건너가 현지 문화의 개발에 참여 및 지도하여 이룩한 부분이 많은 문화이다.[149]

가야의 경우는 국경전쟁으로 국력이 고갈된 첫 번째의 사례이다. 가야는 실상 초·중기까지 백제와는 전쟁이 적었고 신라와는 전쟁이 잦았다. 가야와 백제 사이에 큰 전쟁이 다발(多發)하지 않았던 이유를 들자면, 하나는 소백산맥이 마침내 양국 간에 넓고 높은 국경선이 되었기 때문일 수 있고, 또 하나는 그 당시 가야와 백제에는 시간적 선후 차이만 있지 똑같이 북방의 압력에 의해 시대적으로 앞서거니(加耶) 뒤서거니(百濟) 하면서 남하했던 종족들이 양측에 산재함으로써 어떤 부족끼리는 상호 친척일 수도 있었을 것이고 또 어떤 부족끼리는 피난살이를 동정도 했기 때문으로 생각된다.[150]

두 가지 가능성 이외에 필자의 소견으로는 백제가 워낙 대북전쟁에 여념이 없어서 일정 기간 가야를 방치한 때문으로도 생각된다. 어떻든 가야는 신라와 수많은 혈투를 했고 백제도 끝내는 가야와 전쟁을 일으켜 가야의 4개 현을 점령(512년)하기도 했다. 또 그보다 앞서 백제 강성기에는 가야 전역을 백제의 세력권에 두기도

---

149) 고구려 유민의 후손(보장왕 59대손임을 자처)인 일본인 고마스미오(高麗澄雄) 씨는 고구려가 망하기 2년 전(666년)부터 약광왕(若光王, 보장왕 막내) 등 왕족과 고구려인 모두 1천8백여 명이 일본으로 망명했다고 족보를 근거로 말했다. (〈중앙일보〉, 1985.11.2 및 〈서울신문〉, 1985.11.3) 가야, 백제, 신라의 망명자들은 더욱 많았음.
150) 이만열 저, 『한국사대계』 2, 삼진사, 1973, pp.139~140.(이 책에서는 《삼국유사》의 견해를 따르고 있다.)

했다.[151]

　백제는 웅진 천도(475년) 이전까지는 남세(南勢)의 대표로서 주로 북쪽의 한사군이나 대방군 그리고 그 뒤의 고구려를 겨냥한 대북(對北) 방어에 몰두하였다. 고구려가 평양으로 천도(427년)한 뒤 팽창 방향이 남쪽의 백제 쪽으로 집중되면서부터 백제는 신라와 장장 120년간(433~553년) 공수동맹을 맺고 한강권을 사수하면서 북세(고구려)에 저항했던 것이다. 이때의 남·북간의 대치양상을 최대한으로 단순화시켜본다면 오늘의 남·북 대치 양상과 유사하였다.

　《삼국사기》 등 사서에 보면 똑같이 별개의 국가이면서도 고구려가 백제와는 많이 싸우면서 신라와는 적게 싸웠다. 이는 낙랑과 대방이 축출(313~319년간)된 뒤부터 백제와 고구려의 국경이 맞닿으면서 생긴 필연적인 결과였다. 고구려가 말갈(靺鞨)인들과 함께 신라를 침범한 적도 여러 차례였지만 그것은 태백산맥과 소백산맥을 넘는 힘든 침략이어서 규모도 작고 횟수도 훨씬 적었다.

　강성해진 고구려가 접경국이 되면서부터 백제는 개재국의 입장으로 전락하면서, 때로는 북방에서 잃은 만큼 동남방에서 보충을 모색했고, 동남방에서 잃은 만큼 북방에서 보충하려 했으며 또 때로는 동시에 북방과 동남방에 2개의 전선을 유지해야 했다.

　제·라 동맹[152]이 장기간 유지되었으나 대북 방어전의 주역은 역시 백제일 수밖에 없었고 동맹 이전과 이후에는 제·라 간의 전쟁도

---

151) 천관우 저, 전게서, pp.24~25, pp.32~33.
152) 대개 '나·제동맹'이라고 칭하나 그 당시 동맹의 주도정도에서의 우선순위에 초점을 맞추어 '제·라'로 바로잡은 것임.

적지 않았다. 특히 제·려 간의 전쟁과정에서 어부지리를 얻은 신라는 서남으로는 거의 단독으로 가야를 정복해 들어갔고, 북·서로는 죽령과 조령을 넘어 한강권으로 진출하면서부터 신흥의 혈기로 백제를 위협하기 시작했으며 끝내는 제·라 공수동맹으로 진출했던 한강권을 신라가 자기네 판도에 편입(553년)시켜 버렸다. 이때부터 금강-섬진강권으로 퇴각한 백제는 고구려와 접경하지 않았기 때문에 자연히 려·제 간의 충돌은 없어지고 그 대신 신라와 고구려 간의 남·북 전쟁이 빈번해진 것이다. 후일 고구려도 당나라와 신라의 사이에 끼인 개재국이 되어 망하였음은 백제와 거의 같은 이치에서였다.

발해 역시 개재국이었던 바 비록 남방의 신라와는 선린관계도 적대관계도 없는 거의 무관한 관계를 유지했지만 우호관계가 아니기 때문에 항상 대남 경계는 늦출 수 없었을 것이다. 마침내 당(唐) 말 발해의 서북쪽에서 일어난 요(遼, 거란)나라의 침략을 받아 발해는 망하고 말았다.

우리는 일반적으로 한 나라의 멸망원인을 여러 가지 측면에서 찾고 있다. 가령 백제가 망한 것은 의자왕(義慈王)이 방탕했고 또 성충(成忠), 흥수(興首) 등 훌륭한 충신의 말을 듣지 않았기 때문이라는 등등의 이유를 지적한다. 또 고구려가 망한 원인으로는 남생(男生), 남건(男建), 남산(男産) 3형제 간의 내분이 있었기 때문이라는 등등을 말한다. 물론 이들이 단기적이고 직접적인 원인일 수는 있다. 그러나 그것들은 지극히 짧은 말기적 현상들로서 어느 정권, 어느 시대에도 있을 수 있는 일들이며 강성 시에는 문제가 되지 않던 것이 대세가 기울어진 뒤에는 돌이킬 수 없는 심각한 문제로 비화 된 것이었지, 근원적이고 지속적인 망국의 원인은 외세로부터의 압력 때문인 것이다.

약 일천오백수십 년 전에 한반도가 대동강 이남까지라도 단일국으로 통일되면서 동아시아에서의 중간국이 되었다. 중국, 일본, 러시아 그리고 지금에 이르러서는 세계를 제패한 미국까지 한반도에 대한 이해 당사국이 되어 한반도를 에워싸고 있기 때문에 지리적, 국제정치적으로도 한국(북한 포함)은 개재국이 될 수도 있고 중심국이 될 수도 있다. 다만 우리나라 '자신의 역량'과 '주변국과의 관계 상황'이라는 두 가지 변수에서 개재국 또는 중심국으로 결정될 것이다. 중간국가가 갖는 또 하나의 특질인 것이다.

4. 세계의 선진문화국가

한국의 산수에 관하여 인도인 요가수행자의 예찬이 생각난다. "걸으면서 호흡과 명상을 하게 되는 요가가 실내 요가보다 효과적이지요. 특히 인도와 달리, 쾌청한 날씨와 숲이 많은 한국에서는 걷는 요가가 제격입니다"는 말이 요가 정통국가인 '바스 무클'의 주장이다.[153] 이같이 아름답고 깨끗한 천혜와 타고난 장점을 살려 나갈 주인공은 실로 한국이며 그렇기에 한국은 '선진문화국가'가 될 충분한 능력이 있으며 꼭 그렇게 될 것으로 확신한다.

독립운동가이며 대한민국 임시정부 주석도 맡으셨던 김구(金九,

---

153) 인도인 정통 요가수행자 '바수 무클'의 말(〈중앙일보〉 2007. 8, 10일자)

호는 白凡) 선생께서는 다음과 같이 말씀하셨다.[154]

"나는 우리나라가 세계에서 가장 아름다운 나라가 되기를 원한다. 가장 부강한 나라가 되기를 원하는 것은 아니다. 내가 남의 침략에 가슴 아팠으니 내 나라가 남을 침략하는 것을 원치 아니한다. 우리의 부력(富力)은 우리의 생활을 풍족히 할 만하고 우리의 강력은 남의 침략을 막을 만하면 족하다. 오직 한없이 가지고 싶은 것은 높은 문화의 힘이다. 문화의 힘은 우리 자신을 행복하게 하고 나아가서 남에게 행복을 주겠기 때문이다 …… 인류가 현재 불행한 이유는 인의(仁義)가 부족하고, 자비(慈悲)가 부족하고, 사랑이 부족한 때문이다. …… 나는 우리나라가 남의 것을 모방하는 나라가 되지 말고, 이러한 높고 새로운 문화의 근원이 되고 목표가 되고 모범이 되기를 원한다. 그래서 진정한 세계의 평화가 우리나라에서, 우리나라로 말미암아서, 세계에 실현되기를 원한다. 홍익인간이라는 우리 국조(國祖) 단군의 이상이 이것이라고 믿는다. 또 우리 민족의 재주와 정신과 과거의 단련이 이 사명을 다하기에 넉넉하고 우리 국토의 위치와 기타의 지리적 조건이 그러하며 우리 민족이 주연 배우로 세계의 무대에 등장할 날이 눈앞에 보이지 아니한가."

사실 한국은 '세계의 문화적 중심국'으로 성장할 조건을 골고루 갖추고 있다. 최근 몇 년 사이에 중국과 동남아를 휩쓸고 있는 '한국 바람'(韓流, K.pop 등)은 원래부터 근원이 있었기 때문이다.

한국인의 천재적 두뇌는 학술에서 뒤떨어질 이유가 없고, 부모님들의 교육열은 하늘을 감동시킬 만하며, 아름다운 자연 속에서

---

154) 김구, 〈백범일지〉, '내가 원하는 우리나라'

자연스럽게 개발되고 습득된 음악, 미술, 문학, 민속 등은 국민 다수의 일상생활이 되어 있으며, 작가 한강이 노벨문학상을 받은 것은 우리 문학계의 바탕이 그토록 튼튼하기 때문이 아니겠는가! 과학·기술 분야에서도 타고난 두뇌와 손재주는 각종 국제기능대회에서 그 실력을 인정받고 있고, 종교 신자들도 종교의 신앙에 모범적으로 열성적이며, 체육선수들도 올림픽이나 '월드컵' 축구 그리고 아시아경기대회에서 발휘했듯이 한국은 세계적 스포츠 강국이다. 2002년 월드컵 축구경기에서 한국팀의 4강(준결승) 진출, 올림픽 대회에서의 탁구, 양궁, 사격, 마라손, 핸드볼 등에서 발휘되는 세계정상의 실력, 골프계에서의 한국 여·남 청년들의 세계선두의 실력, 북경 올림픽(2008년)에서 야구의 완전 철저한 세계제패 등등 국민의 스포츠 능력은 상상을 초월했다. 그야말로 뛰어난 문화국가인 것이다.

한국은 반도(半島)라는 장점도 있다. 삼면이 바다이기 때문에 바다나 뻘밭에서 노력을 통해 얻어서 먹을 식품이 많다. 김, 미역, 다시마 등 해조류와 꼬막, 전복, 해삼, 게 등 질 좋은 해산물이 많고 조기, 갈치, 홍어, 삼치, 낙지, 문어, 참돔 등도 해안 어민이나 주민들에게는 풍요롭고 질 좋은 해산물이 많다. 육지의 논과 밭은 작물 양육에 우수한 옥토이다. 국토는 남북 합하여 22만 평방키로 밖에 안 되지만 '아담한 규모'이면서도 거친 모래사막도 차가운 동토(툰드라)도 없지 않은가. 아담하기 때문에 소통과 왕래 그리고 화합도 잘된 안락하고 행복한 나라이다. 많은 외국인이 한국에서 살고 싶어하지 않는가.

산도 아름답다. 북한에는 금강산, 묘향산, 백두산 등이 있고 남한에는 설악산, 지리산, 한라산, 팔공산, 무등산, 내장산 등이 있고 서울만 보더라도 북한산, 도봉산, 수락산, 관악산, 청계산, 불암산 등 명산이 있다. 산이 아름다워서 물이 깨끗하고 물이 깨끗하여 산이 아름답다. 그야말로 산수가 청명(淸明)하다. 따라서 국민 남녀 모두가 가지런하게 잘생겼고 못난 사람이 없다. 그 점은 외국에 나가보면 알 것이다.

한국은 지리적으로 중국, 일본, 러시아 그리고 미국 등 세계 최강국들의 사이에 위치한 중앙국(또는 '중간국')이다. '중앙국'은 사안에 따라서 사태를 주도적으로 처리 또는 상담해야 되는 입장이다. '중앙국'이 주변국과의 문제에서 주동적이고 중요한 입장에 있을 경우 그 나라를 필자는 '중심국'이라고 정의한다.[155] 한국은 한국의 자주권과 영토방위에 관한 한 중심국이 되어야 하고 이미 문화계에서는 중심국이 되어 있지 아니한가!

한 가지 한(恨)스러운 것은 남(미국과 소련)이 갈라놓은 38선이라는 장벽 때문에 남북 동포 간에 미워하는 일면이 있는데 미움의 대상은 다름 아닌 바로 그 '장벽'이다. 그 장벽을 미워하는 것이 아니고 엉뚱하게 남쪽과 북쪽의 '동포끼리' 미워하는 형국이니 안타깝다. 대체로 북한의 남침(6·25동란)을 증오의 원인으로 치지만 북한의 남침보다 더 큰 증오의 대상은 북위 38도선 장벽을 만든 미국과 소련이다. 미국을 또는 소련을 분단시켜 놓으면 조만간에 반드시 분단된 양쪽 간에 전쟁이 일어난다. '분단'이 전쟁과 갈등의 원죄인

---

155) 사전적으로 보면 '중심국'은 '가장 중요한 역할을 하는 나라' 또는 '가장 중요한 위치에 있는 나라'이다.

것이다. 물론 원죄만 원망하면서 '내 탓'을 망각한다면 당사자로서의 비겁한 책임회피이다. 38도선을 그릴 때 막지 못했던 우리 자신의 우매함이나 허약성이 있었으니 말이다. 이제 우리 자신을 성찰하면서, 우리 모두의 기원(祈願)이 이루어지도록 노력해야 되지 않겠는가. 아무리 북한의 집권자들이 미워도 그보다 더 큰 아량을 갖고 역지사지(易地思之)한다면 모두 다 이해가 가능하며 화해할 수 있을 것이다.

아름다운 산수와 유능한 국민을 가진 우리나라는 크게 염려하지 않아도 될 일이지만 전지전능(全知全能)한 신이 아니기 때문에 가끔 엉뚱하고 이상한 지도자들이 나타나 정치를 흐려놓은 경우가 있는데, 거기에도 절반은 국민의 책임이니 민주국가에서 선거만은 냉철한 이성에 바탕한 투표를 해야 될 것이다. 특히 대통령 한 사람 잘못 뽑으면 온 나라가 시끄럽고 온 국민이 배고프고 괴로우니 이러한 사태 우리 모두가 명심해야 될 일이다.

한반도 땅에 자리잡은 한민족이여 영생을 기원하오이다!